ごまかさない仏教

仏・法・僧から問い直す

佐々木閑　宮崎哲弥

新潮選書

はじめに――宮崎哲弥

　ユヴァル・ノア・ハラリによる世界的ベストセラー『サピエンス全史』には、仏教に関する興味深い記述がみえる。[1]

「心はたとえ何を経験しようとも、渇愛をもってそれに応じ、渇愛はつねに不満を伴うというのがゴータマの悟りだった。心は不快なものを経験すると、その不快なものを取り除くことを渇愛する。快いものを経験すると、その快さが持続し、強まることを渇愛する。したがって、心はいつも満足することを知らず、落ち着かない。痛みのような不快なものを経験したときには、これが非常に明白になる。痛みが続いているかぎり、私たちは不満で、何としてもその痛みをなくそうとする。だが、快いものを経験したときにさえ、私たちはけっして満足しない。その快さが消えはしないかと恐れたり、あるいは快さが増すことを望んだりする。人々は愛する人を見つけることについて何年も夢見るが、見つけたときに満足することは稀だ。相手が離れていきはしないか不安になる人もいれば、たいしたことのない相手でよしとしてしまったと感じ、もっと良い人

1　以下、引文はすべて、ユヴァル・ノア・ハラリ、柴田裕之訳『サピエンス全史（下巻）』河出書房新社、二〇一六年。

を見つけられたのではないかと悔やむ人もいる。周知のとおり、不安を感じながら悔やんでもいる人さえいる」

「ゴータマはこの悪循環から脱する方法があることを発見した。心が何か快いもの、あるいは不快なものを経験したときに、物事をただあるがままに理解すれば、もはや苦しみはなくなる。人は悲しみを経験しても、悲しみが去ることを渇愛しなければ、悲しさは感じ続けるものの、それによって苦しむことはない」

「ゴータマは、渇愛することなく現実をあるがままに受け容れられるように心を鍛錬する、一連の瞑想術を開発した。この修行で心を鍛え、『私は何を経験していたいか?』ではなく『私は今何を経験しているか?』にもっぱら注意を向けさせる。このような心の状態を達成するのは難しいが、不可能ではない」

いささか取って付けたような意味付けになってしまうが、それを承知であえていえば、本書はこの記述の正しさを証拠立てるものである。伝統的な経典や論書と照合し、最新の文献学や教理学を通じて。

ハラリはイスラエルの歴史学者であり、中世史、軍事史の専門家である。そういう分野で考究を積み重ねてきた学者が、どうしてかような、かなり正統な仏教理解に達したのかわからない。そこはわからないが、この人が仏教の〝芯〟を摑んでいることだけは推せる。

翻《ひるがえ》って日本人の多くは、自らを仏教徒と認定しながら、かかる仏教の真義を知らない。僧侶や仏教学者でさえも大概はこのようにちゃんと説明できない。何故か。

なまじ日本仏教の伝統に根ざしているため、ブッダの思想の本質がみえなくなってしまっているのだ。自分たちがもともと一体どういう基盤に、新たな教理、新たな実践を積み上げ、組み立ててきたのかを忘却してしまっているのだ。だからブッダの死後、仏教という大きな器に見境なく流し込まれた〝歴史〟やら〝伝統〟やらに泥《なず》むしかないのだ。

むしろそのような夾雑物《ごまかし》に惑わされない、仏教とは異質な文化に育った知性の方が容易に急所を押さえ得る。『サピエンス全史』はその証左だ。

ハラリはこうもいう。

「二五〇〇年にわたって、仏教は幸福の本質と根源について、体系的に研究してきた。科学界で仏教哲学とその瞑想の実践の双方に関心が高まっている理由もそこにある」

「幸福に対する生物学的な探究方法から得られた基本的見識を、仏教も受け容れている。すなわち、幸せは外の世界の出来事ではなく身体の内で起こっている過程に起因するという見識だ。だが仏教は、この共通の見識を出発点としながらも、まったく異なる結論に行き着く」

「幸福が外部の条件とは無関係であるという点については、ブッダも現代の生物学やニューエイジ運動と意見を同じくしていた。とはいえ、ブッダの洞察のうち、より重要性が高く、はるかに深遠なのは、真の幸福とは私たちの内なる感情とも無関係であるというものだ。事実、自分の感情に重きを置くほど、私たちはそうした感情をいっそう強く渇愛するようになり、苦しみも増す。ブッダが教え諭したのは、外部の成果の追求のみならず、内なる感情の追求をもやめることだった」

繰り返すがとても精確な理解である。本書は、この評言の確度を最も伝統的な教理に照らして調べ、さらにその先に開かれている仏教の可能性、未到の仏教を見極める。そうして古代から未来へと続く一本の道筋、ブッダの輝ける法統を明らかにするものである。

長い対話に応じてくださり、剰《あまつさ》え、私の思いつきの問いにも懇《ねんご》ろに答えてくださった碩学《せきがく》、佐々木閑先生、四年もの長きにわたり、草稿を抱え込んだまま手放さぬ私を叱咤激励し、サポートしてくださった編集巧者、三辺直太氏に満腔よりの謝意を表する。

ごまかさない仏教　目次

第一章　仏——ブッダとは何者か

第二章 法——釈迦の真意はどこにあるのか

1．縁起

2. 苦

第三章　僧――ブッダはいかに教団を運営したか

凡例

一　人物や経典、事物などのカタカナ表記は、特に断り書きがあるものを除き、原則としてパーリ語の音写である（ただし、すでに先行の訳で定着している表記については、それに従った）。

一　人名の肩書については、一般的にもっとも通用しているものを中心に選んだ（必ずしも現職または最終履歴を意味しない）。また、生没年については、分かったものだけを記した（没年が定かでない場合、空欄にしてあるが、必ずしも存命を意味しない）。

一　敬称は、原則として、存命の方にのみ「氏」をつけた。

ごまかさない仏教

仏・法・僧から問い直す

序章　仏教とは何か

仏教の不思議

宮崎　仏教は、いわゆる一般的な「宗教」という枠組みで捉えるよりも、「自己と世界の関係」を根本的に組み替えるための「思考―実践の体系」だと考えた方が、その本質をより把握しやすいと思います。

どこが他の宗教とは異なるか、といえば、まず仏教の〝内〟と〝外〟を隔てる敷居の低さを挙げることができます。信仰に入るに際して、キリスト教やイスラム教などは無条件に受容しなければならない前提が非常に多いけれども、仏教徒になるために無条件に、絶対的に受け入れなければならない条件というのはひょっとしたらゼロとすらいい得るかもしれない。少なくとも極めて少ないと。

佐々木　ゼロとは言えないと思いますが、まずは「三宝」、つまり「仏・法・僧」という三つの要素を受け入れよ、というのが仏教ですから、そこには普通の人が受け入れがたいような、超自然的な要素はほとんどありません。その意味では、きわめて敷居の低い宗教だと言えるでしょう。

宮崎　その非スーパーナチュラル性に関しては、初期仏教と大乗仏教で若干の違いがみられます。密教も入れると大分、違うかな（笑）。この点は本書の主題の一つでもあるので、また後ほど詳しく触れましょう。

佐々木　この三宝、すなわち「仏・法・僧」はサンスクリット語で「トリラトナ」と言います。「三種の財宝」という意味です。三宝という言葉自体は、聖徳太子の十七条憲法の「篤《あつ》く三宝を敬え」にも出てきますし、日本人にもよく知られています。この三宝こそが仏教の定義です。「仏・法・僧」、この三つの要素がそろった宗教活動のことを仏教と呼びます。この定義は日本だけではなく、あらゆる仏教界に共通して通用する唯一の定義です。

宮崎　ちなみに、その三つの宝物である「仏・法・僧」は、鳥の名「ブッポウソウ」として知られていますね。よく鳴き声が「ブッ・ポウ・ソウ」と聞こえるため、そう名付けられたと思っている人がいますが、「ブッポウソウ」という名の鳥は、そのように囀《さえず》りません（笑）。これは誤認に基づく命名だったのです。実際に「ブッ・ポウ・ソウ」と囀っていたのは「コノハズク」というフクロウの仲間でした。自然の棲息地では、どの鳥が声を発しているのかなかなか確認できなかったんでしょうね。ところが一九三五年に、ラジオで「ブッ・ポウ・ソウ」という啼声が放送されて、たまたま聴いていたリスナーから「うちで飼っているフクロウの鳴き声と同じ」との連絡があり、やっと同定できたのです。ちょっと劇的なエピソードでしょう（笑）。
「三宝」も「ブッポウソウ」も、このように言葉自体は人口に膾炙《かいしゃ》していますが、仏教徒にとって、あるいは個々の仏教者にとって「仏・法・僧」がどうして至宝にも擬せられるほど貴重な存在かをちゃんと説明できる人は少ない。

佐々木　簡単に言えば、「仏」（ブッダ）とは「釈迦」のこと。すなわち釈迦という人物を自分たちの生きる拠り所として信頼するということ。後の大乗仏教になれば、この「仏」が釈迦以外の創作上のブッダを指すということになってブレが生じてくるのですが、本来の意味で「仏」とは釈迦のことです。それから「法」（ダンマ）[1]とは釈迦が説いた「教え」のこと。釈迦の教えをベースとして自己の生活を組み立てていくということ。そして三番目の「僧」（サンガ）はいささか複雑ですが、これは一人一人のお坊さんのことを指すのではなく、四人以上の比丘《びく》（男性のお坊さん）、あるいは四人以上の比丘尼《びくに》（女性のお坊さん）が集まってつくる修行の組織のことを意味します。つまり「僧」というのは、個別の人間を指す言葉ではなくて、組織を指す言葉です。
したがって、「仏・法・僧」という三つの要素が仏教を構成するということは、釈迦を信頼し、釈迦の教えに従って暮らすお坊さんたちが、修行組織を守りながら生きている状態を指します。これが仏教がその場に存在する基本的な定義になります。本書では、この「仏・法・僧」の順に

1　「ダンマ」はパーリ語。サンスクリット語では「ダルマ」と言う。

沿って仏教という宗教の本質を明らかにしていきたいと思っています。

宮崎　三宝と言えば、最近ちょっと驚かされた経験がありましてね。浄土真宗の催し物に呼ばれて行ったら、その会の冒頭で、いきなり演壇上の人達から会衆までが一斉に、讃美歌のような節をつけて朗々と次のような三帰依文《さんきえもん》を唱えるんです。

ブッダン　サラナン　ガッチャーミ（Buddhaṃ saraṇaṃ gacchāmi　私は仏に帰依します）
ダンマン　サラナン　ガッチャーミ（Dhammaṃ saraṇaṃ gacchāmi　私は法に帰依します）
サンガン　サラナン　ガッチャーミ（Saṅghaṃ saraṇaṃ gacchāmi　私は僧に帰依します）

日本の大乗仏教の、しかも浄土教系の集まりでこういう光景を目の当たりにするとは！　しかもなぜかパーリ語[2]の三帰依文なんです。東南アジアの上座説部《じょうざせつぶ》（テーラワーダ）仏教徒がよく唱えているやつ。

佐々木　三帰依とは、それを唱える人が「自分は仏教徒になります」ということを宣言する言葉です。ですから、それはそれぞれの国の言葉で唱えればいいことなのですが、なぜか日本の多くの宗派ではこれを南方仏教国の人々と同じパーリ語で唱えるんですね。

宮崎　調べてみると、真宗系では宗門立の学校の行事や教区の大会などでも唱和されるようです。また葬儀で「お剃刀《かみそり》[3]」を当てるときにお坊さんが唱えるということもあるらしい。東本願寺（真宗大谷派）の関係者に「この習わしは誰が、いつから始めたの」と尋ねてみたのですが、明確な答えは返ってきませんでした。

佐々木　浄土宗や浄土真宗の人たちが、この三帰依文を唱えるということは、かなり大きな問題がありますね。そもそも他力によって救われると主張する浄土教系の教団には、自力修行のための組織であるサンガなどというものはありえないのに、そのサンガに帰依しますとは一体どういうことを意味するのでしょう？　それに仏・法・僧の仏、つまりブッダというのは、その場合誰のことを指しているのかということも気になりますね。浄土教系の人たちが帰依するブッダというのは、お釈迦様なのか阿弥陀《あみだ》様なのかはっきりしませんね。

宮崎　真宗の常識に従って考えるならば、釈迦仏ではなく阿弥陀仏のはずでしょう。阿弥陀信仰の立場からは、釈迦よりも阿弥陀如来の方が明らかに格上で、経典によっては阿弥陀は釈迦の前世の師の師であり、父であり、主君であるとされていますから。

佐々木　まあ、そういうことになるでしょうね。そうなるとますますパーリ語で三帰依を唱える意図がわからないですね。パーリ三帰依文の「ブッダ」は間違いなくお釈迦様を指していますからね。「ダンマ」にしても、部派や学派、宗派によって理解や解釈が異なってきます。仏教のもっとも基本的な要素である仏・法・僧が、言葉は同じでも、初期の仏教と浄土教系とではその意味するところがまったく違ってきている。

2　上座説部仏教の聖典に用いられているインド・アーリア語派に属する言語。
3　「お剃刀」は、本来は戒師が、出家する者に戒を授けて髪を剃る儀式だが、葬儀の際に、導師が在家者に対して髪に剃刀をあてる真似をして仏門に帰依した証とすることがある。

宮崎　そうですね。おそらくこれは、近代という時代が宗門に与えた影響の名残だろうと思います。例えば西村実則《みのり》氏は、[4]明治政府が外来思想として仏教を排斥したとき、仏教界は局面の打開と仏教復興の方策を国外に求めたと指摘しています。インドでとうの昔に仏教が廃れていたので、セイロン（現在のスリランカ）とヨーロッパに学僧を派遣した。西村氏によれば「セイロンに赴いた僧たちは、宗派を超えた仏教界全体の統一の手がかりを求める者が多かった」そうです。[5]彼らにとってパーリ語は仏教の普遍性の象徴だった。それが宗門に持ち帰られて、パーリ三帰依文を誦す慣習ができた……。

佐々木　しかし来歴は推定できても、教理的な問題は解消しません。冒頭で、仏教は無条件で受け入れなければならない前提の数が非常に少ないと言いましたが、その数少ない前提がこのように混乱した状態にあるということは、仏教世界が怖ろしく多義的になっているということです。

宮崎　そうですね。いまみたように最も重要な三宝である仏・法・僧すら指示対象を確定できない。然《しか》るに、指しているものがぜんぜん違うのに、スリランカやタイやミャンマーなどのテーラワーダ教徒と日本の真宗門徒とがまったく同じ三帰依文を唱えている。これが仏教の不思議です。この本で、こんな仏教の不思議をできる限り解きほぐし、説き明かしてゆきましょう。

「正典」は何か

宮崎　さて、この本では、三宝にならって「仏」「法」「僧」の三部構成で仏教を論じていくことにしていますが、各章でそれぞれのテーマについて深く掘り下げていくつもりです。その前に、まず、われわれは何をベースに仏教を論じるのか、ちょっと整理しておきましょう。

例えばキリスト教なら旧約、新約の聖書、イスラム教ならクルアーン（コーラン）が教えの基礎となります。ただキリスト教の場合、宗派によって正典の範囲に異同があり、例えば有名な「ヨハネの黙示録」を受け入れるべきか否かという議論は初期の教会の時代からありました。マルティン・ルター[6]が当初、黙示録の正典性に疑義を呈していたことはよく知られています。

しかし、正典もしくは聖典という絶対的な規矩《きく》が設定されている点に変わりはない。然るにわが仏教には、聖典に該当するようなものがあるか。ホテルの客室などには聖書と並んで、よく仏教伝道協会が編纂した『仏教聖典』という書物が置いてあります。[7]非常によく纏まっているとは思いますが、宗教的なオーソリティによって認定されたものではありませんね。

佐々木　仏教の聖典と言えば、それはやはり阿含《あごん》・ニカーヤと呼ばれる初期経典でしょう。たとえば、パーリ語で書かれたものなら長部《じょうぶ》・中部・相応部・増支部・小部の初期経典です（二五頁参照）。

4　大正大学教授（一九四七－）。
5　西村実則『荻原雲来と渡辺海旭―ドイツ・インド学と近代日本』大法輪閣、二〇一二年。
6　キリスト教の宗教改革を主導したドイツの神学者（一四八三－一五四六）。
7　『仏教聖典』仏教伝道協会、一九六六年。木津無庵、山辺習学、赤沼智善らによる仏教協会編『新訳仏教聖典』（新訳仏教聖典普及会、一九二五年）をベースにしている。

なぜかと言えば、この「パーリ五部」が数ある仏教経典の中で一番古いものだからです。古ければ古いほど釈迦の創ったオリジナルの仏教に近いと考えられます。ただし、釈迦の時代にはまだ文字が定着しておらず、教えは基本的にすべて口伝だったので、初期経典といえども「釈迦直伝のことば」とまでは言えません。そこは気を付けなければなりませんが、まずは阿含・ニカーヤを起点と考えればいいでしょう。

宮崎　私もそう思いますが、当然、大乗仏教の側から強い反発が起こるのは避けられないでしょうね（笑）。「般若《はんにゃ》経」「維摩《ゆいま》経」「法華《ほっけ》経」「華厳《けごん》経」「浄土三部経」「大乗涅槃《ねはん》経」「解深密《げじんみつ》経」「大日《だいにち》経」などなどの大乗経典はどうなるのかと。それどころか大乗側はずっと阿含・ニカーヤ系の経典を軽視し続けてきました。例えば天台《てんだい》智顗《ちぎ》[8]の「五時八教」では、「阿含時」（阿含・ニカーヤのこと）の教えは初歩的で不十分なものと断じられています。

佐々木　大乗仏教は釈迦がなくなって五百年近く経って現れた新たな仏教運動ですから、その中で作られた大乗仏教の経典が、ニカーヤに比べてはるかに新しいものであることは間違いありません。それは歴史的な事実です。しかしながら、日本をはじめとした東アジア仏教圏は大乗仏教が中心ですから、その世界では大乗仏教の経典は釈迦の直説であるとか、あるいは正統なる仏教経典であるという思いは強く残っています。ですから、それは信仰の立場から言えば、大乗仏教経典も釈迦の教えであるが、歴史的に見るならば、決して釈迦自身が説いたものではない。こう

8　中国の僧侶（五三八－五九七）。天台宗の実質的な開祖。

図1 **「釈迦の仏教」の経典【初期経典】**

【パーリ語の初期経典】

ニカーヤ

ディーガ・ニカーヤ
【長部】長編三十四経

マッジマ・ニカーヤ
【中部】中編百五十二経

サンユッタ・ニカーヤ
【相応部】小・中編
約二千九百経

アングッタラ・ニカーヤ
【増支部】小編約二千三百経

クッダカ・ニカーヤ
【小部】十五経

【漢文の初期経典】

阿含経

長《じょう》阿含経
三十経

中《ちゅう》阿含経
二百二十二経

雑《ぞう》阿含経
千三百六十二経

増《ぞう》一《いち》阿含経
四百七十一経

クッダカ・ニカーヤ
- クッダカパータ
- ダンマパダ（法句経）
- ウダーナ
- イティヴッタカ
- スッタニパータ（経集）
- ヴィマーナヴァットゥ
- ペータヴァットゥ
- テーラガーター
- テーリーガーター
- ジャータカ
- ニッデーサ
- パティサンビダーマッガ
- アパダーナ
- ブッダヴァンサ
- チャリヤーピタカ

※これらの中には漢訳されたものも一部含まれる。

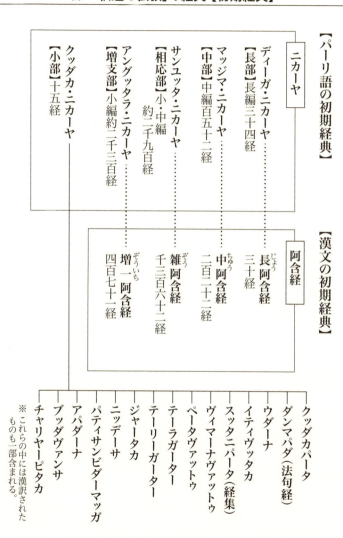

いった二重構造で捉えざるをえません。大乗経典の成立に関しては、最近私が「NHK100分de名著」の別冊『集中講義 大乗仏教』で詳しく述べておきました[9](二七頁参照)。

宮崎 仏教学においても、原始仏教や初期仏教の研究が重視されるようになったのは比較的近年のことです。それまではずっとサンスクリット語や漢語の大乗経典、大乗の論書、註釈書の研究に重きが置かれてきました。大乗とは異なり、日本において教団組織的な基盤に支えられていないパーリ語の経典や論書、律、註釈書などに然るべき注意が払われるようになったのは、まさに近代仏教学の成果といわざるを得ませんね。

まあ、現実にはその日本の教団組織の方々も、パーリ聖典どころか、大乗経典すら碌《ろく》に読んでいない。読経はできても、その釈義はできないお坊さんも散見されますので、まずは実践と学知の乖離《かいり》を埋めるのが先決かもしれません。

佐々木 日本は仏教導入の時期から大乗仏教一色であったので、江戸時代までは普通のお坊さんは阿含・ニカーヤに触れる機会もほとんどありませんでした。たとえ読んだとしても、それは釈迦の初歩的な教え、あるいは入門者向けの教えとして軽視されてきました。明治時代になり、その阿含・ニカーヤこそが最古の経典であるという事実が明確になった段階で、ようやくそれは日本でも注目されるようになったのです。

---

9 佐々木閑『別冊NHK100分de名著 集中講義 大乗仏教 こうしてブッダの教えは変容した』NHK出版、二〇一七年。

図2 **仏教の伝播**

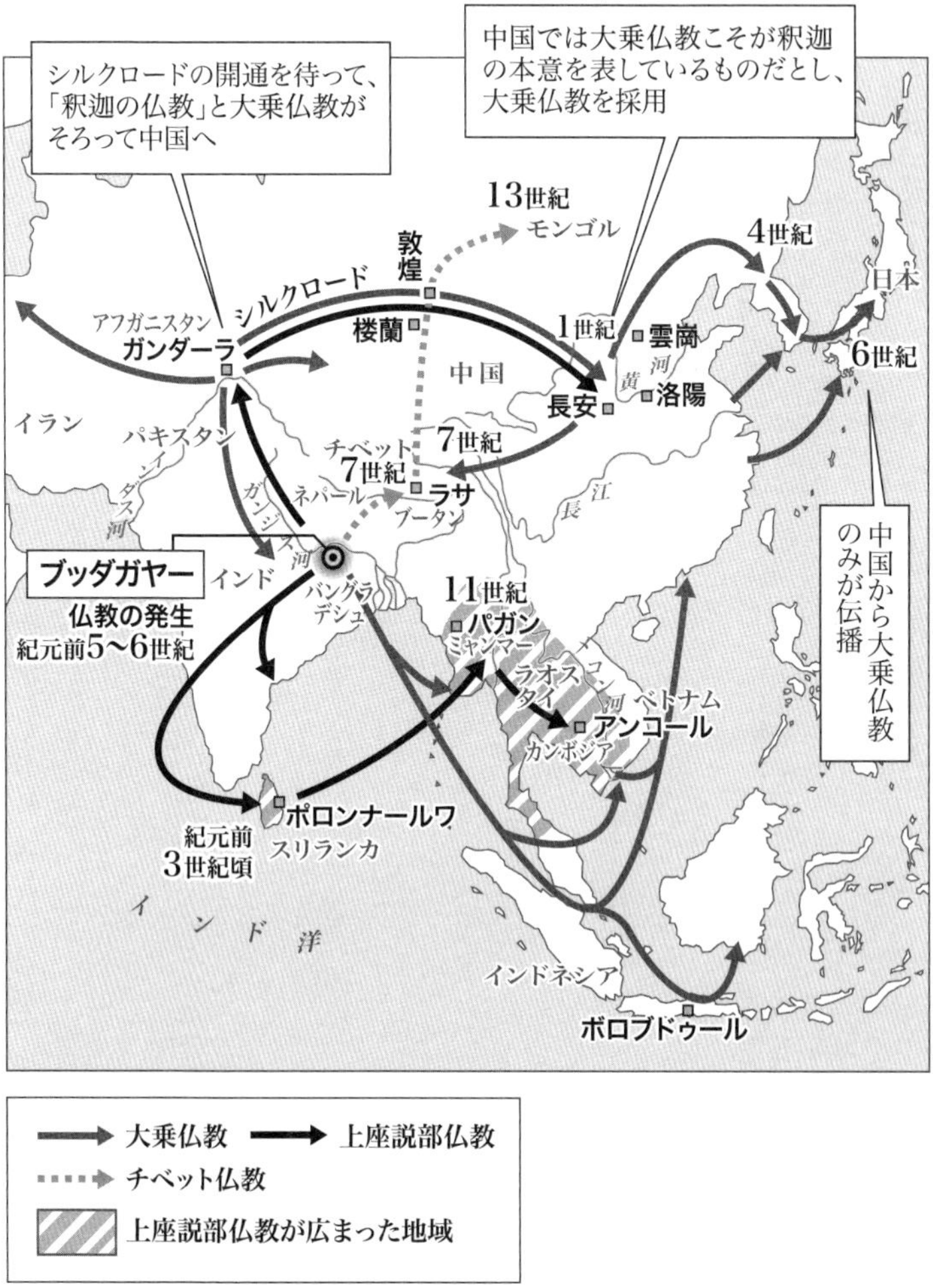

シルクロードの開通を待って、「釈迦の仏教」と大乗仏教がそろって中国へ
中国では大乗仏教こそが釈迦の本意を表しているものだとし、大乗仏教を採用
13世紀
モンゴル
敦煌
シルクロード
楼蘭
アフガニスタン
ガンダーラ
中国
1世紀
雲崗
黄河
洛陽
長安
4世紀
日本
6世紀
イラン
パキスタン
インダス河
ガンジス河
チベット
7世紀
7世紀
ネパール
ラサ
ブータン
長江
ブッダガヤー
仏教の発生
紀元前5～6世紀
インド
バングラデシュ
11世紀
パガン
ミャンマー
ラオス
タイ
メコン河
ベトナム
アンコール
カンボジア
ポロンナールワ
スリランカ
紀元前
3世紀頃
インド洋
インドネシア
ボロブドゥール
中国から大乗仏教のみが伝播
大乗仏教
上座説部仏教
チベット仏教
上座説部仏教が広まった地域

宮崎　さて、その阿含・ニカーヤですが、まず高楠《たかくす》順次郎[10]監修の『南伝大蔵経《なんでんだいぞうきょう》』全六十五巻七十冊をはじめとして、現段階では以下のような本が出版されています。ここらへんのものはプロ用、セミプロ用の感が強いですが……。

●大蔵出版

『南伝大蔵経』シリーズ【全六十五巻七十冊】高楠順次郎・監修

律蔵（五巻五冊）、経蔵（三十九巻四十二冊）、論蔵（十四巻十五冊）、蔵外（七巻八冊）

『パーリ仏典』シリーズ【全二十二巻】片山一良《いちろう》[11]・単訳

中部経典（六巻）、長部経典（六巻）、相応部経典（十巻）

●春秋社

『原始仏典』シリーズ【全七巻】中村元《はじめ》[12]・監修

長部経典（三巻）、中部経典（四巻）

『原始仏典Ⅱ』シリーズ【全六巻】中村元・監修

相応部経典（六巻）

『原始仏典Ⅲ』シリーズ【全八巻】中村元・監修

増支部経典（二〇一七年十月現在三巻、以下続刊予定）

●平河出版社

『現代語訳「阿含経典」長阿含経』シリーズ【全六巻】丘山新《はじめ》[13]ほか訳註

長部経典（六巻）

●Evolving

『小部経典　正田大観《しょうだだいかん》[14]翻訳集　ブッダの福音』【全十巻】※Kindle版のみ

小部経典（十巻）

佐々木　もう少し一般向けで手軽に入手できるものを挙げておきますと、何といっても中村元訳の『ブッダの真理のことば　感興のことば』と『ブッダのことば―スッタニパータ』。この岩波文庫二冊のおかげでパーリ語ニカーヤ聖典の存在を知った人も少なくないと思います。中村元訳の岩波文庫の原始仏典シリーズには、以下のようなものがあります。

●**岩波文庫・原始仏典シリーズ**

『ブッダのことば―スッタニパータ』（小部）**一九八四年**

『ブッダの真理のことば　感興のことば』（小部）**一九七八年**

10　東京帝国大学教授（一八六六―一九四五）。

11　駒澤大学教授（一九四二―）。

12　東京大学教授（一九一二―一九九九）。

13　東京大学東洋文化研究所教授（一九四八―）。

14　著述家・翻訳家（一九五九―）。

『仏弟子の告白―テーラガーター』（小部）一九八二年
『尼僧の告白―テーリーガーター』（小部）一九八二年
『ブッダ最後の旅―大パリニッバーナ経』（長部）一九八〇年
『ブッダ神々との対話―サンユッタ・ニカーヤⅠ』（相応部）一九八六年
『ブッダ悪魔との対話―サンユッタ・ニカーヤⅡ』（相応部）一九八六年

宮崎　それから私が筑摩書房に掛け合って、二〇一二年にやっと文庫化に漕ぎ着けたのが、増谷文雄[15]訳の『阿含経典』全三巻[16]。これは相応部経典の抄訳を主とするもので、とくに一、二巻には因縁篇、蘊《うん》篇、六処篇、道篇の重要な経が収められています。韻文の有偈《うげ》篇は、岩波文庫の中村元訳がありますが、増谷の文庫版には相応部の、かなり理論的に整備された散文経典が収録されていて便利です。

佐々木　そうです。そして、その第二巻の解説は私が書きました。このシリーズは確かに読みやすいと思います。

宮崎　さて、ざっと阿含・ニカーヤの邦訳書を列挙してみましたが、やはり浩瀚《こうかん》な経典群なので、一般の読者にはなかなか手を出し難い。しかし、ミャンマーには三蔵憶持者（ティピタカ・ダラ）といって、経典のみならず、「律蔵《りつぞう》（サンガの規律などをまとめたもの）」や「論蔵《ろんぞう》（経典等の註釈、解釈論を集めたもの）」をも含めたパーリ三蔵をすべて暗記していて唱えることのできる僧侶がいるそうです。驚異の記憶力としかいいようがありません。こういう事例をみると、ブッダの言葉がそのまま口伝によって語り継がれたというのも頷《うなず》けるんですよね。

私達凡人にそんな真似は無理なので、少しずつ読んでいくしかありません。とりあえずこれを繙《ひもと》くべしというようなものはありますか。

佐々木　長部、中部などニカーヤの区分は、お経の長さや記述のスタイルで分類されているだけなので、基本的にどれも重要だとは思いますが、一般の人が読むとすれば、やはり長部か中部からがいいでしょう。長部の経典はストーリー形式になっているので、面白く読むことができます。これに対して、相応部、増支部などは、細かい教義の話が何度も繰り返し出てくるので、興味のない人が漠然と読むと途中で嫌になってしまうかも知れませんね。

宮崎　長部は『南伝大蔵経』以外にも、平易な日本語訳が二種類出てますしね。これには釈迦の晩年の言行を記したパーリ語の「大般涅槃経《だいはつねはん》」[17]をはじめ、仏教の立場からみた六十二の誤った見解（六十二見）を列記した「梵網経《ぼんもう》」、同様に仏教の立場からみた、釈迦と同時代の六人の異端者（六師外道《げどう》）の思想が描かれている「沙門果経《しゃもんか》」などが含まれていますね。ここらは、仏教誕生時の思想状況が活写されていて実に興味深い。

佐々木　初期経典というのは、何度も同じ台詞が繰り返されていたり、何度も異なる事象が同じ表現で評価されていたりして、やや一本調子な印象を持つことも少なくないのですが、相応部も

15　大正大学教授（一九〇二－一九八七）。
16　増谷文雄訳『阿含経典（一）～（三）』ちくま学芸文庫、二〇一二年。
17　中村元訳『ブッダ最後の旅―大パリニッバーナ経』岩波文庫、一九八〇年。

増支部も細部を読み込むと大変面白いことが書かれている。

宮崎　そうですね。例えば増支部には、釈迦が死というものは決して〝他人の死〟ではなく、紛れもなく〝この私〟の死に他ならないのだということを強調している記述があります。第三集の第三十八経です。まずは春秋社の『原始仏典』シリーズから浪花宣明《なにわせんみょう》氏[18]の訳を引用します。

「教えを聞いていない凡夫《ぼんぷ》は自ら死ぬものであり、死を超越していないにもかかわらず、死んだ他人を見て、自らを差し置いて、困惑し、恥ずべきことだと思い、嫌う。わたしもまた死ぬものであり、死を超越していない。しかしわたしは死ぬものであり、死を超越していないにもかかわらず、死んだ他人を見て、困惑し、恥ずべきことだと思い、嫌ってよいのか。これはわたしにはふさわしくない、と、比丘たちよ、わたしがこのように深く思慮しているとき、長寿者にある長寿の驕《おご》りはすべて捨断された[19]」

正確な訳出なのですが、いま一つ、胸に迫るものが弱いので、鈴木隆泰《たかやす》氏[20]の著書から同一箇所を引いておきましょう。

「愚かな凡夫は、自らが死にゆくものであり、同じく死を免れないにも関わらず、他人が死んだのを見ては、自分のことは棚に上げて、悩み、恥じ、嫌悪するものである。私もまた死にゆくものであり、死を免れない。まさに自分が死にゆくものであり、同じく死を免れないにも関わらず、他人が死んだのを見ては、〝死は私にはふさわしくない〟といって悩み、恥じ、嫌悪するであろう。私がこのように、〈死を受け入れられない自分に〉気づいたとき、生存時における〈命はあって当然という驕り〉は全く消え失せたのである[21]」

この、死が紛れもなく自分自身に切迫した危機だと説く章句は、老いること、病むことについてもまったく同じ表現が採られています。老病死を他者のことではなく、釈迦は紛れもなく「己がこと」として捉える自覚を促している。

増支部には、同じく老病死について、親子という最も親密な関係においてすら、共有できない苦しみなのだと断言している箇所もあります。

佐々木　ここが仏教のもっとも本質的な重要部分ですね。年を取り病気になって死ぬという、生命主としての人間の宿命が、他人事ではなくわれわれ自身の問題として身に迫ってくるということを明確に打ち出しています。仏教という宗教は、ふだん他人事として忘れている老病死という人生の最大の苦しみを、我が身のこととして実感した人にとって、はじめて必要となるものなのです。増支部は比較的短い経典ですが、そういうところに仏教の本質がきちんと表明されているということに気が付くのは、大変面白いことです。

宮崎　リアリティがあって、筋が通っているんだけど、いまの私達が何となく前提にしている良識を打ち壊すような生々しい破壊性がある。

しかし増支部は古い文語調ならば完訳がありますが、現代語の全訳は刊行中です。それに、一

18　中村元東方研究所研究員（一九四八－）。
19　中村元監修『原始仏典Ⅲ　増支部経典　第二巻』春秋社、二〇一七年。
20　山口県立大学教授（一九六四－）。
21　鈴木隆泰『ここにしかない原典最新研究による本当の仏教　第一巻』興山舎、二〇一四年。

般の人がいきなり読むのは、ちょっとハードルが高いかも知れない。私はまず増谷の『阿含経典』で相応部経典を大摑みして、中村元訳の岩波文庫のシリーズに進むのがいいかな、と思います。ただ岩波文庫の相応部が有偈篇に限られているのに対し、「増谷阿含」は全体から経がピックアップされ、再構成されています。十支縁起が説かれる「城邑経《じょうゆう》」[22]など、とても重要な経典が多数収録されていて、初期仏教に入門するならまずここから、という感じがします。

佐々木　そうですね。増谷の『阿含経典』は、あくまで増谷自身の見識によって選択された阿含経典ですから、それが阿含のすべてを表しているというわけではありません。ですから、もし増谷の『阿含経典』を読んでみて、もっと本格的に阿含・ニカーヤを読み込みたいと思ったら、先ほど挙げた春秋社の『原始仏典』シリーズか、大蔵出版の『パーリ仏典』シリーズに挑戦してみればいいでしょう。

宮崎　片山氏による大蔵出版のシリーズは、春秋社版に比べて脚註が充実していて、私のようにパーリ語に精通していない者にも懇切です。ただ、もう少し安価になると読者も広がると思うんですがねえ……。

あと大蔵出版といえば、高楠監修の『南伝大蔵経』の一部が電子データ化され、国立国会図書館の「近代デジタルライブラリー」で公開されていたのですが、二〇一三年に版元である同社の抗議を受けて、「当分のあいだ」インターネット提供は見合わせるということになりました。

高楠『南伝大蔵経』は古い文体でリーダビリティに欠けているので、これはむしろ一部公開を許容した方が、パーリ三蔵の普及を促進し、むしろ片山氏の『パーリ仏典』の売上げに貢献したと思うのですけどねえ。大蔵出版さんももう少し仏教および仏教学の振興を考えていただきたい。

釈迦は何語を話していたのか

宮崎　ところでニカーヤはパーリ語で書かれていますが、そもそもブッダ本人が使っていた言語は、古代のマガダ語[23]であるとされていますね。

佐々木　インドではサンスクリット語が権威ある公用語とされているのですが、釈迦はサンスクリットを使わなかった。と言うよりも、釈迦の時代はまだサンスクリット語というものが完全に確立されていなかったでしょう。

宮崎　面白いことに、いくつかの仏典をみると、釈迦は自分の教えをサンスクリット語に翻訳してはならないと戒めていますね[24]。

サンスクリット語が得意な仏弟子の兄弟が、釈迦の教えを他の仏弟子たちが各自の親しんだ方言で語り伝えていることによる混乱を危惧して、釈迦に「私達がサンスクリット語に翻訳いたし

22　中村元訳『ブッダ神々との対話―サンユッタ・ニカーヤI』『ブッダ悪魔との対話―サンユッタ・ニカーヤII』の二冊（ともに岩波文庫、一九八六年）。

23　マガダ語とは、プラークリットと呼ばれる中期インド語の俗語の一種で、かつてはパーリ語と同一視されたこともあったが、現在では別の言葉だったらしいと考えられている。

24　たとえば「パーリ律」や「四分律」などにそのような記述がある。

ましょうか」と申し出たら、釈迦が怒って「比丘たちよ。ブッダたる私の言葉をサンスクリットに転じてはならない。もし勝手に翻訳したら突吉羅罪《ときらざい》（微罪）に当たるぞ」と叱り、かつ「ブッダたる私の言葉は各々の国の言葉で学ぶべし」と命じたという挿話があります。[25] これは仏教の性質というか、特異性を考える上で非常に大きな意味があると思います。

佐々木　釈迦の時代はまだ文字文化が未発達でしたから、情報伝達の手段は口伝しかなかったわけで、したがって言葉が通じなければ情報伝達などできないわけですから、それを考えると釈迦が自分の言葉をそれぞれの地域の人々に通じる、それぞれの言語に翻訳して伝えよと言ったのは、きわめて自然で当たり前のことだったと思われます。

宮崎　この戒めのせいか、一世紀初頭まで仏典はサンスクリット語化されなかったようです。他方、大乗経典や大乗論書は主にサンスクリット語で書かれています。[26] その他、主要な仏教聖典の言語としてはチベット語訳、漢訳があります。もちろんサンスクリット原典の存在は確認できても散逸してしまっていて、チベット語訳や漢訳しか残っていないものも少なくない。また唯識派の所依の経典で、アサンガ[27]の「摂大乗《しょうだいじょう》論」でも最重視されている「阿毘達磨《あびだつま》大乗経」などは、サンスクリット原典をはじめ、チベット語訳も漢訳も発見されていません。まさに謎の、幻の経典（笑）。

こうした幾多の言語にわたる分厚い思索の伝統の上に、現在のブッダ観、釈尊観が成り立っているわけですね。

佐々木　経典がいったい何語で書かれたかという問題については、最近になって新たな発見が相次いでいます。たとえば、パキスタン・アフガニスタンの国境付近から出土した仏典類の中から「般若経」が見つかりましたが、その「般若経」はサンスクリット語ではなくガンダーラ語で書かれておりました。これが現存する最古の大乗仏教の資料です。したがって大乗経典が最初はサンスクリット語で書かれたという根拠は非常に薄らいできています。むしろそういった大乗経典でさえも、その土地その土地の言葉で最初は作られた可能性が出てきています。このガンダーラ語の「般若経」の年代は、炭素測定によって紀元一世紀から二世紀の間と同定されています。

宮崎　ところでパーリ語の原始経典のうちで、どれが最も古い年代に成立したかが問題とされることがあります。先ほど佐々木さんの話にも出ましたが、古ければ古いほど「金口直説《こんくじきせつ》」、つまり釈迦自身の言葉・思想に近いはずだという推定を前提とした判釈ですが……。

佐々木　教相判釈《きょうそうはんじゃく》ですね。中国をはじめとする漢訳仏典圏において、数ある経典の中から、その内容や成立時期によって、重要度をランク付けしました。古いものを釈迦直伝の言葉として重要視する考えもあれば、先ほど宮崎さんが指摘されたように、大乗系では阿含・ニカーヤを程度の低い経典とみなす考え方もあり、長らく論争が続いてきました。

25　高楠順次郎監修『南伝大蔵経』第四巻二一一頁、大正新脩大蔵経刊行会（大蔵出版発売）、一九七〇年。

26　これも標準サンスクリット語で書かれたものとフランクリン・エジャートンのいうＢＨＳ（"Buddhist Hybrid Sanskrit"）というサンスクリットとプラークリットのハイブリッドで書かれたものがある。Ｆ・エジャートン『仏典のことば』（平楽寺書店、一九九四年）参照。

27　大乗仏教唯識派の大学者。漢訳名は「無著」。生没年不詳（四世紀頃に活躍したとされている）。

宮崎　まあ、通常の教相判釈というのは、そのお経に完全な教えが書かれているのか、不完全な教えに留まっているのかで、お経の質を判断し、優劣を付ける。他方、ここでいう判釈の基準は「どれが釈迦の直説や真意に近いか」ですから、畢竟、先後や新古の判定に重きが置かれます。

大乗系との争論はさておき、初期仏教研究においては「どの経典がオリジナルに近いのか」、即ち「どれが成立年代が古いのか」はずっと問題になってきました。有力説では、散文よりも韻文で書かれた経典の方が古いとされている。なぜ韻文が古いといえるのかというと、まず釈迦の言葉を弟子たちが記録として留めた際に、長行《じょうごう》、つまり長い散文のかたちで暗記したり、書き留めたりはしなかっただろう。おそらく散文ではなく、覚えやすい詩（ガーター）のかたちで記憶に留め、師から弟子に口伝していったに違いないと推測するわけです。

たとえば「パーリ五部」は、「韻文の方が古い」という通説的判釈では、次のように整理されます。

●最古層

小部経典所収の「スッタニパータ」の第四章「八つの詩句の章（アッタカヴァッガ）」、第五章「彼岸に到る道の章（パーラーヤナヴァッガ）」

●第二古層

相応部経典所収の有偈篇、「諸天相応（デーヴァターサンユッタ）」「悪魔相応（マーラサンユッタ）」、小部経典所収の「ダンマパダ」の第二十四章「渇愛の章（タンハーヴァッガ）」、第二十六章「婆羅門の章

〈ブラーフマナヴァッガ〉」

●第三古層

小部経典所収の「テーラガーター（長老偈）」「テーリーガーター（長老尼偈）」

佐々木　ただ学者によっては逆のことを言う人もいます。釈迦が韻文つまり詩で説法したはずがない。語りかけるのは普通の言葉だったはずだから、散文の方がオリジナルかもしれないじゃないかというわけです。私自身は、韻文／散文は時代の前後を決定する情報としては使えないという立場です。もっと別の面から新古を決めないといけないと考えています。

たとえば、小部経典の「ジャータカ」[28]とジャータカ註の関係についても、まだ不確定な点があると私は考えます。「ジャータカ」の韻文だけでは物語のストーリーがまったく摑めない。散文の註釈がなければ物語が成り立たない状態で、先に韻文だけがあったというのは、きわめて不自然にも思えます。

中村元のバイアス

宮崎　ところで、先ほど「パーリ五部」と言いましたが、じつは最後の小部を抜いて「パーリ四

28　釈迦の前世の物語を含む仏教説話集。成立年代は不明だが、およそ紀元前三世紀〜二世紀と推定されている。

部」という呼び方もあります。小部を重要経典に含めないという考え方は、かなり一般的なんでしょうか。

佐々木　小部は、四部以外の経典の寄せ集めみたいなもので、他のニカーヤよりもずっと後になってからまとめられたものです。ですから、どちらかと言えば、特異な経典の集成という位置づけになります。しかし、その特異な経典の中には、「スッタニパータ」や「ダンマパダ（法句経）」のように古くて重要なものも多く含まれており、ある意味、ニカーヤの中でもっとも重要な経典群であるということも言えます。

宮崎　小部の中の「スッタニパータ」に関しては、ブッダゴーサ[29]による註釈書「パラマッタジョーティカー」が全訳されていますね[30]。

佐々木　はい、さらには「ダンマパダ」や「テーラガーター」などの重要な経典の註釈も続々と翻訳されつつあります。「スッタニパータ」をはじめとする小部経典が、なぜ日本でそれほど広く読まれるようになったのか。それはもう間違いなく、中村元先生の絶大な影響力のおかげです。

宮崎　まさに岩波文庫の圧倒的な普及力の賜。「スッタニパータ」の訳本をズバリ「ブッダのことば」と題するセンスも光っている（笑）。

佐々木　どうして「スッタニパータ」が「ブッダのことば」なんだ？　という批判もありますが（笑）。「スッタ（スートラ）」はお経、「ニパータ」は集まり、つまり本来は単なる「お経の集成」という意味ですから。「ダンマパダ」を「真理のことば」、「ウダーナ」を「感興のことば」と訳すのは正しいんです。だけど「スッタニパータ」だけが、ちょっと困っちゃう……（笑）。

宮崎　おそらく先ほどの、「スッタニパータ」四章、五章が最古層の経典であるという判釈を前提として、最もブッダが行った説法に近いという意なのでしょう。その証拠に、さっき掲げた最古層、第二古層、第三古層に属する経典のすべてがこの岩波文庫のシリーズで刊行されています。しかし、この通説的な新古の推定が正しいかどうか、佐々木さんも指摘されたように一部の研究では疑義も提出されています。

そもそも「スッタニパータ」の四章・五章を最古層とする通説が正しいのか、という疑問もあります。通説の根拠は、先ほど話したように「韻文の方が古い」という判釈ですが、たとえば、馬場紀寿《のりひさ》氏[31]なんかは韻文の経典群と散文の経典群が並行して伝承されたという説を唱えていますね。

先に掲示した三層の韻文経典リストを一瞥すると明らかなように、ほとんどが小部経典に属するものです。馬場氏は、これまでの初期仏教研究ではこれらの小部所収の韻文経典を最古層、古層と位置づけ「四阿含をその後の時代の成立とする傾向が強すぎた」と、中村元、荒牧典俊《のりとし》氏[32]などを批判しています。[33]

29　五世紀頃のインドの仏教学者。漢訳名は「仏音」。「覚音」「覚鳴」などとも呼ぶ。スリランカに渡って多くの著作を残した。
30　村上真完、及川真介訳註『仏のことば註（一）～（四）』春秋社、二〇〇九年。
31　東京大学東洋文化研究所准教授（一九七三－）。
32　京都大学教授（一九三六－）。
33　馬場紀寿「初期経典と実践」『新アジア仏教史03／仏典からみた仏教世界』佼成出版社、二〇一〇年。

しかし近年では、「ウダーナヴァルガ」のスバシ写本の校訂・分析で著名な中谷英明氏[34]やインド言語学者の山畑倫志《ともゆき》氏[35]の手によって、韻律や語彙、語の意味や用法の推移から初期経典の時代区分を画す言語学的アプローチが進んで、結局のところ、「スッタニパータ」の第四章、第五章の大部分、第一章の「犀角経《さいかく》」のみがアショーカ期以前の成立であると推定されました[36]。

佐々木 はい、さまざまな研究がいま行われておりますが、まだこの問題については未確定な要素が多いので、断定的なことは何も言えないと思います。馬場氏の研究に関しても、これに対して若手研究者の清水俊史《としふみ》氏[37]が、反論を提示しつつある状況です。ニカーヤの成立史や分類の歴史に関しては、今後かなり白熱した議論が展開していくものと思われ、私もとても期待しております。

宮崎 たとえば、「スッタニパータ」の第四章、第五章には、他の宗教思想が紛れ込んでいるという説もあります。この韻文にはやはりジャイナ教聖典[38]との共通性が看て取れます。これについては中村元も荒牧典俊氏も認めておられる。松本史朗氏[39]などはあからさまに「スッタニパータ」はジャイナ教の苦行者文学の一種で、反仏教的要素に満ちていると批判されています[40]。そこまで極言しなくとも、双方に愛唱されていたとするのは無理のない想定だと思います。

佐々木 じつは中村元という学者はインド哲学にも造詣が深く、ヴェーダーンタ[41]研究がキャリアの出発点なんです。そのため、中村先生の仏教解釈はインド哲学思想のバイアスがかかっていると問題視する人も少なくありません。

宮崎 果たして「スッタニパータ」は「ブッダのことば」なのか否か。まあ、私自身は韻文か、散文かによって新古を大まかに分ける方法にも一定の根拠はあると思いますが、確実とまではいえない（笑）。

佐々木　ですから、私が問題に思っているのは、そのような曖昧なものをベースにして次々に学術理論を構築していった場合に、その理論自体の妥当性がどこまであるのか、ということなんです。

宮崎　私は逆の意味で、最近の仏教学には、ちょっと首をかしげたくなるような傾向が散見されることを危惧しています。例えば阿含・ニカーヤに描かれたブッダ像を断片的に取り出して、大乗仏教の諸仏の「淵源」として牽強付会《けんきょうふかい》したりね。私は佐々木さんと少し違って（笑）、最初期の仏教と龍樹《りゅうじゅ》（ナーガールジュナ）[42]辺りまでの比較的初期の大乗仏教とのあいだに思想的連続性を認める立場ですが、阿含・ニカーヤの一部の記述だけを抜き出して、その他の初期経典や初期仏

34　東京外国語大学教授（一九四七－）。
35　北海道科学大学准教授（一九七九－）。
36　中谷英明「スッタニパータについて」『日仏東洋学会通信』第22号、一九九八年、五－一八頁、同「ブッダの魂論」『論集・古典の世界像』二〇〇三年、三二一－五〇頁など。
37　花園大学研究員（一九八三－）。
38　アヒンサー（不害）の禁戒など、その徹底した苦行・禁欲主義をもって知られるインドの宗教。
39　駒澤大学教授（一九五〇－）。
40　松本史朗「仏教の批判的考察」『仏教思想論〈上〉』大蔵出版、二〇〇四年。
41　インドに伝わる六派哲学のうちの一つで、宇宙原理との一体化を説く神秘主義。
42　インド仏教の僧侶で、大乗仏教中観派の開祖（一五〇頃－二五〇頃）。「中論」で「空」の理論を説いた。

伝で随所にみられるゴータマ先生（釈迦）の人格性は無視して、「これこそが大乗の超越的如来像との同質性の証拠だ」と決めつけるような立論には疑問を禁じ得ません。

佐々木　まったく同感です。学問の基礎がおろそかにされていると思います。仏教学が抱えた大きな問題点の一つが、現実世界における自分たちの立場を根拠づけるために、古代の仏教資料を利用するという考えです。自分たちの立場に都合の良い記述だけを抜き出してきて利用し、それ以外の資料は無視するという姿勢が往々にしてみられます。これが日本の仏教学を間違った方向へ偏向させる一番の理由だと思います。

たとえば「釈迦は業《ごう》も輪廻《りんね》も説かなかった」などということを主張する人が学者の中にもいます。これは現在のわれわれにとって業や輪廻という思想が受け容れ難く、あるいは差別の温床になっているという批判があるので、それを避けるために過去の歴史の方をねじ曲げて、自分たちの正統性を主張しようという立場です。これは言ってみれば、自分たちの責任を歴史の中に転嫁しているようなものであって、きわめて危険な方針だと思います。

宮崎　本書では釈迦・ニカーヤという仏教の原点に立ち返り、折に触れてその後に創られた数多の仏典も参照しながら、本来の仏教のエッセンスを見極めていきたいと思います。

第一章　仏——ブッダとは何者か

仏伝を読む

宮崎　では、まずは仏教の開祖とされているあの方の話をしましょう。ブッダ（buddha）とは、もともと古代インド語の動詞「目覚める（budh）」の過去分詞形で、「目覚めた人」という意味です。「キリスト」が元々は固有名ではなく、「膏《あぶら》を塗られた者」という一般名詞で、救い主の別名だったのとよく似ています。

彼の本名は、パーリ語でいえばゴータマ・シッダッタ（サンスクリット語でガウタマ・シッダールタ、漢訳では瞿曇悉達多《くどんしっだった》）。紀元前五世紀頃にインド北部にあったカピラヴァスツ国の王子として生を受けました。「釈迦」とは彼が生まれた一族、シャーキャ族の漢語への音写に由来しています。後にゴータマは「シャーキャ族の聖者《ムニ》」、即ち釈迦牟尼《しゃかむに》と呼ばれるようになります。釈迦や釈尊はその略称・尊称ですね。それ以外にも経典類では世尊《せそん》、大徳、浮屠《ふと》などと呼称されます。この本ではこのあと、釈迦という呼称を基本にして、場合に応じてゴータマ、ブッダ、釈尊を適宜使い分けましょう。

佐々木　はい、それでいいでしょう。日本では釈迦のことを、別次元に存在する「神様」だと勘違いしている人もいますが、釈迦はわれわれが住んでいるこの世界に実在した、歴史上の人物です。当時、インドで広く信じられていたバラモン教に対抗し、仏教という新たな宗教を立ち上げました。

宮崎　ええ、でもさっき触れたように、最近の学界ではとくに浄土教や密教などに過度に阿《おもね》って、お釈迦様を「神様」化したい人達が散見されるような状況です。本当に困ったものです。釈迦は「神様」のように世界や人間を創造したり、自在に救済したり、はたまた地獄に落としたりできる超越的な存在ではあり得ない。

佐々木　仏教者になろうとするならば、まずは仏教の創始者であるゴータマの生涯、事績を辿ることから始めなければなりません。釈迦という個人がどのような人だったかは、「仏伝《ぶつでん》」と呼ばれる伝記に書いてあります。釈迦のことを知るためには、仏伝を読むのが一番です。

宮崎　しかし、一口に仏伝といっても、大小多数ある。「ジャータカ」所収の「ニダーナカター」が最も広く知られていますが、古い行状記では「律蔵」「パーリ律」の「マハーヴァッガ（大《だい》品《ぼん》）」もありますね。近年一般向けの仏教概説書によく引用されるので名が広まりました。大型のものだとアシュヴァゴーシャ（馬鳴《めみょう》[1]）の「ブッダチャリタ（仏所行讃《ぶっしょぎょうさん》）」が有名です。まあ、一つ一つ紹介していたらキリがないのですが、どの文献を基軸と考えればいいですかね。

佐々木　これらの中で一番古くて、仏伝のオリジナルとなったのは「マハーヴァッガ」ですね。これは仏教サンガの法律である「律蔵」の冒頭に置かれている物語で、そこに仏伝が含まれているのです。

宮崎　でも、「マハーヴァッガ」は、いきなりブッダが菩提樹の下で悟りを得たところから始まって、舎利弗《しゃりほつ》（サーリプッタ）と目連《もくれん》（モッガッラーナ）を弟子にして、さらに二百五十人の弟子たちをも改宗させたところまでで終わります。

いわゆるブッダの四大事とされる（一）誕生、（二）成道《じょうどう》、（三）初転法輪《しょてんぽうりん》、（四）入滅、のうちのせいぜい半分足らずしか記載がない。

佐々木　そうです。釈迦の一生を語る物語としては内容が中途半端なのです。しかし、それには理由があります。この最初の仏伝は、じつは釈迦の一生を語るために作られたのではなく、仏教という宗教が成立するプロセスを語るために作られたものだと考えれば、納得がいきます。ですからそれは、ブッダが悟ったところから始まって、仏教という宗教団体が完成したところで終わってしまうのです。このような説明を最初に主張したのは、平川彰[2]です。しかし、お釈迦さまの一生が知りたいという人の立場から見れば、当然のことながら、「じゃあ、悟りを開く前のお釈

1　古代インドの仏教僧侶にしてサンスクリット詩人（紀元後八〇頃－一五〇頃）。
2　東京大学教授（一九一五－二〇〇二）。

迦さまはどんな人だったの？」「どんな風に亡くなったの？」という疑問が信者たちから湧いてきます。そこでその後に書かれた仏伝には、釈迦はカピラ城で生まれたとか、クシナーラーの沙《さ》羅《ら》双樹《そうじゅ》の下で亡くなったとか、エピソードが付け足されていきました。

こうして、サンガの成立プロセスから釈迦の一生へとテーマが変わり、そこで作られた本格的な仏伝が「ジャータカ」の中の「ニダーナカター」という物語です。一応、これが釈迦を学ぶ際に基軸となる仏伝と考えていいのではないでしょうか。

宮崎　ニダーナの意味は因縁、カターはお話ですから、直訳すると〝因縁話〟になる（笑）。この日本語のニュアンスだと何かおどろおどろしい奇譚みたいですが、単なる釈迦の行跡の記録です。伝統的には五世紀頃の上座説部仏教を代表する学匠にして最高のパーリ聖典註釈者、ブッダゴーサの作とされてきましたが、藤田宏達氏[3]などその推定に懐疑的な研究者もいます。

この「ニダーナカター」は、釈迦の誕生から悟り、そして舎衛城《しゃえじょう》（サーヴァッティー）の祇園精《ぎおんしょう》舎《じゃ》の建立、寄進までが記されています。じつは、そこから入滅（釈迦の死）に到るまでの記述は欠いているのですが。

佐々木　まあ、カヴァーしている期間の長さからみてもパーリ文献のなかでは最も一貫した仏伝といえるでしょうね。「ニダーナカター」以降の仏伝は、どんどん話に尾ひれがついていくから、等身大の釈迦の一生を学ぶテキストとしてはいささか不適切なものになっていきます。

ブッダは実在したか

宮崎　「ニダーナカター」以降の仏伝では、「マハーヴァストゥ（大事）」とか、先に挙げた「ブッダチャリタ」あたりが有名ですね。

佐々木　そうですね。特に「ブッダチャリタ」は、「仏伝文学」の最高峰と言われています。

宮崎　文章家のアシュヴァゴーシャによるカービヤ（美文）体の叙事詩で、表現が非常に肉感的というかセクシュアルというか……まさに「文学」と呼ぶにふさわしい艶めかしい描写表現がいっぱい出てきます。なんだか仏教の教理にはあまり似つかわしくないような気がするぐらい（笑）。

例えば、第四章の二十九偈にはこうある。「若い女たちは、酔いを口実にして硬く丸く豊かで、張り合った美しい両の乳房で、王子に触れた」。同三十一偈「ある女は唇赤く、酒のにおいのする口で、彼の耳に『私の秘密を聞いて』とささやいた」。同三十二偈「ある女は身体に塗った香油がまだ乾いていないまま、王子の手に触れたいと思い、『ここに並んで私を愛して』と、命令するような口調で言った」[4]。まるでキャバクラ状態（笑）。

3　北海道大学教授（一九二八－）。
4　梶山雄一、桜部建、早島鏡正、藤田宏達編『原始仏典第一〇巻／ブッダチャリタ』講談社、一九八五年。

これはすべて、父親スッドーダナ王（サンスクリット語でシュッドーダナ王）の「王子（後のブッダ）を何とか世間に繋ぎ止めよ」という命令に従い、シッダッタ王子を誘惑しようとする女たちの行為を描写したものです。

佐々木　内容が艶めかしいだけではなく、テキスト自体もとても美しい韻文で書かれています。これだけ文章表現に凝ったということは、やはり仏伝には外部世界に対する宣伝の意味が込められていたんだと思います。なお、この「ブッダチャリタ」の作者アシュヴァゴーシャという人の立ち位置については、私の友人の本庄良文氏[5]が経部《きょうぶ》というグループに属する人であったという学説を提唱しています。[6]アシュヴァゴーシャをめぐっては、まだこれから色々な問題が解明されていくはずです。

宮崎　ただ惜しむらくは、そのサンスクリット原文が全二十八章のなかの十四章前半までしか残っておらず、そこから先はチベット語訳や漢訳に頼るほかない。

佐々木　時代が下るにつれて、仏伝はどんどん脚色の度合いが増してゆき、いちばん膨れ上がったものが「根本説一切有部律《こんぽんせついっさいうぶりつ》」という「律蔵」の中の、「破僧事《はそうじ》」という箇所に入っている仏伝です。これは釈迦の前世ではなく、その家系をずっとさかのぼって、じつはこの世界の最初の王様から釈迦の代まで、ずーっと同じ血筋が続いているんだという話で……。

宮崎　ははあ。新約聖書の「マタイによる福音書」冒頭で「アブラハムの子はイサク、イサクの子はヤコブ、ヤコブの子はユダとその兄弟たち……」とイエスに至るまでの系譜が延々と説かれているようなものですか（笑）。

佐々木　それまでの仏伝も、釈迦の前世にさかのぼることはありましたが、それは「釈迦の前世はこうだった」とか、あくまで釈迦個人の前世を一本の糸で辿っていくというかたちでした。ところが「破僧事」になると、釈迦一族の家系をすべてさかのぼっていく。

　釈迦のお父さんは誰々で、そのまたお父さんは誰々で……と、果てにはインド人らしからぬ家系にまでさかのぼって説明していく。さらには、そこに「アヴァダーナ」と呼ばれる、それぞれのお弟子さんたちの過去物語まで加えられ、一つの巨大な読み物になっている。

宮崎　アヴァダーナといえば、「ディヴィヤ・アヴァダーナ」。平岡聡《さとし》[7]氏が『ブッダが謎解く三世の物語』[8]として全訳されていますね。仏教説話の豊饒の海。まさにメルヒェンの世界！

佐々木　もう単なる家柄自慢みたいでしょ（笑）。だから、仏伝を読む際に気を付けなければならないのは、書かれていることがそのまま歴史的な事実であるという保証はまったくないということ。言ってみれば、みんな架空の話かも知れない。

宮崎　でも、それだと「じゃあ、釈迦が実在した人物とも言い切れないじゃないか！」と突っ込まれそうですが（笑）。

5　佛教大学教授（一九五一－）。

6　本庄良文「馬鳴詩のなかの経量部説」『印度學佛教學研究』第三六巻第一号、一九八七年、八七－九二頁。「馬鳴の学派に関する先行学説の吟味」『原始仏教と大乗仏教―渡辺文麿博士追悼記念論集』、永田文昌堂、一九九三年、二七－四四頁。「経を量とする馬鳴」『印度學佛教學研究』第四二巻第一号、一九九三年、六一－六六頁。

7　京都文教学園学園長（一九六〇－）。

8　平岡聡訳『ブッダが謎解く三世の物語（上・下）―「ディヴィヤ・アヴァダーナ」全訳』大蔵出版、二〇〇七年。

佐々木　それについては、「アショーカ王碑文」という立派な証拠があるから大丈夫。釈迦の死後百年から二百年ぐらい後に、インドにアショーカ王という王様が登場し、インド北部周辺の四十か所以上の場所に、岩石に彫った碑文を残しました。そのうちのネパールのルンビニというところにある石碑に「ここはお釈迦様が生まれた場所だから、税金を六分の一にまけてあげる」という内容が彫ってあることがわかりました。こういった、ほぼ同時代の資料の情報もあって、ブッダが実在の人物だったことについては、ほぼ間違いないとされています。[9]

先ほども言ったとおり、仏伝に載っている話がぜんぶ本当のことかどうかはわかりませんが、でも仏伝を読むおもしろさは、一つ一つのエピソードが史実か否かではなく、むしろ後世の人々がどういう意味合いを込めて伝承してきたのだろうかと考えていくことにあると思います。

仏伝はどのように作られたか

宮崎　ところで、仏伝というのは、どのように成立したのでしょうか？

佐々木　一番有力な説は、先ほど紹介した「平川（彰）説」です。仏伝はじつは釈迦の伝記ではなく、サンガ（仏教僧団）の成立史だと考える説です。サンガについてはこの本の後半で詳しく論じますが、このサンガという組織は、「律蔵」と呼ばれる法律によって運営されます。「律蔵」の中では何百という規則が定められているのですが、中でも重要なのは、一般人がサンガのメンバーとして認められて僧侶になる、出家の手続きです。この手続きは、白四羯磨《びゃくしこんま》授戒《じゅかい》というのですが、それは、必ず十人以上の比丘によって執行されねばならないという決まりがあります。しかしサンガの中には「なんでそんな面倒な儀式が必要なのか？」「お釈迦さまは一人で出家したじゃないか？」「初転法輪《しょてんぼうりん》（史上最初の説法）で出家した最初の五人は、まだサンガもないのに、どうやって受戒したんだ？」というような疑問を持つ者も当然いたでしょう。その疑問に答えるためには、どのようにして仏教が誕生し、どうして現在のようなサンガを作るに至ったのか、その組織の変遷、規則制定の歴史を語る必要があります。そこから仏伝が作られたのだろうというのが平川説です。

その他にも、エリッヒ・フラウワルナー[10]という大仏教学者が唱えた説で、もともと仏伝が先にあって、そこから「律蔵」が生まれたという考え方もあります。「律蔵」の全体の構成をみると、一番最初に「マハーヴァッガ」、つまり釈迦が悟ってから舎利弗・目連が出家するまでの話があって、最後に「五百犍度《けんど》」という章があって、そこで釈迦が死ぬ話が出てくる。つまり、最初と最後をつなげば、釈迦が悟ってから死ぬまでの「伝記」になっているじゃないかと。だから、もともと仏伝として成立していたものに、後から規則をどんどん割り込ませていって「律蔵」ができたと考える。つまり平川説とは正反対の考え方ですね。

いまのところは、私は平川説が正しいだろうと思っています。フラウワルナー説はあまりに細

9　佐々木閑『インド仏教変移論―なぜ仏教は多様化したのか』大蔵出版、二〇〇〇年。
10　オーストリアの仏教学者。ウィーン大学教授（一八九八－一九七四）。

部に無理が多く、相当に強い解釈をしないと意味が通りませんから。やっぱり仏伝は、もともとは仏教僧団史としてつくられ、それが後になって釈迦本人の伝記として紹介されるようになったんでしょう。しかし、このフラウワルナーの仕事は、結果の是非は措いても、その方法や仕事量において群を抜いたものになっています。

宮崎　平川説を敷衍《ふえん》すると、仏伝制作当時の仏教徒は釈迦個人の生の歩み、事績にはさしたる関心がなかったとも想定できますね。彼らの関心は、釈迦が残した、成道に進む思想や方法、あるいは教団を維持するための「律蔵」の成立根拠や正当性などに集中していた。

また、フラウワルナーの話で思い出しましたが、代表的大乗仏典が実は仏伝だったという説を打ち出したのが、先ほど触れた平岡聡氏ですね。彼は「法華経は実は仏伝である」と主張して話題になった[11]。

佐々木　ああ、あれは非常に面白い研究ですね。大きな視点から大乗経典を構造的に読み解こうという意欲作だと思います。だけど、やはり読み込みに無理があるような気がします。「法華経」は仏伝を書き換えようとしたのではなく、仏伝の中の一エピソードである初転法輪を書き換えようとしたのです。法華経が主張したのは、「ブッダの本意は初転法輪ではなく、その後に説かれた第二の転法輪ではじめて顕された」ということなのです。

宮崎　平岡氏の研究は、着想自体はとても独創的なんですけどね。それはさておき、話を戻すと、仏伝の成立当初は、それが釈迦の行状記、言行録であるというような意識はなかったということですか。

佐々木　少なくとも「マハーヴァッガ」の段階では、なかったのだろうと思います。仏伝が「仏教の僧団史」という位置づけを超えて、「釈迦の伝記」として読まれるようになったのは、「ニダーナカター」以降でしょうね。

「天上天下唯我独尊」の真意とは

宮崎　では、すっかり前置きが長くなってしまいましたが、とりあえず釈迦の誕生から、順を追って仏伝を見ていくことにしましょう。

「ニダーナカター」には、母であるマーヤー（摩耶夫人《まやぶにん》）が沙羅樹の一枝を掴んで、立ったままゴータマを産み落としたという記述はありますが、他の仏伝や経典にみえる「右脇から生まれた」という記述はみえません。

それからゴータマは十方《じっぽう》を見渡して、自分と等しい者がいないことを確認すると、北の方に七歩、大股で歩いて、立ち止まり、厳かに「私は世界の第一人者である」と獅子吼した、とあります。これが後に「天上天下唯我独尊《てんじょうてんげゆいがどくそん》……」云々と伝承される誕生偈の原型でしょうね。

佐々木　たしかに印象深い話ではあります。生まれたばかりの赤ん坊が歩いているというイメージは、すごくインパクトが強い（笑）。

11　平岡聡『法華経成立の新解釈―仏伝として法華経を読み解く』大蔵出版、二〇一二年。

宮崎　お釈迦様の生誕を祝う灌仏会、いわゆる花祭りでは、童形《どうぎょう》の仏の像に甘茶を注ぎますが、その立像は右手で天上を指し、左手で天下を指しています。誕生偈の故事に基づいたものですね。
　しかしなぜ「七歩」なのか。昔からこの歩数は何を表しているのかが問われてきました。

佐々木　じつは、なぜ赤ん坊が歩けたかという理論も一応あるんですよね。あれは前世の力がまだ七歩分だけ残っていたというのです。七歩歩いた途端に前世のパワーを使い果たして、現世に切り替わったから、その瞬間に赤ん坊に戻って、おぎゃあおぎゃあ泣き出すという、非常に変わったシチュエーション（笑）。

宮崎　その他、北斗七星に結びつけたり、七覚（悟りを完成させる七つの要素）の暗示としたり、様々な意味付けがなされます。
　さて「天上天下唯我独尊」の台詞の方ですが、この漢語の偈自体は玄奘《げんじょう》のインド見聞録『大唐《だいとう》西域記《さいいきき》』（六四六年）の仏陀降誕の聖跡を訪ねた場面に記載されており、「天上天下唯我独尊」の後は、「今茲而往生分已尽《こんじにおうじょうぶんいじん》」と続きます。中部経典所収の「希有未曾有法経《けうみぞうほうきょう》」に「私は世間で最上、最尊のものである。これが最後の生であり、もはや後有《ごう》はない」と語ったとありますから、『大唐西域記』の偈はこれがオリジナルでしょう。
　結局、後段の「この生で、迷いの生は尽きた」「もはや後有はない」というのがポイントです。他方、「修行本起経《しゅぎょうほんぎぎょう》」ではその後に「三界皆苦」云々と続きますから、明らかにこの世界に最勝者として君臨すること自体を誇る意味ではない。苦界のかりそめの王になっても仕方ありませんから（笑）。

佐々木　それと、この話はやっぱり「梵天勧請《ぼんてんかんじょう》」と関連しているんじゃないかと思います（後出）。「天上天下唯我独尊」、つまり「この世の中で人々を救えるのは梵天ではなく私である」ということを、はっきり言っているんだと思います。

宮崎　梵天、ブラフマーはバラモン教における世界の根本原理（ブラフマン）が人格神化したもので、宇宙の創造者とされています。ブッダという存在は、この梵天を凌駕するような、もっと本質的かつ根源的な救済をもたらす者であるという宣言ということですか？

佐々木　そう。別に「俺は偉いんだ！」とか、そういう話じゃない。「俗世の人々は、バラモン教の信仰によってブラフマンこそが尊い存在であると思い込んでいるが、そこには真の安楽への道はない。もしも真の安楽を望むならば、私の言葉を信頼せよ」――そういうことを意味しているのでしょう。

「四門出遊」はよく練られた作り話

佐々木　私が出家以前の釈迦の話で重要だと思うのは、やはり「四門出遊《しもんしゅつゆう》」です。青年になった釈迦が一人だけお供をつれて、お忍びで外出する。四つある城の門の最初の門を出た時に老人に出会い、次の門で病人に出会い、そのまた次の門では死人を見て、この世の苦悩を知る。そして最後の門を出た時に修行者を見て、ついに出家を決意するという話です。

宮崎　これが「ニダーナカター」にどう書かれているかといえば、まず予期がある。王子の出家を阻止し、何とか跡継ぎにしたい父親のスッドーダナ王が「何をみて、息子は出家してしまうのだろう」と問うと、廷臣が「四つの前兆を見たなら出家なさるでしょう。それは老人と病人と死人と出家者です」と答えているんですよね。そこで父王は「これから、こういうものを息子に近づけてはならぬ」と厳命する。

「ニダーナカター」の記述では、天界の神々がシッダッタ王子に出家を促すために、老人、病人、死人、出家者の姿を作り出して、王子にみせたとなっている。一種の幻術を用いた計略ですな（笑）。

佐々木　現実にはありそうもないことや極端な現象が示された場合に、それを神々の計略として説明するのは仏教聖典の常道です。

宮崎　「ニダーナカター」のこの箇所には、「長部経典の誦出者たちは『四つの前兆をただ一日のうちに経験された』と述べている」とわざわざ註釈っぽい一節が入っていますが、実は長部経典にも、他のニカーヤにも「四門出遊」のエピソードは書かれていません。ただ長部所収の「大本経」（大譬喩経、大アパダーナ経）に過去仏の求道記事として、具体的にはヴィパッシン王子の故事として出てきます。これは文献学的になかなか興味深い話で、〝なぜヴィパッシン（毘婆尸）という過去仏の求道記事が仏伝の求道記事そっくりに語られているのか〟、〝むしろヴィパッシン仏の修行時代を描く伝承が元々あって、それから釈迦の修行時代の記述が構成されたのではないか〟などといった問題を提起します。

佐々木　はい、この話の由来についてははっきりしたことは分かっていませんが、いずれにしろ、この四門出遊の話は、一つ一つのエピソードの並びの順番も含めて、とてもよく練られている。この作者はものすごい物語制作の才能があったと思いますよ。

まさに「仏教はこういう宗教だ」ということを見事に表現しているんですね。老と病と死、この三つは人間にはどうしても避けることのできない苦しみである。もう絶望するしかないと思ったら、最後に修行という道があることが示される。この話は、仏教が何を目指す宗教かということを、人々にきちんと伝える働きがある。


宮崎　そうですね。この挿話の〝出自〟がどうであれ、「四門出遊」が仏教者にとって非常に重要な挿話であることは間違いありません。だからこそ長く語り伝えられてきたわけですから。

先ほど増支部経典で、釈迦が死を〝他人の死〟ではなく、紛れもなく〝この私の死〟と捉えるべしと説いた箇所を引用し、さらには、現世において最も絆が強いと思われる母子間ですら、老病死の苦、なかんずく死の苦は共有できないのだ、と説かれていることを指摘しました。こっちも引用しておきましょう。増支部の第三集第六十二経から。

「比丘たちよ。死んでいく子に母は『わたしは死んでいくが、わたしの子は死んではならない』ということはできない。子もまた死んでいく母に『わたしは死んでいくが、わたしの母は死んではならない』ということはできない。

比丘たちよ、これら三つが母も子もない怖畏である」[12]

12　中村元監修『原始仏典Ⅲ　増支部経典　第二巻』春秋社、二〇一七年。

言葉のなかの「これら三つ」とは、いうまでもなく老病死です。「四門出遊」の挿話の要諦も同じだと思います。

佐々木　仏教が解決しようとしている問題は、あくまで「この私」の生老病死の苦（四苦）と、またそれの原因とも結果ともなり得る「この私」の存在性質をめぐる苦を加えたもの（八苦）であること。これを明らかにした挿話が「四門出遊」だと思います。釈迦が出家の志を立てるその第一歩に苦との出会いを持ってきたというところに仏伝作者の深い見識を感じます。しかもその苦が、貧困とか人間関係の不和とか、そういった社会的苦しみではなく、老病死というあらゆる人間に等しく降りかかる避けがたい根源的苦であることがポイントです。ここには仏教が立ち向かう課題が極めて明確に示されているのです。

宮崎　それともう一点。このとき、釈迦は王子であり、何不自由ない暮らしをしていた、というのも重要なポイントです。増支部第三集第三十八経の冒頭にあるブッダの述懐によれば、王子のために蓮池が掘られ、服は着心地のよい、上質のものしか身につけず、「寒・暑、塵、草、露」を寄せつけないよう昼夜の別なく傘蓋《さんがい》がさしかけられていたといいます。また、冬、夏、雨期用に三つの宮殿が設けられて、そこには美しい妓女たちが侍っていた……。

ブッダ自身が「いとも快く、無上に快く、きわめて快くあった」と回顧していますね。

この挿話は一般に、こういった快適な生活を捨て去っても、出家し悟りへの道に踏み出そうとする釈迦の意志の強さを示していると解されますが……。

佐々木　「意志の強さ」ということも言えるかもしれませんが、むしろ、これ以上の贅沢や幸せはないという状況にあったにもかかわらず釈迦は苦しみを抱えていた、つまり仏教の「一切皆《いっさいかい》苦《く》」という世界観が強調されているわけです。

宮崎　この挿話は仏教における救済の本来のあり方を照らし出しているように思えます。仏教が本当に救おうとしているものは何か。私はかつて「完全無欠の理想社会が訪れようが、そこでも解消できないような『この私』の苦しみこそが仏教本来の救済対象」と極言したことがあります。まあ原理を明確にするための極端ないい方ですけどね（笑）。

出家前の王子の暮らしは「完全無欠の理想社会」における生活に近かったはずです。生計の心配はない。寒暖の辛さも、雨露の煩わしさからも解放されている。酒食も異性もよりどりみどり……。だけど、この満ち足りた状況にあっても、いや、むしろ満ち足りた状況にあったからこそ、そんなものじゃ解消できない「苦」が露頭してきた。

佐々木　これ以上の贅沢や幸せはないという状況に釈迦を置くからこそ、一切皆苦という仏教の世界観が強調される。仏伝というのは本当によくできている話で、こうでなくてはならないという仏教の条件がもれなく並べられていくんです。

どのような社会的状況にある人間にも等しく降りかかる苦悩からの脱却を目指すという点で、仏教はどのような時代、どのような社会の人々にも有効な救いの道となり得ます。だからこそ仏教は現代社会においても役に立つ。四門出遊の話はそのことを再確認させてくれるのです。

なぜ苦行では悟れないのか

宮崎　そして、いよいよ釈迦が出家をします。ある晩にこっそりお城をぬけ出して、森の中に入って修行生活を始めます。

佐々木　ここでよく勘違いされるのですが、このとき釈迦は「世を捨てた」のではありません。私がいちばん最初に出した『出家とはなにか』[13]という本でも書いたのですが、釈迦は「世捨て人」になったのではなく、「出家者」になったのです。つまり、世間とのしがらみを一切断ち、孤立無援の状態で暮らそうとしたわけではなく、森の中には多くの先達の修行者がいて、その世界の一員になろうと思ったわけです。その証拠に、森の中に入った途端に、釈迦は先生の下について勉強を始める。

出家について一言説明しましょう。俗世の価値観で生きることが難しく、独自の世界観の中で特殊な生き甲斐を追求する人たちが集まって集団をつくると、それは一種の島社会となります。出家というのは、そういう島社会に憧れ、そして俗世のしがらみを断ち切ってその島社会に参入することを意味します。今の場合でしたら、釈迦は森の中で暮らしていた修行者たちの島社会に入っていったという意味で出家なのです。

宮崎　ただ、その出家者の共同体の目的や性質が世間の観点からみて〝脱世事〟的、もっといえば〝脱生存〟的なので、単なる「世捨て」の隠遁生活だと勘違いされたわけですね。

最初の先生はアーラーラ・カーラーマ師。その次はウッダカ・ラーマプッタ師。ブッダは両師の下で、瞑想、禅定《ぜんじょう》の修行を積みます。

伝承では、修行を始めると、またたくまに会得し、たちまち涅槃に近い境地に達したとされていますが、ここでの問題は三つ。

(一)この二人の先生の宗教的、思想的立場はどのようなもので、後の釈迦の教えにどのような影響を及ぼしたのか。

(二)二人の先生の手ほどきで釈迦が達した禅定とは何だったのか。

(三)それでもなお釈迦が満足しなかったのはなぜか。

(二)に関しては後に詳しく吟味しますが、簡単に説明しておくと、アーラーラ・カーラーマ師の下で「無所有処《むしょうしょ》」、ウッダカ・ラーマプッタ師の下で「非想非非想処《ひそうひひそうしょ》」に達したとされています。どちらも三界論《さんがいろん》でいえば、最上位の無色界《むしきかい》に位置づけられ、ざっくりいえば「無所有処」は「何もない」という想いが定着した心的状況、「非想非非想処」とはその「何もない」という想いすらもなくなった境地、「ないのでもなく、あるのでもない」という境地です(七一頁参照)。

佐々木　そうです。つまり、これはいくら瞑想を極めても、それだけでは悟ったことにならないということを表わすエピソードなんです。「無所有処」とか「非想非非想処」というのは、精神

これは従来の方法による瞑想、禅定の限界を示した挿話と解するべきなのでしょうか。

13　佐々木閑『出家とはなにか』大蔵出版、一九九九年。

の集中レベルを表す言葉なのですが、こういう極めて高いレベルに達しても、それはそれだけの話で、決して釈迦が悟ったということではありません。単に瞑想の名人になったというだけの話です。

宮崎　この「無所有処」「非想非非想処」は、後の修行体系においては無色界の第三、第四の定《じょう》（瞑想の状態）に位置づけられています。この上にはもはや「滅尽定《めつじんじょう》」しかない。

この発展段階を前提とすれば、二人の指導で釈迦は悟りにかなり近接できたことになる。「無師独悟」（師はおらず自分の力だけで悟ること）と言い張るのはちょっと無理じゃないか、という気もしますけどね。

ただ瞑想、禅定では「非想非非想処」までは達し得ても、悟り切ることはできない。二師には足りないものがあったわけですが、完全に悟るためには何が必要だったのでしょうか。

佐々木　智慧です。仏教では、瞑想は悟りにいたるための単なるスキルにすぎないという位置づけです。当時のインドの修行者たちの間では、瞑想をどう位置づけ、どういうふうに使っていくかについては、さまざまな考え方があったわけです。

宮崎　瞑想の解釈学。智慧というのは近代人が考えるような〝客観的な推論や知識に基づく知見〟とは違いますね。もっと目的論的というか、宗教的な意義を孕み込んだ言葉です。

佐々木　仏教で智慧といえば、それは煩悩を消し、業のパワーを無力化することに役立つ知力のことを指します。自己の努力を涅槃へと方向づける知的パワー、それが智慧の本質です。

宮崎　瞑想の修練を完成し、先生のもとを辞した釈迦は、その後、合流した五人の修行者たちとともにウルヴェーラーの林に入り苦行にはげむ。苦行というのはサンスクリットでは「タパス」といい、元来は「熱」の意です。語感としては、「熱」によって煩悩を焼き尽くし、心身を浄化する、という意味が込められているようです。バラモン教では一般的に行われている修行だった。

佐々木　たとえば断食修行では、それこそ骨と皮だけになるまで、ガリガリに痩せる。一つ間違えば死んでしまうぐらい徹底的にやります。しかし、それほど厳しい苦行を釈迦は六年間も続けたのに、ちっとも悟れない。それでようやく、いくら苦行を積んでもムダだと気づき、托鉢《たくはつ》でもらった食物で健康を回復し、さらにそのあと、スジャーターという娘からもらったミルクがゆで体力をつけてから、やっと本当の正しい修行に入るんです。苦行の放棄です。

宮崎　この、苦行を否定するという宗教的な意味はとても大きかったといえると思いますが。

佐々木　その通りです。六年間もやって失敗したという話ですから、本来、こんな話をしたら釈迦の権威は落ちてしまうわけです。それでもあえて仏伝にこの話を入れたのは、それだけの理由があったということです。

つまり、「苦行は悟りへの道ではない」ということを明確に打ち出しているんです。もしこの話がないと、「他の宗教が採用している苦行の道でも、釈迦と同じ悟りに到達できるんじゃないか」という疑問が必ず出てきてしまいますから。この失敗譚を入れることによって、悟りへの道は苦行ではダメ、釈迦の道一本しかない、つまり仏教しかないということが明確になります。ここにも仏伝作者の巧妙な物語構成の技が現れています。

宮崎　ただ、ここにはなお配意しておくべき問題があって、一つは初期仏教と同時代の外教との影響関係ですね。先に述べたように「スッタニパータ」のような古層、最古層の経典にもジャイナ教の影響が色濃く滲んでいるという見方もあります。一方、ジャイナ教は苦行を重視したことで知られている。当然、ジャイナ教は仏教を批判しています。こうした差異を踏まえて、原始仏教、初期仏教とジャイナ教との交渉史を洗い直していく必要があります。

佐々木　釈迦は本当に苦行を否定したのか、あるいは本当は苦行者であったのかという点も、時として問題になります。ただ釈迦が苦行者であったと主張しようとするなら、「苦行者であった釈迦の教えが、後に苦行を否定する教えへと劇的に変更された」という明確な証拠が提示される必要があるという点に留意しておく必要があります。

宮崎　さらに内在的には、いわば〝通過点問題〟ともいうべき論点があります。例えばこういう議論がある。「苦行が最終的に放棄されたのは事実だが、釈迦が苦行のプロセスで得たものはあったに違いない。例えば不退の精神力とか、忘失しない念の確立などは苦行なしには獲得できなかっただろう」と。これは平川彰や玉城康四郎[14]などによって唱えられた説ですが、明らかに苦行はブッダの〝通過点〟として必要だった、という立場を採っておられる。

佐々木　しかし、阿含・ニカーヤには釈迦自身が「苦行は無益だ」と言ったというエピソードがあります。

宮崎　相応部有偈篇の悪魔相応に出てきますね。経典の当該箇所を引いておきましょう。
　ネーランジャラー川の岸辺のニグローダ樹下で瞑想中、ブッダが「ためにならぬ苦行」から離れたのは実によかったと回想していると、悪魔がやってきてこれを非難します。「人々は苦行によって浄められるのに、／その苦行の実行から離れて、／清浄に達する道を逸脱して／浄くない人が、みずから浄しと考えている」

この悪魔の言い分はまさにジャイナ教徒らの仏教批判を代弁するものです。そこでブッダが答える。

「不死に達するための苦行なるものは、／すべてためにならぬものであると知って、──／乾いた陸地にのり上げた船の舵や艫のように、／全く役に立たぬものである」[15]

ところが大乗仏教の時代となり、さらに密教にいたると釈迦によって「悟りには無益」として退けられたはずの苦行が復活してくる。メディアでは天台系の行者さんが千日回峰行を満行すると大きな話題になりますが、あれなんか限りなく苦行に近い荒行ですよね。

佐々木 中国の仏教学会に行った時も、「仏教は苦行を捨てていない」と言う人がいました。つまり「頭陀行《ずだぎょう》」が苦行だと言うんです。頭陀行というのは、お寺の中で普通に暮らすのではなく、たとえば寝る場所は木の下だけ、ご飯は托鉢のみ、というような生活を送ることです。

宮崎 乞食行《こつじきぎょう》などとも呼ばれる……。

14 東京大学教授（一九一五－一九九九）。
15 中村元訳『ブッダ悪魔との対話──サンユッタ・ニカーヤII』岩波文庫、一九八六年。

佐々木　ただ、これは本来、釈迦が設定した「出家者としての最低限の生活ライン」であって、苦しみ自体に何らかの価値を見出していたわけではありません。仏教ははっきりと苦行を禁止していたのですが、それでも中には「やっぱり苦行をしたい」というお坊さんもいて、その許される最低ラインが頭陀行までだったということだと思います。

本来の苦行といった、身体を徹底的に痛めつける過激なもの。ずっと片足で立ち続けたり、体に針を突き刺したりといった、爪を際限なく伸ばしたり、ずっと片足で立ち続けたり、体に針を突き刺したりといったことです。頭陀行というのは本来の仏教の修行者の姿であって、そこに肉体的苦痛は含まれていません。むしろ、仏教はその基本的な頭陀行の上に、さらに余得として人々からもらうお布施を受け取っても良いと言っていたのですが、その余得をもらおうという気持ちを抑えるのが頭陀行の本質です。だから言ってみれば、精神的裕福さを自分で拒否するというのが頭陀行なので、これは肉体的苦痛とは関係のない修行方法です。仏教の修行道には本来的に苦行の側面は含まれていないと考えるべきでしょう。

釈迦はどうやって悟ったのか

宮崎　では、そろそろ成道の話に移りましょう。悟りの場面ですね。ネーランジャラー川で沐浴し、例のスジャーターという女性が献上したミルクがゆを食べてすっかり健康を回復した釈迦は、ブッダガヤーにある菩提樹（アッサッタ樹）の根元に座って瞑想し、ついに悟りを開きます。

佐々木　この菩提樹の下で悟りを開いたというのは、じつに象徴的ですね。風通しの良い丘の、生い繁った菩提樹の木陰というのは、太陽の照射が厳しいインドではもっとも快適で安楽な場所でしょう。つまり苦行とは正反対に、なるべく肉体的な負荷を少なくし、ひたすら精神集中して自分の心に向き合うのが仏教なんだということです。

宮崎　釈迦は苦行ではなく瞑想によって悟りを得た。ただ、先ほど二人の先生のところで、瞑想だけでは悟れないという話をしたばっかりなので、ここでちょっと伝統的には「九次第定《くしだいじょう》」と呼ばれる禅定《ぜんじょう》のステージの話を整理しておきませんか。

佐々木　そうですね。瞑想のレベルには、八つ、あるいは九つの段階があると考えられているんです（七二頁参照）。

いちばん上を「滅尽定」とするか、あるいは、ここを「非想非非想処」の一部と考えるかによって、八つか九つかに分かれるんですが、とりあえずこの「非想非非想処」というのがいちばんのてっぺんということで。その一つ下が「無所有処」。

宮崎　アーラーラ・カーラーマ先生の下で通達した「無所有処」は無色界の上から二番目の定、次のウッダカ・ラーマプッタ先生のところで通達した「非想非非想処」が無色界で最も高い段階の定。これは「ニダーナカター」には書かれていないのですが、ブッダはその上、色界も無色界も超えた最高位「滅尽定」に達したとされる。「滅尽定」は「滅受想定《めつじゅそうじょう》」などとも呼ばれ、物質も精神もなく、色界も無色界もなく、太陽も月も存在せず、この世もあの世もなく、依拠も対象も作用もない。とにかく、ないない尽し（笑）。これこそが苦の終止だと釈迦は断じています。[16]
ところが多くの伝承が、釈迦が悟りを開いたのは、最も超越的な境地と思われるこの「滅尽定」ではなく、色界最高位の第四禅である、とされている。

佐々木　そうです。釈迦が亡くなるときも、この段階で亡くなります。神通力などのパワーを身に付ける時も、この第四禅で身に付ける。単純に下から言えば、初禅から第四禅まで上がり、さらにその上に「無所有処」などの「無色定」があり「滅尽定」が来るわけですが、どうもこういった体系よりも前に第四禅をトップとする体系があったのではないかと思われます。そういった体系の痕跡がこれらの記述に残っているのでしょう。阿含・ニカーヤの一本、「大般涅槃経」の記述は、釈迦が涅槃に至る意外な軌跡を描き出しています。

宮崎　入滅に際して釈迦はまず初禅に入定する。これを起点に「九次第定」を順に上昇し、ついに滅尽定に達します。「大般涅槃経」によると興味深いことに、若い仏弟子のアーナンダはここで釈迦が入滅したと誤認してしまいます。[17]「尊い方、アヌルッダよ。尊師はニルヴァーナ（涅槃）に入られました」と。

そこで動揺するアーナンダをアヌルッダが窘《たしな》めます。「友、アーナンダよ。尊師はニルヴァーナに入られたのではありません。滅受想定に入られたのです」

16　中村元訳『ブッダの真理のことば　感興のことば』岩波文庫、一九七八年。
17　中村元訳『ブッダ最後の旅―大パリニッバーナ経』岩波文庫、一九八〇年。

図3 **『涅槃経』に記されている入滅の様子**

「世尊は初禅からはじめて滅受想定まで昇った。」

↓

「それから世尊は滅受想定から初禅まで順に下がり、
それから第四禅まで昇って、そのあとで涅槃に入った。」

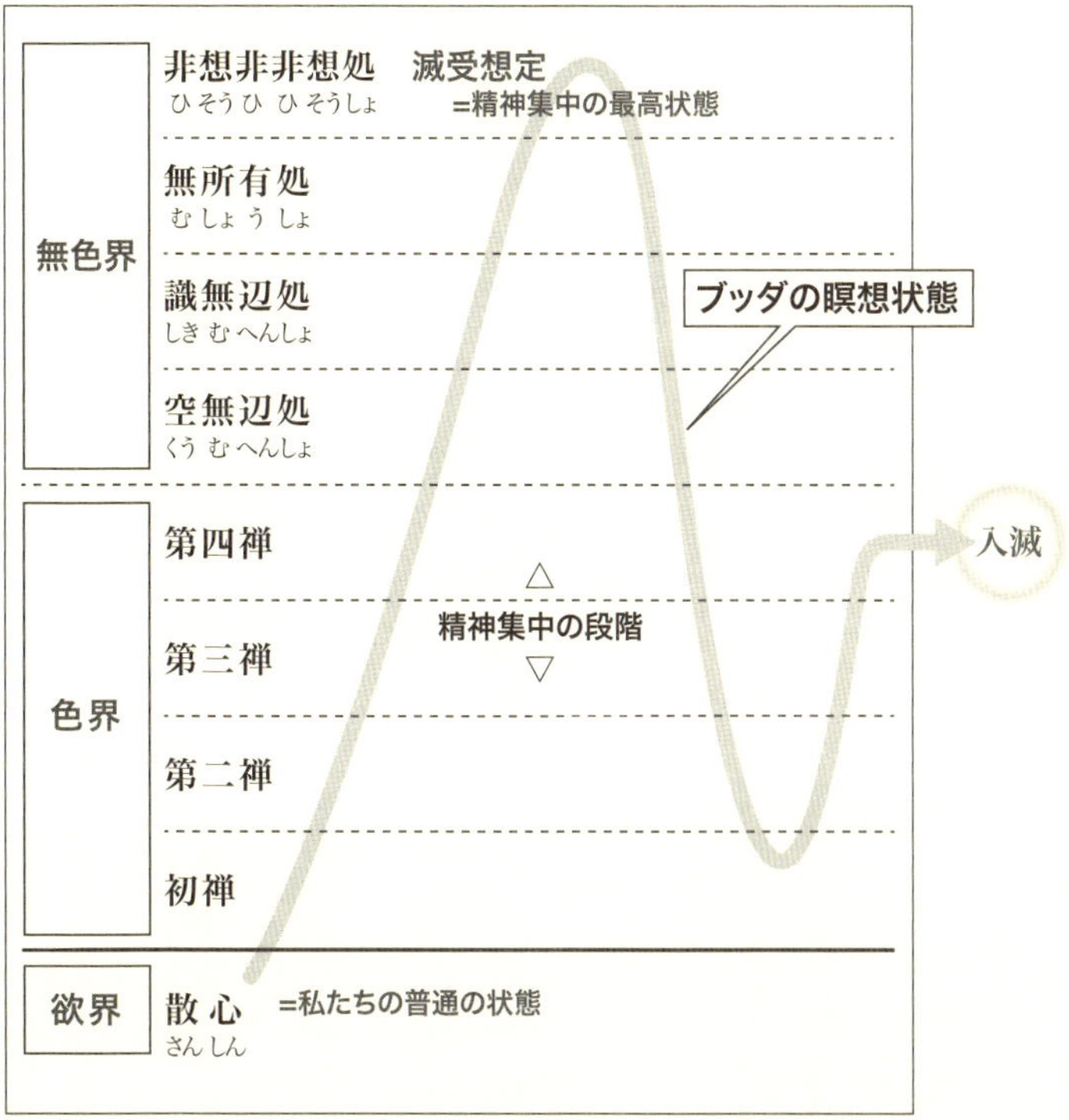

↓

「世尊が亡くなると大地震が起こり、雷鳴が鳴った。」

その後、今度は滅尽定（滅受想定）から出て、さっきとは逆の、初禅に向って段階的に下降する経路を進みます。そして初禅に達するや、再び上昇に転じ、色界の最高処である第四禅に至ってようやく、釈迦は完全な涅槃に入る。

佐々木　禅では、よく悟ってもいないのに悟ったと勘違いしている人を「四禅比丘《しぜんびく》」と批判するけれど、じつは釈迦は第四禅で悟っている。ややこしい（笑）。

宮崎　何故、釈迦が悟りを開いたのも、涅槃に入ったのも、第四禅だったのか。第四禅には一体何があるのか。

私見を披露しておくと、思考、表象、感覚、情動、意思、識別、言語作用がすべて消え去り、それらの対象も悉く消え失せた滅尽定においては、真理を観照すること自体が不可能だからではないか。そう私は睨んでいます。

チベット仏教学者の田中公明氏[18]も、パーリ語涅槃経を軸に、後代のサンスクリット仏伝「ラリタヴィスタラ」[19]や「大智度論《だいちどろん》」[20]、「倶舎論《くしゃろん》」[21]を参照して、次のように結論づけています。

「仏教では禅定が修行の重要な要素となっていたが、禅定によって高度な精神集中を達成しても、そこで『十二因縁』のような仏教の真理を観察しなければ、悟りは開けない」「そこで精神集中と真理の観察を平等に修することができる、色界の四つの禅定が修行に最適なものとされ、その中でも最高に位置づけられた四禅が、重視されるようになったのではないだろうか[22]」

そう捉えると龍樹の「中論」第二十四章にみえる、「言語活動（言説）に依らずして、究極的なもの（勝義）は説示されない。究極的なものを理解せずして、涅槃は証得されない[23]」という偈にも通じるものを感じます。

佐々木　仏教はもともとインド文化の中に根づいていた瞑想システムを取り入れていったので、必ずしも釈迦が考えていた悟りのシステムとは合わない部分もあったのでしょう。上の方に行くと、仏教の教えと齟齬が生じるような瞑想状態がある。そういった矛盾点も、釈迦の死から数百年経ったアビダルマ（阿含・ニカーヤをベースにした哲学体系）の時代になると、様々な理屈を使って整合性を持たせようとする努力がなされます。ですから、アビダルマだけを見れば一応きれいにまとまった体系として理解できるのですが、その源泉を阿含・ニカーヤにまでたどると実は様々な点で辻褄の合わないことも出てくるのです。

釈迦は何を悟ったのか

宮崎　そこで、釈迦の悟った〝内容〟について考えてみたいと思います。困ったことに、この最重要の事項に関して、大乗経典はいうに及ばず、初期経典を繙いてみても、解説が一定していな

18　瞑想の郷（利賀ふるさと財団）主任学芸員（一九五五－）。
19　二～三世紀の大乗仏教の詩人が作ったサンスクリット語の仏伝。
20　「般若経」に対する百巻に及ぶ註釈書。龍樹作という説もある。
21　世親による部派仏教の教理を体系化した論書。
22　田中公明『性と死の密教』春秋社、一九九七年。
23　桂紹隆、五島清隆『龍樹『根本中頌』を読む』春秋社、二〇一六年。

いんですよね。

佐々木　一般的には、はじめに「十二支縁起《じゅうにしえんぎ》」を悟ったと言われています。十二支縁起については、第二章でも詳しく解説しますが、要するに根本煩悩である「無明《むみょう》」から次々に諸要素が生起し、苦しみを生むという真理です。でも、仏伝によっては「四諦八正道《しだいはっしょうどう》」を先に悟ったとするものもあるし……（七五頁参照）。

宮崎　最古の仏伝「マハーヴァッガ」には十二支縁起を悟ったと明記されていますし、確かに小部の「ウダーナ」や、「サンユッタ・ニカーヤ」の「大釈迦牟尼瞿曇（偉大な釈迦族の牟尼であるゴータマ仏）」という経には十二支縁起による成道が説かれていますが、他はまちまちで支分の数も十二ではないものがたくさんある。ただ支分の数がどうあれ、この観想の流れ、順観と逆観で悟っていったことは確かだろうと思います。ただ十二支縁起のアーキタイプ（原型）とされてきた「スッタニパータ」第四章の争闘篇（八百六十二偈〜八百七十七偈）は気になります。

佐々木　はい、そこには明らかに縁起説の一端が示されていますが、他の資料との関係は不明です。いずれにせよ、悟りとは何かを考えれば、やはり「縁起の体得」が一番大事だということは間違いないでしょう。

宮崎　けれども、その「縁起」がテーラワーダ仏教（上座説部仏教）において定式的に説かれたり、仏教の入門書で略説されたりしている「十二支縁起」だとは断じ難い。三枝充悳《さいぐさみつよし》[24]に至っては

24　筑波大学教授（一九二三－二〇一〇）。

図4　釈迦は何を悟ったのか？

十二支縁起

①	【無明《むみょう》】	人間の根本煩悩。生存本能。無知。
②	【行《ぎょう》】	生活行為。意志作用。業が生み出される。
③	【識《しき》】	認識作用。
④	【名色《みょうしき》】	精神的な存在と物質的な存在。認識の対象となるもの。
⑤	【六処《ろくしょ》】	眼・耳・鼻・舌・身・意の六つの感覚器官。
⑥	【触《そく》】	六つの感覚器官が感受対象に触れること。
⑦	【受《じゅ》】	感受作用。
⑧	【愛《あい》】	渇愛。本能的な欲望。
⑨	【取《しゅ》】	執着。
⑩	【有《う》】	生存。
⑪	【生《しょう》】	誕生。
⑫	【老死《ろうし》】	老いて死ぬという耐え難い苦悩。

四諦八正道

①【苦諦《くたい》】	この世は一切皆苦であるという真理。
②【集諦《じったい》】	苦の原因は煩悩であるという真理。
③【滅諦《めったい》】	煩悩を消滅させれば苦が消えるという真理。
④【道諦《どうたい》】	煩悩を消滅させるための**八つの道**。

①【正見《しょうけん》】	正しいものの見方。
②【正思惟《しょうしゆい》】	正しい考えを持つ。
③【正語《しょうご》】	正しい言葉を語る。
④【正業《しょうごう》】	正しい行いをする。
⑤【正命《しょうみょう》】	正しい生活を送る。
⑥【正精進《しょうしょうじん》】	正しい努力をする。
⑦【正念《しょうねん》】	正しい自覚を持つ。
⑧【正定《しょうじょう》】	正しい瞑想をする。

「釈尊＝ゴータマ・ブッダは菩提樹下において十二支縁起（十二因縁）の理法をさとった、というような文は、たといそれに『ウダーナ』一の一～三という資料が添えられていたとしても、仏教学者－仏教学研究者のあいだからは払拭されなければならぬ」[25]とまで極言されていた。

佐々木　十二支縁起というのは、釈迦のずっと後の時代にできた縁起説の完成体みたいなものですから。それより前に、もっと原初的な縁起説がいくつもあります。素直に考えれば、最初はそういう原始的な縁起説がいくつかあって、最終的に十二支縁起にまとめられたということになるでしょう。さらに、それがアビダルマという精緻な哲学体系に受け継がれていったと考えればいいと思います。

宮崎　アビダルマについても第二章の法（ダンマ）のところで、詳しく検討することにしましょう。その準備のために一つ前提を確認しておきたいのですが、後代に作られた仏教哲学であるアビダルマの教理は確かに体系的だし、十二支縁起説も非常にシステマティックで綺麗に纏まっている。しかし、釈迦の〝原経験〟がこんな風に体系化できるようなものだったとはどうも思えないのです。そもそも言説化すら容易ではない領域での思惟や体感を、あれほどまでに筋の通った、円滑なプロセスとして提示できるものでしょうか。

佐々木　はい、私も同じように感じています。

　ちょっと極端なことを言うと、もし仏伝にある「釈迦が菩提樹の下で悟った」というエピソード自体が作り話だったと考えれば、釈迦の悟りの内容がはっきりしていないことも、さほど不思議ではなくなります。つまり、釈迦はある時ある場所でパッと何かを悟ったわけではなく、自分の考えを人々に対症療法的に話しているうちに、徐々に仏教的世界観を作り上げていったという可能性だってあるわけです。もしそうであれば、釈迦が成道の瞬間に何を悟ったのか、端的に説明できないのは当り前でしょう。
　先ほど仏伝のエピソードの多くは架空の作り話だと言いましたが、成道の話だけ真実だと確信する根拠は何もありません。後の時代の人が、仏教の権威づけをするために、釈迦はある日突然この世のすべてを悟り、普通の人とはまったく違うブッダになりました、という話を作ったということもあり得ると思っています。

宮崎　原始仏典成立史の研究で高名な前田惠學《えがく》[26]が「釈尊の悟りには展開があった」という題の論考を発表しています。[27] 前田のいう「展開」とは、初期の仏伝資料に沿ったもので、菩提樹下の「最初の現等覚」とウルヴェーラーでの初の雨安居《うあんご》[28]の時に得た「無上の解脱《げだつ》」の二度の悟りを意味していますが、佐々木さんの仮説は漸次的に、多段階にわたって展開していった可能性を示唆するものですね。
　そうするとアビダルマほど洗練されたものではないにしろ、釈迦の心の中で徐々に体系化されていったとしてもおかしくない。その痕跡こそが「スッタニパータ」第四章「アッタカヴァッ

25 三枝充悳『縁起の思想』法蔵館、二〇〇〇年。
26 愛知学院大学教授、パーリ学仏教文化学会初代会長（一九二六－二〇一〇）。
27 前田惠學「釈尊の悟りには展開があった」『印度學佛教學研究』第五四巻第一号、二〇〇五年、二一一－二一四頁。
28 雨季に外出すると草木虫などを踏み殺すおそれがあるので、僧侶が一定期間、特定の場所に定住すること。

ガ」にある争闘篇ではないかと推しています。

佐々木　私も、釈迦の内部では何かしら「体系のようなもの」ができていたんじゃないかと思います。でも、おそらくそれは言語で表せるようなものじゃなくて、いろんな人がやってきていろんな状況が現れたときに、それに応じてどこからでも確実な答えが出てくるというような、そういうものだったんじゃないか。そう考えれば、必ずしも言語的な哲学体系として外に表出される必要は全然ない。

　そのような形で断片的に次々と外へ現れていったものを、弟子たちが釈迦の教えとして体系化していき、最終的にアビダルマ的なものへ持っていった、という流れで捉えるべきじゃないかと思います。

布施と托鉢の始まり

宮崎　菩提樹の下で悟りを得た釈迦は、そのまま七日間そこに留まり、一人で解脱の愉悦に浸りました。これを自受法楽《じじゅほうらく》といいますね。さらに近くのアジャパーラニグローダ樹の下でも解脱の楽を享受し、七日が過ぎると、今度はムチャリンダ樹の下に移り七日間、愉楽を味わう。それからラージャーヤタナ樹の下で七日を過ごし、再びアジャパーラ樹の下に戻る……。そして、そのラージャーヤタナ樹の下にいた時、タプッサとバッリカに出会うわけです。

佐々木　ああ、これは大事な話です。転々と場所を変えながら悟りの喜びを一人でかみしめていた釈迦の姿を、たまたま通りかかったタプッサ、バッリカという二人の商人が遠くから見て、その立派さに心うたれ、お菓子を差し上げるという話。これが仏教史上最初の「お布施」です。

宮崎　そうですね。しかも「托鉢《たくはつ》」の起源でもある。

佐々木　はい。この二人は食料品の商人だったので、荷物の中のお菓子を釈迦にあげようとした。ところが、このとき釈迦はお皿も何も持っていないから、受け取ろうにも受け取れない。すると、それを見た天の神様・四天王が宝玉の鉢を持って降りてきて、その鉢で初めて釈迦はお布施を受け取ることができた。

この仏伝のエピソードは、仏教サンガの修行者たちがどうやってご飯を食べていくのかということを、はっきり示しています。それは「誰かが厚意でくれたものを、鉢で受けて食べる」ということ。つまり、仏教サンガの経済的な運営基盤はお布施だけなんだ、ということを明確にしています。

宮崎　出家者は生産活動に一切携わらずに、布施だけに頼って生きるということですね。

佐々木　そういうことです。このエピソードは、成道と梵天勧請のあいだに挟まれて、あまり重要視されていないのですが、仏教という宗教のもっとも根本的な運営理念を具体的に示しているという点で非常に重大な意味を持っているのです。

宮崎　現在の、資本主義経済に慣れた視点でみると、何とも手前勝手な話ですよね。自分を救うためだけに修行に打ち込んでいる連中が、専ら人様からの喜捨に頼り、食っていこうとするなんて（笑）。

佐々木　そうですよ。ものすごく虫のいい話。言ってみれば「仕事をしないで、好きなことだけしていたい！　だからご飯は、仕事をしている人たちからめぐんでもらおう」という話ですからね。でも、そうすることで、はじめて出家者は修行に専念することができるわけです。徹底的に生き甲斐を追求するためには、社会からの厚意に完全依存しなければならないという構造に関しては、『「律」に学ぶ生き方の智慧』[29]そして『出家的人生のすすめ』[30]という本をすでに書いていますす。

宮崎　サンガの下部構造を考える上で、もう一つ重要なポイントは、こんな虫のいい要求を受け容れてくれる世間が近辺に存在していることです。

佐々木　だからお寺というのは、必ずある程度栄えている町のそばになければならなかったんです。飢餓に喘いでいる地方や人里離れた山奥なんかにあったら、托鉢で食べていけなくなる。要するに、余剰の富がある場所でなければ仏教は絶対に生きていけないんですね。

宮崎　釈迦が伝道の拠点として精舎《しょうじゃ》（ヴィハーラ）を構えたのは大都市の近郊です。紀元前六世紀頃のインド北部の都市国家においては、貨幣経済がかなり発達し、富が蓄積され、同時に権力の集中もみられた。

コーサラ国の首都・舎衛城には有名な祇園精舎《ぎおんしょうじゃ》がありますが、この地の寄進を思い立った富豪のスダッタは、元々の地主であるジェータ太子にここを売却してほしいと申し出ます。太子はすげなくこれを断る。スダッタがなお食い下がった結果、「金貨を敷き詰められた分だけ土地を売る」ということになった。ジェータ太子は、スダッタが私財をなげうってまで精舎の建立を欲するわけはないと高を括っていたに違いありません。あにはからんや、スダッタは本当に金貨を地面に敷き始め、これを見たジェータは驚倒し、やがて根負けして、一部は自らが寄進することを条件に売買に応じる。有名な「祇樹給孤独園精舎《ぎじゅぎっこどくおんしょうじゃ》」、略して「祇園精舎」寄進のくだりですね。

この挿話は、舎衛城では当時、金貨が価値交換の媒体として機能していたことを物語っています。

佐々木　意外に仏教は都市の経済や社会の構造に適合的だったんでしょう。実際、釈迦が教団を設立した当初は、仏教に帰依したのは大きな都に住まう王族や富豪たちが中心でした。仏教は初めから都市宗教として出発したのです。人気のない山奥でひっそりと修行に専念する僧侶の姿を私たちはよくイメージしますが、そういうことは実際にはありえないのです。仏教というのは、支えてくれる在家信者たちのそばにいなければ成り立たない宗教なのです。

宮崎　近年、仏教はまるで清貧を説き、市場経済を否定するものであるかのごとき誤解が拡がっていますが、はっきりいって間違いです。そうではないからこそ、商業活動を営む人達が釈迦の教えに熱心に耳を傾け、そのうちの何人かは出家していった。バラモン教やヴェーダ（バラモン教の基本原理となる聖典）の権威に懐疑的で、よりプラグマティックで、相対主義的な宗教を求め

29　佐々木閑『「律」に学ぶ生き方の智慧』新潮選書、二〇一一年。
30　佐々木閑『出家的人生のすすめ』集英社新書、二〇一五年。

ていた人々だと思います。

佐々木　そうです。仏教の「人からもらったものだけで生きる」という方針は、一見、市場経済に反するものに思えますし、サンガをとても脆弱《ぜいじゃく》な基盤の上に置いてしまう気もしますが、歴史的事実として、仏教サンガは二千五百年も続いてきたわけです。実際、二千五百年も続いている組織というのは、他にはどこにもありません。それだけに、ここには釈迦の深い洞察が隠されていると考えるべきです。支援者に完全依存して組織を運営するという釈迦の敷いた路線が、どれほど強力なサステナビリティを持っているか、改めて注目する必要があるでしょう。

宮崎　仏教サンガは、最初のうちは貨幣を寄進されると遺棄していたのですが、そのうち、速やかに物品と交換して出家者全員で共有することにします。さらに貨幣のままで蓄積するようになり、余剰の資金で金融活動に乗り出し、そこで得た利子収入を教団の運営に当てるまでになった[31]。佐々木さんも僧団の営んだ金融業について研究論文を発表しておられますね[32]。

仏教は、出家者が直接、生産活動、再生産活動に携わることを禁じますが、金融はむしろそれが非生産的な態様であるが故に容認されたのではないかと（笑）。

佐々木　「根本説一切有部律《こんぽんせついっさいうぶりつ》」にも、面白い記述があります。僧侶一人一人が個人資産を持つことは原則禁じられているのですが、サンガ自体が組織としての基金を保有することは構わないというのです。しかもその基金を運用し、在家に貸し付けて、利息を取るという方法が奨励されています。ちゃんと証文も取り、担保も設定して、正当な金融業としてサンガが資産を増やしていくわけです。利益はサンガの維持管理に回し、それによって修行の環境を整備していく。そういったことを奨励しているわけです。言い換えますと、サンガの基本理念は質素倹約ではなく、修行生活の効率化にあるということがよくわかります。

宮崎 事実を洗い直していくと、いま流布されている仏教像とはまったく異なる側面がみえてきて面白い。経典にも、商業やお金に纏わる喩えや挿話が結構みえます。農業や工業が本質的に生産主義的であって、生産主義が実体論的な世界把握を基礎とすると考えるならば、商取引や金融は本質的に交換主義的で、関係論を世界把握の基礎とする、と捉え得る。これはかなり見易い構図です。

仏教は確かに、相対的で流動的な世界のあり方を痛感しながら生きている人々に積極的に受け容れられた。しかし、彼らの世界像を全面的に肯定したわけではありません。中村元が指摘する通り、それは「都市的生活をそのまま肯定したのではなくて、都市的生活の否定態において原始仏教の出家者教団は成立していた[33]」のです。

他方、上座説部の瞑想法を欧米に伝えているバンテ・H・グナラタナ[34]長老は、仏教を生み出した紀元前六世紀の状況は現代と似ている、と述べています。「急速な技術の進歩、富の増大、ストレスなど——加速する変化が人々の安定した生活や仕事にプレッシャーをかけ、脅かしてい」

31 山北雅通「原始仏教の経済倫理」『中央学術研究所紀要』第六号、一九七七年、一五三－一六六頁。
32 佐々木閑「僧団の金融業」『日本佛教學會年報』第七四号、二〇〇九年、一六七－一七九頁。
33 中村元『釈尊の生涯』平凡社ライブラリー、二〇〇三年。
34 スリランカ出身の僧侶（一九二七－）。

る。そうしたなかで「ブッダは『究極の幸せに達する道』を発見された」のだと。[35]

佐々木　今も昔も、世俗社会では幸せに生きていけない人たちのために仏教サンガは存在しています。でも、「人からもらったものだけで食べていく」という教団を維持するためには、世間から「ものをあげたい」と思ってもらえなければなりません。つまり、周囲の人々から敬い慕われる教団でなければならない。

　在家の信者に支えられる托鉢教団を維持運営していく方針として作られたのが、サンガの法律集である「律蔵」です。したがって「律蔵」という法律集は、社会に依存しながら独自の価値観を追求していこうとする組織が、社会との間にどういった関係性を構築すべきかを示してくれる指針です。たとえば、オウム真理教などもこの「律蔵」の理念を正しく理解していれば、ああいった反社会的な行動に暴走することはなかったはずです。

宮崎　「律蔵」に関しては、第三章の僧（サンガ）のところでも、また詳しく論じたいと思います。

何のために布施をするのか

宮崎　しかし、在家信者は何のために布施をするのでしょう。出家の側は、布施はたずき、生活の手段ですから当然として、在家は何故、ろくに働きもせず、専ら己を救うためだけに日々研鑽している修行者たちの生計を助けるのか。どこにメリットがあるのか……。

佐々木　結局、在家の人に説法するときには「布施・持戒・生天《しょうてん》」、つまり「布施をして、戒を守れば、来世は天に生まれ変わりますよ」というような話をするんです。いわゆる「次第説法《しだいせっぽう》」というもので、はじめから四諦八正道や十二支縁起など本格的な教義を説くわけではない。

宮崎　古層とされる経典にも「サンガに施しをすれば果報を得る」といった表現がみえます。

　実は私がずっと気になっているのは、先ほどアショーカ王の碑文群の話が出ましたが、王の仏教帰依の動機、あるいは目的として刻まれている文言が「現世において安楽ならしめ、また来世において天に到達せしめるため」[36]（「十四章摩崖法勅」第六章）であることです。アショーカ王が冀《こいねが》っていたのは、生死《しょうじ》輪廻からの解脱ではなく、飽くまで来世で天界に往生するという「生天」だったんですよね（生天・輪廻については一五六頁以降で詳説）。

佐々木　そうなんです。アショーカ王碑文によれば、アショーカ王は優婆塞《うばそく》、つまり仏教の在家信者になっていたことは間違いありません。おそらく仏教サンガに対して多くの布施もしていたはずです。そのアショーカ王が自分の解脱とか悟りといったことを一切語らないというところに、仏教の在家と出家の関係が如実に表れていると思います。やはり、在家信者の基本的なスタンスは、仏教サンガをサポートすることにより、その果報として現世的な幸せを求めたと考えられます。

35　バンテ・H・グナラタナ『エイトマインドフル・ステップス』サンガ、二〇一四年。

36　塚本啓祥『アショーカ王碑文』、第三文明社、一九七六年。

宮崎　となると、アショーカ王自身は悟りの階梯《かいてい》をどこまで上ったのか、という点も興味深い。この碑文群を読むと、初期仏教の実像が見えてくるような気がします。そもそも仏教の目指すものは何か、という教理上の問題、そして最初期の出家者たちの目的、在家信者の動機は何だったのか、という教団形成論とも関わってきます。

佐々木　もともとインドには「福田《ふくでん》思想」といって、良い人にお布施をすれば悪い人にお布施するよりもリターンが大きいという考え方がある。そうすると、仏教の僧侶というのはいろいろな執着を捨て去って非常に立派な生活をしている人たちだ、だからお布施の甲斐があるんだ、ということになる。その場合、布施する側はどんなリターンを望んでいてもいいわけで、たとえば来世でお金持ちになりたいとか、執着丸出しのどろどろの希望を持っていたにしても、それが叶うということになっている。

もちろん、布施をすれば来世ではあなたもお坊さんになって悟れますよ、という方がきれいだけど、やっぱりそんなきれい事だけでは済まなくて、仏教はいろんな人のいろんな欲望を引き受ける存在でもあった。釈迦はあえてそんなふうにサンガを設計したんだと思います。

宮崎　在家者や異教徒には、仏教を受け容れやすくするため初っ端は生天などを説く。そうして相手の反応や理解の度合を確かめながら、徐々に仏教独自の高度な教義に進んでいく。これが次第説法、パーリ語でアヌプッビカターですね。このとき、布施を行うことと五戒を守ることを並説した。そして「施論、戒論、生天論」がパッケージで伝授された。

生天思想というと大乗仏教の、特に浄土教における極楽往生《ごくらくおうじょう》の思想と類比されることがあります。確かに死後の平安を願う救済論を説く点では共通しています。
それに日本の浄土教を概観すると、極楽往生は命終後、つまり死んだ後に限られるのか、それとも現世往生《げんせおうじょう》（今、生きているこの人生においての往生）が可能なのか。あるいは極楽浄土に往った先にさらに成仏へのプロセスがあるのかないのか……など、肝心要のところがはっきりしない。「往生即成仏《おうじょうそくじょうぶつ》」を説く有力宗派もありますしね。しかし往生が死後に限られていて、極楽浄土止まりならば、生天との決定的な差異を検出するのは難しい。

佐々木　浄土真宗における「現世往生」説をめぐっては、いま議論が沸騰していますね。親鸞[37]はもともと現世往生など考えていなかったという主張がなされ、私の友人の小谷信千代《おだにのぶちよ》氏[38]が桜部《さくらべ》建《はじめ》[39]の説を踏まえて、親鸞は現世往生を説かなかったという主張を展開し、それに対して同じ浄土真宗大谷派の学者から強烈な反論が出されるという状況です。ともかく極楽のイメージが天界のものをモデルとしており、極楽に往生するという概念が、生天思想から出たものであることは間違いないでしょう。

ところで、釈迦は業や輪廻を説かなかったと主張する学者もいますが、そうなるとこの「施論、戒論、生天論」というものが意味をなさなくなります。輪廻があってはじめて生天という現象が可能になるのですから、もし釈迦が輪廻を説かなかったのなら、生天論も説いたはずがありませ

37　浄土真宗の開祖（一一七三－一二六三）。
38　大谷大学教授（一九四四－）。
39　大谷大学教授（一九二五－二〇一二）。

ん。だとすると、在家信者にアピールするセールスポイントがなくなってしまいます。そんな状態で仏教サンガが維持できたはずがありません。こういった現実的側面から見ても、釈迦が業や輪廻を説かなかったなどという主張は理が通りません。

梵天勧請①――釈迦はエゴイストなのか

宮崎　タプッサとバッリカの話に続いて語られる「梵天勧請《ぼんてんかんじょう》」は、仏伝の大きな山場であり、思想的にも極めて甚深なる意味を含むエピソードだと思うのです。

佐々木　そうです。学生のころ、私の先生だった梶山雄一教授[40]が「梵天勧請こそが、仏教における決定的瞬間なんだよ、君たち。この時に釈迦は変わったんだ」と授業で力説していたのを覚えています。その時は「そんなもんかな」ぐらいにしか思わなかったけど、今になってみれば、やはりその通りだなと思います。

宮崎　梵天勧請の説話は初期仏典では「律蔵」の「マハーヴァッガ」、相応部にもみえますが、ここは中部第二十六経「聖求経《しょうぐきょう》」から引用しましょう。

「わたしが感得したこの真理はじつに深遠で、見がたく、理解しがたく、静寂で、すぐれていて、思考の領域ではなく、微妙で、賢者によって知られるべきものである。しかし、人々は執着を好み、執着を楽しみ、執着を喜んでいる。しかし、執着を好み、執着を楽しみ、執着を喜んでいる人々には、いわゆる〈これを縁とすること、縁起〉ということの道理は見がたい。また、いわゆる〈一切の自己形成力が静まること、一切の生存のしがらみを捨て去ること、渇愛《かつあい》を消滅すること、〔汚れが〕薄くなること、滅し尽くされること、ニッバーナ（涅槃）〉というこの道理もまた見がたい。しかも、わたしが教えを説いたとしても、他の者たちがわたしのことをよく理解しなければ、わたしは疲れるし、がっかりするであろう[41]」
「聖求経」は、私が若い頃から好んで読んでいた初期経典ですが、どうもこの箇所にさしかかると笑いがこみ上げてくるんですよね（笑）。釈迦がつい本音を漏らしている気がして。

佐々木　この情景をわかりやすく言うと、自己の苦しみを完全に消し去った釈迦は安楽の境地にいて、それを楽しみながら、その一方で「こういった境地は世俗の一般人にはとても到達できるものではない。いくら私が教えてもそれを理解することはできないだろう」と考えたわけです。

宮崎　あまつさえ釈迦は詩偈のかたちで「貪りや怒りに負かされた人々には、この真理はよく理解しがたい」と同じようなことを繰り返します。ただこの偈には、凡夫が理解できない真理の性質として「〔世間の〕流れに逆らい行き」という言葉が付け加えられているのは注目できます。真理とは世の流れに逆らうものであるという点はとても大切です。

佐々木　釈迦の生き方は、苦しみを生み出す世俗の価値観をひっくり返して、正反対の価値観の

40　京都大学教授（一九二五－二〇〇四）。
41　中村元監修『原始仏典 第四巻 中部経典Ⅰ』春秋社、二〇〇四年。

中で安穏の境涯を手に入れようというものです。したがって当然ながら、仏教の真理というものは、世の流れに逆らう非社会的な視点だということになるわけです。

宮崎　かくして釈迦は「世間の流れ」に身を任せている衆生《しゅじょう》には、自分の悟った道理はわかりっこない、と考えて説法を断念しようとするのですが、ここに、バラモン教の最高神の一人、梵天ことブラフマンが現われて説教を懇請する。この神様は何故か、サハンパティという固有名まで持っています。その梵天サハンパティが、もし釈迦が教えを説かなければ、世界が滅んでしまうとまで思い詰め、それで悟りを開いてブッダとなった釈迦のところへ、説法のお願いに来るわけです。

佐々木　先行するバラモン教の最高神にお願いさせるというところが、この話のポイントです。こういう状況を設定する仏伝作者の技能にはつくづく感心させられます。誕生偈と同じで、ここで示されているのは、バラモン教より仏教の方が上だぞというメッセージ。しかも、梵天が頭を下げているにもかかわらず、釈迦ははっきり断るんですね。その理由が面白くて、「私が教えを説いたからといって、世の中のすべての者が私の言うことを聞いて悟りの道へ行くわけじゃない」というのです。

宮崎　意訳すれば「そこを何とかわからせようと努力しても、結局、徒労に終わって自分が傷つくだけ。そんな無益な骨折りをするのは私は真っ平ごめんだね」。まさにけんもほろろ（笑）。これ、後世に「普遍的」などと冠されることになる宗教の開祖の態度としてはかなり異例じゃないですか。

佐々木　釈迦は梵天勧請までは完璧な利己主義者で、一度たりとも他人のために何かしようなんて考えたことがなかった。しかも、悟った後でも、まだそんなことを考えているんですから、釈迦は本当のエゴイストですよ（笑）。

でも良く考えてみれば、釈迦は究極の苦しみから何とか抜け出そうと、それこそ生きるか死ぬかギリギリのところで修行していたわけで、「世のため人のため」なんて考える余裕はまったくなかった。だから、釈迦がそこまで利己的だったのは、至極当然なことなんですね。

私は、もし釈迦が出家してなかったら自殺しているだろうといつも言っているんです。出家によって、はじめて自分で自分を救う道を見つけることができて、釈迦は救われたんです。

宮崎　そこには非常にリアリティを感じますね。私の友人に南直哉《みなみじきさい》[42]という曹洞宗の禅僧がいますが、彼とよく話すのは「もし仏教に出会わなかったら、自分たちは間違いなく命を絶っていただろう」という点です。そういう意味では説法を断念しようとするブッダを翻意させて、仏教という運動の開始を促した梵天に感謝しなければならない。

佐々木　まえに「出家」と「世捨て」は違うと言いましたが、出家とは、俗世間で死ぬか生きるかの状態になってしまった人たちが、同じような価値観を持った者同士で身を寄せ合って作った修行の世界へ入ること。出家の本当の意味は、言ってみれば「自殺する人を救う」ところにあるわけです。

42　恐山菩提寺院代（一九五八-）。

宮崎　裏を返すと「世間の流れ」あるいは「生の流れ」に乗って、滞りなく生きる、ということがどうしてもできない人間のための教えなんですよね。そういう生き方が虚妄に思えて仕方がない……。そんな原生的なズレ、疎外感、疎隔感に苛《さいな》まれている者たちへの救済が仏教の第一義のような気がします。極言するなら、そういう者でなければ仏教は要らないのかもしれない。

佐々木　私はいつもそう言ってます。仏教は心に苦しみをかかえていて、助けを求めてやってくる人たちを受け入れる「心の病院」だと言っています。

　ところで、梵天（ブラフマン）がサハンパティという固有名詞を持っていることについて、一言説明しておきましょう。仏教以前からあったバラモン教においては、ブラフマンはいわば最高神の立場に置かれる存在で、当然それは常住不変、すなわち死なない存在でした。しかし仏教はそのバラモン教の世界観を否定し、あらゆる生き物は輪廻の世界で生まれ変わり死に変わりを繰り返しながら、苦しみ続けると言います。したがって不変の存在であったはずのブラフマンも、寿命が来れば死んで別の場所に生まれ変わる普通の生き物だということになりました。ブラフマンが死んで別のところへ輪廻すると、その後を受けて別の生き物がそのポジションに生まれ、次のブラフマンとなります。バラモン教では永遠不滅の存在だったブラフマンという神の名が、仏教では代々引き継がれていく役職名になったわけです。ですから、ブラフマンの名を受け継いでいく一人一人の生き物には、別個に固有名詞もあるということになります。ここでサハンパティというのはそういった固有名詞の一つ、つまりブッダに説法をお願いしたブラフマンはサハンパティという名のブラフマンだったということになるわけです。

梵天勧請②――釈迦はなぜ他人を救う決意をしたのか

宮崎　梵天勧請に話を戻すと、「苦労して得た境地を、いま無理をしてまで人に伝える必要があろうか」などと説法を拒むブッダに、梵天は執拗に食い下がります。意訳すると「世には生来、汚れの少ない者が少数ながらおります。あなたが教えをお説きにならなければ、彼らすらも退歩し、おおいなる損失をこうむるでしょう。しかし、もしあなたが教えを授けられるなら、真理を悟ることでしょう」と言って説き伏せようとする。

佐々木　つまり、ブッダの教えによってこの世のあらゆる生き物が救われるということではないけれど、その教えによって苦しみから解放される者もいるのだから、その者たちのために教えを説いてほしいという理屈です。

宮崎　梵天の再三の願いに、釈迦もその意を察し、仏眼《ぶつげん》（ブッダにそなわる超人的視力）をもって世間を観察します。すると汚れの少ない人、汚れ多き人、怜悧な資質の持ち主、鈍重な資質の持ち主、性格の良さそうな者、性格の悪そうな者、指導しやすい者、指導しにくい者、そして過去に犯した罪とその未来における果報に脅えて暮らす人々……様々な者が、この世にひしめいているのが見えます。それは、まるで蓮池のようだ、と釈迦は思います。花を水面に出すことなく泥水に沈んだままの蓮。水面のギリギリのところで開花してしまう蓮。水の上まで伸びて、泥に汚されることなく見事に蓮華を咲き誇らせる蓮。

この観察によって、釈迦は世人を教化する決心を固める。そして宣言します。「耳ある者たちよ、不死の法門は開かれた。いままで信じていたものを棄てよ」と。こうして仏教という実践的な思想運動が、釈迦を起点に拡がりはじめたのです。

佐々木　「いままで信じていたものを棄てよ」という箇所は、「信頼の気持ちを起こせ」と読むべきだという説もあります。ここに出る「耳ある者たちよ」という呼びかけがおもしろい。つまり仏教は、教えを説き広めることによって、すべての人間を幸せにする義務もなければ、そのような課題も持たず、基本的に釈迦の言うことに反応する人だけを受け入れる。他の宗教のように万人に積極的に布教することはしない。仏教に救いを求めている人がいたら、そこではじめて手助けをするというだけ。釈迦が、「そのような形なら布教してもいいだろう」と納得したというのが、非常におもしろい。ここには仏教という宗教の社会的活動形態を決定する根本理念が見事にあらわされています。

宮崎　蓮の譬えだって、人々を悟りの資質、仏教ではこれを「機根《きこん》」と呼びますが、その機根の程度で三分割しているともいえる。ブッダが梵天の意を酌んで考え直したのは、万人が甚深微妙《じんじんみみょう》な悟りの内容を理解できると希望が持てたからではなく、あくまで少数の「耳を持つ」者ならば理解できるという希望が湧いてきたからです。これは文脈上明らかですね。

梵天勧請の説話は大乗の経典や論書にも出てきますが、どうも大乗サイドの解釈は、梵天勧請を直接、無媒介的に慈悲や利他に結び付けてしまっていて、初期文献と比較すると論理に綻びが目立ちます。

佐々木　慈悲や利他という考え自体は、とくに大乗的なものだとは私は思いません。大乗であろうが、部派仏教であろうが、結局、ブッダが布教に立ち上がったということは、自分のためだけにつくり上げた仏道の教えを、苦労を背負ってでも人々のために説き広めることを決意したと解釈するしかありません。つまり釈迦は梵天勧請を契機として「世のため人のため」に活動を始めたということです。

宮崎　私は、その「自分のため」と「他者のため」を繋ぐ媒介項が必要だと思うのです。そもそも自他の別を問わず、釈迦の悟りは「主体」において完結しています。

佐々木　それはその通り。釈迦は悟りの境地に入っていたので、もういつ死んでもかまわないと思っていた。おそらく当時の修行者たちの中には、悟りを得ても、その方法を他人に教えないまま死んでいった、いわゆる「独覚《どっかく》」もたくさんいたはずです。それにもかかわらず、釈迦は教えを広める道を選んだ。ここは仏教学においてもホットな論点の一つですね。

　これはあまり理解されていないことだと思うのですが、利他すなわち「他者のための活動」には、異なる二つの形態があるのです。一つは、自分がまずその道を歩いて見せて、後に続く人たちの手本となる。そういう形での利他。もう一つは、相手を直接援助するという形での利他です。たとえて言えば、前者は親鳥が雛たちの前で餌をとって見せて、それで雛たちを教育し、自分でも餌が取れるようにしてやる。いわば、指導者、教育者としての利他。後者は、たとえば親鳥が口移しで餌をひな鳥に食べさせるような対面での利他。そして言うまでもなく釈迦の利他とは指導者としての利他であり、多くの大乗仏教が説くのは後者の利他です。ですから、梵天勧請によって布教の決心をした釈迦は間違いなく利他の人となったのです。

宮崎　では、ここで少し他分野の学知を参照してみましょう。真宗大谷派の僧侶にして臨床心理士の坂井祐円氏[43]に、梵天勧請説話を題材にケアの思想と仏教との異同を論じた一文があります。ここで坂井氏は、釈迦が「執着を好み、執着を楽しみ、執着を喜んでいる人」には理解できないと断じた「縁起」に注目しています。

「真理概念のうち、『無分別』『涅槃』『無為《むい》』などという表現は、言葉や行為による世界の分節化が立ち消えた沈黙の様態を表しており、静態的であると言える。ところが、『縁起』や『空』といった表現は、必ずしも静態的であるとは限らないのである。すなわち、『縁起』とは、『物事は様々な因縁（原因や条件）に依って起こる』ということであり、世界の関係性のあり方を示している[44]」

ここは初期仏教の縁起概念とはどういうものであったか、という後に詳しくみる論点にも関わりますが、仮に後の大乗仏教の縁起説に発展する萌芽としての「一切法因縁生《いっさいほういんねんしょう》の縁起」が、釈迦の教説にも伏在していたと推定すれば、縁起は世界の関係性、相互依存性をも含意するものであったということになります。ちなみに一切法因縁生の縁起とは舟橋一哉《いっさい》[45]の定義によれば「迷いの生にあっては、すべては種々様々な条件によって条件づけられて存在するもの、即ち条件に依存するものばかりであって、条件を離れて、条件と無関係に存在するものは一つもない[46]」という縁起観ですね。

この縁起説を前提とするならば、本当に成仏を得道し、悟りを完成するのは、「自己」においてではならぬはずなのです。論理的に。悟りは個では完結できない。なぜなら、その自己は、その個は「種々様々な条件によって条件づけられて」仮に存立しているものに過ぎず、他者との関係性において仮に「ある」かにみえるものだから。その真相を如実に知見することこそが悟道であるのだから。

「この私」という存在が他を前提とし、他との関係において生じるものである以上、悟りが訪れ、住するのは自己とか他者とかの個ではなく、世界でなければならない。そうして自も他も、世界も終わらせることができる。

梵天勧請における釈迦の転回とは何か、と問われるならば、その本質は「悟りの未完」と答えます。そして釈迦の悟りは、「初転法輪」、そして爾後四十五年の伝道によってさらなる展開を遂げた。

いささか大乗的に偏向した解釈かもしれませんが、私はそう思っています。

佐々木　釈迦が梵天勧請に応じたのは、単なる慈悲の心だけではなく、完全なる悟りを目指すためだった――そういう解釈も十分にありうると思います。ただ一つだけ、それはとくに大乗的と

43　南山宗教文化研究所非常勤研究員（一九七二－）。
44　坂井祐円「仏教はケアに向いている思想なのか――『梵天勧請』説話をめぐって」『臨床教育人間学年報』第一〇号、二〇一〇年、二一－三二頁。
45　大谷大学教授（一九〇九－二〇〇〇）。
46　舟橋一哉「『一切法因縁生の縁起』をめぐって」『佛教學セミナー』第三七号、一九八三年、一－一四頁。

言わなくてもいいというのが、私の考えです。

「大乗的」と言ってしまうと、やはり私が気になるのは、「自己犠牲」という考え方が非常に強く出てくるということです。自分が犠牲になってでも、それこそ自分が地獄に落ちようとも、まずは他人を救うんだという思いが強く出る。

でも、このとき釈迦は「自分が地獄に落ちてもいい」なんて、まったく言ってない。宮崎さんのおっしゃるように「完全なる悟り」を目指していたか、あるいは教えを説くことによって人々を救おうという、非常にシンプルな人助けを考えていただけでしょう。だから、梵天勧請というのは、大乗、部派仏教を問わず、仏教が本質的に持っている社会への関わり方を表しているだけだと私は考えています。

宮崎 なるほど。そうすると別の側面、例えば「ジャータカ」にみえる捨身《しゃしん》飼《し》虎《こ》の説話[47]をどう解釈すべきかが視野に入ってきますね。それから「スッタニパータ」にみえる「一切の生きとし生けるものは、幸福であれ、安穏であれ、安楽であれ」、「あたかも、母が己が独り子を命を賭けても護るように、そのように一切の生きとし生けるものどもに対しても、無量の（慈しみの）こころを起すべし」といった偈文[48]の解釈。これ「慈経（メッタスッタ）」としてテーラワーダ仏教徒が読誦している偈ですよね。

現実に「小乗」と大乗側から貶称されたテーラワーダ仏教が浸透しているタイやミャンマー、スリランカなどにはすでに阿羅《あら》漢果《かんか》を得られる域に達しているのに、あえて一歩前に踏みとどまり、人々のために力を尽くす僧侶がいるのだそうです。こうなると大乗仏教の菩薩のあり方との大きな違いが見出せない。

佐々木　たしかにそれは大乗的ですね。最近はテーラワーダ仏教も大乗的な要素を取り入れるところが出てきて、たとえばスリランカなどでは在家出家の区別なく仏道修行が同じレベルで可能だということを主張する人もいるようです。そういった流れの一環として大乗菩薩的あり方が入っているのかも知れませんね。少なくとも「慈経」の教えには、釈迦の立場での慈悲の心が過不足なくきれいに表現されていると思われます。

出家ラッシュの謎

宮崎　さていよいよ最初の説法「初転法輪《しょてんぽうりん》」ですが、これは「初めて法輪を転じる」の意です。法輪とは「ブッダの教え」を意味する暗喩。法即ちダンマはここでは正しい真理のこと、輪即ちチャッカは当時の車輪のようなかたちをした武器のことで、あわせて無明や煩悩を照らし破る力強い正理というイメージですね。そして、法輪を「転じる」とは正理を説き明かす、の意です。

初転法輪で説かれた内容について、「ニダーナカター」や中部第二十六経、いわゆる「聖求経」には記載がありません。両者は最初の教法に関する事実関係を述べるのみでその内容には踏み込

47　釈迦が前世で飢えた虎に自らの身体を与えて喰われたという話。
48　中村元訳『ブッダのことば―スッタニパータ』岩波文庫、一九八四年

んでいない。「何が説かれたか」について纏まった記載のある古い仏伝や経典は「マハーヴァッガ」と相応部第五集大篇の諦相応の第二品である「初転法輪品」ですね。この二つにみえる記述は概ね一致していて、苦楽中道から説き起こし、次いで八正道、そして四諦と三転十二行相《さんてんじゅうにぎょうそう》が説かれる。

ちなみにブッダが最初に教えを授けようとしたのは、アーラーラ・カーラーマ先生とウッダカ・ラーマプッタ先生。つまりかつて師事した二人こそが最初の説法の対象としてふさわしいと思った。しかしアーラーラ・カーラーマは七日前に死に、ウッダカ・ラーマプッタは前夜に死んでいた。そこで、むかし一緒に修行した五人の修行者に教法を説くことにした。

佐々木　以前、釈迦と一緒に苦行を行っていた五人の修行者は、釈迦が苦行を捨てて瞑想修行一本に方向転換したのを見て、「あいつは落ちこぼれの落伍者だ」と言って軽蔑しました。その釈迦が説法するために自分たちの方へ向かってくるのを見て、「こっちへ来ても無視して、知らん顔をしていよう」と打ち合わせたのですが、実際に釈迦が目の前に来ると意に反してひとりでに立ち上がり、弟子になってしまったという話です。そして、五人は釈迦の説法をひたすら聞き、次々と悟りを開いていきます。興味深いのは、その間、二人が聞いている時は他の三人が鉢を持って托鉢して回り、その三人が法を聞いている間は、残り二人が托鉢して回るという具合に、托鉢のご飯をみんなで分け合うという形で、仏教サンガの集団協力体制の姿が現れているということです。

宮崎　ええ。それは「聖求経」で釈迦自身が語っていますね。

「修行僧たちよ、じつにわたしが二人の修行僧に教えているときに、〔他の〕三人の修行僧は托鉢に行き、三人の修行僧が托鉢で得たものによって、六人の群れは生活した。修行僧たちよ、じつにわたしが三人の修行僧に教えているときに、〔他の〕二人の修行僧が托鉢に行き、二人の修行僧が托鉢で得たものによって、六人の群れは生活した」

何だか微笑ましい（笑）。

佐々木　でも、この托鉢システムのおかげで、仏教サンガは急速に大きくなっていくのです。

宮崎　この五人の修行者に続いて、釈迦は富豪の息子ヤサとその五十四人の友人を出家させ、さらにウルヴェーラーのカッサパ三兄弟を帰依させます。三兄弟はバラモンで、火の神アグニを崇拝する教団の指導者でした。彼らに従ってその弟子千人も集団帰依します。

たった六名からはじまったサンガが、瞬く間に千人を超える教団に成長した。

佐々木　当時は、出家が一種のファッションというか、トレンドだったんだと思います。若い人が出家をして僧侶になるというのは、すごくカッコいい生き方だったんじゃないかと。本来の仏教は、生きるか死ぬかという実存的な悩みを抱えて入ってくるもので、もちろんそういう人たちもいたとは思いますが、実際はそうでない人も多かったんでしょう。

いまの上座説部系の国のお坊さんだって、みんながみんな最初から仏教の教理を知った上で出

49　この引用にある「修行僧」とは、「サンガ」ではなく、個々の「仏道修行者」のことを指している。
50　中村元監修『原始仏典　第四巻　中部経典Ⅰ』春秋社、二〇〇四年。

家しているわけではありませんからね。はじめは「俗世よりも一段立派な生活があるんだ」ぐらいの単純な考えで出家して、サンガに入った後で一生懸命勉強している。

宮崎　ブッダの教団を形成した四衆《ししゅ》、つまり比丘（男性僧侶）、比丘尼（女性僧侶）、優婆塞（男性在家信者）、優婆夷《うばい》（女性在家信者）のうち、名前が伝えられている者たちの出身ヴァルナ（種姓《しゅしょう》[51]、すなわちカーストの身分）を、赤沼智善《ちぜん》[52]が調査したことがあります。結果はバラモン（司祭）が二百十九名、クシャトリヤ（王族、武人）が百二十八名、ヴァイシャ（一般市民）は百五十五名、シュードラ（被差別隷属民）は三十名。不明だったのが六百二十八名でした。男性では、やはりバラモン出の比丘が最も多く、次いでヴァイシャ。女性ではクシャトリヤ、ヴァイシャを出自とする比丘尼の数がバラモン出のそれを上回っています。[53]出家、在家、あるいは男女の別に関わらず、シュードラ出身者は非常に少ない。

　仏教は四姓平等、四つのヴァルナの平等を説くはずだったのに、ブッダの在世当時の教団の出身種姓の構成をみる限り、期待外れの感が漂います。

佐々木　ただ、こういった伝説的な資料をベースとした統計的研究は、かなり危険だと思っています。それぞれの情報源にはさまざまな作者の思惑が含まれているでしょうから、それをあたかも客観的情報源であるかのように見做《みな》して、数字を出してもあまり意味がないと思っています。しかし、まあそれでも、当時の状況に関して、まったく見当違いなイメージというわけでもないでしょうから、面白い話題の一つとして取り上げるにはいいかも知れません。

宮崎　一九七一年には、田上太秀氏[54]が出家者についてもっと詳密な調査結果を論文で発表していますが、これのハイライトは出家の動機が調べられている点[55]。それによると比率の高いものから順に主立った動機を挙げると、「他人の出家」二二・一三％、「聞法」一四・九三％、「見仏」一四・四％、「世俗の放棄」九・三三％、「神変力」六・六七％、「生死の怖れ、死後の怖れ」六・一三％……といったところです。

「人が出家したのをみて自分も出家しようと思った」というのが第一位（笑）。まさに佐々木さんが先程指摘されたファッション、トレンドの類ですね。この動機で出家した者の八割以上がヴァイシャです。「世俗の放棄」「死の恐怖」なんかは今日の実存的な苦悩に近いかもしれませんが、思ったよりも少数に留まる。ちなみに「世俗の放棄」はやはりヴァイシャが一番多いですが、相対的にクシャトリヤも多く、「死の恐怖」を動機とした出家者の過半数はヴァイシャです。

この頃は出家と在家の目的の違いが徹底していたのか、さすがに「生天」や「よりよき来世」を動機にした者はいないようです。ただ貧困や身の危険、身体的な欠陥や社会的疎外を挙げた人が若干います。「貧乏」を動機とした者のヴァルナの第一は予想に違わずシュードラです。

佐々木　それも当然でしょうね。当時のインドで生きていくことは、実存的な悩みを抜きにして、

51　バラモン、クシャトリヤ、ヴァイシャ、シュードラの四種姓を基本とするインドの身分秩序（カースト制度）。
52　大谷大学教授（一八八四－一九三七）。
53　赤沼智善「釈尊の四衆に就いて」『原始佛教之研究』法蔵館、一九八一年。
54　駒澤大学教授（一九三五－）。
55　田上太秀「原始仏教教団における出家の動機について」『駒澤大學佛教學部研究紀要』第二九号、一九七一年、一一三－一四二頁。

いろいろ辛く苦しいことが多かったはずですから。苦しい生活の中では、釈迦の複雑な哲学思想をマスターして解脱を目指すなんていうことより、やはりいま目の前にあるこの苦しみの状態を抜け出したい、とにかく今の生活から縁を切って、しがらみを切って、もう一度人生をリセットしたい。それだけでも十分に仏教に引かれたはずですよ。

宮崎　そうですね。先に紹介した赤沼智善の調査結果を踏まえて、平岡聡氏が「確かにシュードラ階級からの出家は少ない。この数字をどう見るかであるが、これは僧団が彼らの出家を拒んだのではなく、シュードラ階級の人の出家に対する意識が低かったと見た方がよい[56]」と論評しています。

その通りだろうと思いますが、もう一歩踏み込んだ問いが欲しい。では何故、シュードラは出家への意識が低かったのか、という問い立て。私は佐々木さんがいま述べられたように、生存条件が厳しく、釈迦の説くような教えを受け容れる素地がなかったのだ、と推します。

しかし、これは裏を返せば、梵天勧請のところで触れた「悟りの資質」、機根が、生まれや育ち、階級などによってある程度決定されてしまうことを意味する。実ははっきりとそれを認めている初期経典があります。この問題域には本書の後半で再訪するとしましょう。

「本山」も「跡継ぎ」もないインターネット形式

宮崎　出家といえば、釈迦の家族や親族が多数出家していますね。息子のラーフラ、異母弟のナンダ、従兄弟のアーナンダとデーヴァダッタ、アヌルッダもバッディヤも釈迦族。そして養母のマハーパジャーパティーまで……。

佐々木　やはり当時の社会的潮流として、「出家はかっこいい行為である」といった思いが皆の心にあったのでしょう。

宮崎　しかしラーフラもナンダも在俗時に子供を持っていないので、スッドーダナ王の直系の血筋は出家によって途絶えてしまいます。

並川孝儀氏[57]はラーフラの命名の意味を考察して、ラーフが日蝕月蝕を起す悪魔を意味するところから、太陽神の末裔と信じられていた釈迦族の家系を断つ、という意味が込められているのではないか、という説を唱えています。かかる異様な名付けは「祖先の否定、あるいは家系の滅亡・断絶などを意味する」[58]と。

そして現実に釈迦は異母弟も、息子も出家させてしまう。当時は家系の断絶は罪悪視されていたようですから、もし並川説が正しいならば、ブッダの行為は当時の価値観への反逆だった。息子の命名にも、家族の出家にも思想的意味が含まれていた、ということになります。

佐々木　ラーフラの名前の由来については確定的なことは言えないのですが、出家というのは、

56　平岡聡「インド仏教における差別と平等の問題―業報輪廻説の功罪」『臨床心理学部研究報告』第二集　京都文教大学、二〇〇九年、六五-七四頁。
57　佛教大学教授（一九四七-）。
58　並川孝儀『ゴータマ・ブッダ考』大蔵出版、二〇〇五年。

ある意味、たしかにとんでもない〝悪行〟でしょう。釈迦が勝手に孫のラーフラを出家させてしまったことを知ったスッドーダナ王は、深く嘆き悲しみます。さすがに釈迦もこれはまずいと思ったらしく、それからは受戒に関する新たな規則を作った。人が正式なサンガのメンバーとしての僧侶になる儀式を受戒と言うのですが、その際、必ず親の許可が必要だという規則です。これは決して未成年者が受戒するときには親の許可が必要だという意味ではありません。受戒できるのは二十歳以上の成人だけですから、未成年者が受戒するということがそもそもありえないのです。この規則が言っているのは、何歳の人であろうが、受戒して出家修行者になる場合は、その親の許可が必要だということです。この規則のもとになったのがラーフラの話なのです。

宮崎　これに関連して、「ダンマパダ」のブッダゴーサによる註釈書「ダンマパダ・アッタカター」に面白い挿話が紹介されています[59]。故郷カピラヴァスツに一時帰郷した釈迦を、スッドーダナ王が「お前がこの都城で乞食《こつじき》をして回る姿をみるのは実に恥ずかしい。わが家系にそのようなことをした者はいない」と咎めます。「托鉢僧など家系の恥だ」っていうわけ（笑）。ところが釈迦は涼しい顔で「それはあなたの家系の話でしょ。わたしの家系は過去の諸仏です。数千人の諸仏は私のように乞食によって生を繋いできたのです」と反論するのです。

ここに血統ではなく、思想や実践を縁とする法統こそが継ぐべき系譜、伝統である、という宣明を見出すのは無理のない解釈だと思います。

佐々木　しかし、先に触れた通り、後代に作られたと思われる「根本説一切有部律破僧事」の中では、法統ではなく釈迦の血統が延々と述べられていきます。この世で最初に王様になったマハーサンマタを初代として、延々と血筋で釈迦族までの系譜が語られ、それが素晴らしいことだとされているのです。このことは最初は血統を重視していなかった仏教が、やがて血筋を重要視していくようになったという思想の変化を表しています。

とは言え、本来的に仏教が血筋家系を虚構の権威だと考えていたことは間違いありません。

宮崎　宗派や寺院の世襲がかなり常態化している日本仏教が大いに反省すべき点ですね。

佐々木　そもそも釈迦の後、誰も仏教教団を継いだりしていませんからね。禅宗なんかでは弟子の一人、摩訶《まか》迦葉《かしょう》が跡を継いだと言ったり、いろいろな説はありますけど、実際に仏教教団全体を統括するリーダーとして、釈迦の後を継いだ人はいない。スリランカやタイでも、現在に至るまで教団のすべてを統括する僧侶なんていません。

宮崎　確かにそうですね。考えてみれば、釈迦自身も有名な「師に握拳なし」の明言に続いて「向上につとめた人は『わたくしは修行僧のなかまを導くであろう』とか、あるいは『修行僧のなかまはわたくしに頼っている』とか思うことがない」と戒めてますからね[60]。この言葉のなかの「修行僧のなかま」というのはサンガのことですよね。

佐々木　もともと仏教には、いわゆる「本山」なんていうものもありません。仏伝の中にも、そのことを示す象徴的なエピソードがあります。例のヤサと五十数人の友だちが出家して、教団の

59　及川真介訳註『仏の真理のことば註（三）―ダンマパダ・アッタカター』XIII．世間品 2．スッドーダナの事（第一六八、一六九偈）、春秋社、二〇一六年。

60　中村元訳『ブッダ最後の旅―大パリニッバーナ経』岩波文庫、一九八〇年。

人数が膨れ上がった時に、釈迦がサンガの解散命令を出しますよね。比丘たちに、「インドの各地へ、一人ずつバラバラで行け」と。そしてその地で布教活動をして、仲間の比丘を募って、そこで個別にサンガをつくれと言う。十人以上の比丘を必要とする受戒の際には他のサンガの比丘の助けを借りる必要があったでしょうが、それでも中心となる特別なサンガはつくらなかった。これによって仏教は、完全なネットワーク方式の組織になったんです。僕はインターネット形式と呼んでるんだけど。

宮崎　中央集権的じゃないですよね。先にもみたように、ある弟子が「教団はすべてサンスクリット語を使うことにいたしましょう」と提案したところ、釈迦は「各々の国の言葉を使え」と命じています。上からの統一よりも多様性のなかで生き延びるものこそが真の法である、といった姿勢が窺えますね。組織もフラットで脱中心的。これも商業の展開の仕方との類比で捉えられないかな、と思っています。

佐々木　それぞれのサンガのあいだの人間の交流もまったくの自由。どのサンガで暮らすかは僧侶一人一人が選ぶ問題であって、僧侶が特定のサンガに縛られるという状況はまったくなかったのです。これも血統とかそういうものを否定する仏教の特性の一つの表れでしょう。釈迦の組織設計というのは、本当にユニークです。それが「律蔵」というサンガの法律に凝縮されていると思うので、第三章の「僧」のところで、改めて掘り下げてみたいと思います。

阿羅漢ラッシュの謎

宮崎　初転法輪のあと、出家が相次ぎ、教団が一挙に拡大しましたが、単に出家者が増えただけではなく、阿羅漢果に達する者が輩出したのです。

佐々木　阿羅漢果とは、ブッダの弟子が到達し得る最高の悟りの境地のこと。すべての煩悩を断ち切り、もはや学ぶことがないという意味で「無学」とも言います。

宮崎　悟りの階梯については一一一頁にまとめておきます。テーラワーダ仏教では、阿羅漢は、ブッダである釈迦とほぼ同格に扱われています。「ほぼ」の内実は、オリジネーター＝釈迦、フォロワー＝その後の阿羅漢という感じですね。釈迦は無師で独悟してブッダになったけれども、他の修行者は釈迦の方法に従って悟って阿羅漢になったという。

例えば、「ニダーナカター」によれば、富豪の息子ヤサは、釈迦に「来たれ、ヤサよ」と呼び止められて、もうその夜のうちに預流果《よるか》（悟りへの道の第一段階）に達し、翌日には阿羅漢果を得ています。ヤサが連れてきた五十四人の友人たちも、同じように「来たれ、比丘たちよ」と呼び掛けられ、ごく短期間で阿羅漢になっている。ヤサにも、ヤサの友人にも修行を積んだという痕跡はありません。かと思うと、掃除ばかりしていて阿羅漢になった修行者もいます。

佐々木　チューラパンタカ（周利《しゅり》槃特《はんどく》）ですね。マハーパンタカ、チューラパンタカという二人の兄弟がいて、お兄さんはたいへん利発で賢い人、弟のチューラパンタカは頭が悪くて記憶力がほとんどないという対照的な二人でした。二人はそろって出家し釈迦の弟子になるのですが、チューラパンタカの方はいくら仏法を聞いても覚えることができず、まったく悟りの道を進むことができません。お兄さんにも呆れられ、泣く泣く仏道修行を諦めようとしていた時に、釈迦が話しかけて、「お前にはお前にあった修行があるのだから無理をするな。毎日箒《ほうき》で掃除をしながら、塵やほこりを払いましょうと唱えていれば、必ず悟ることができる」と指導します。そのような日を過ごしているうちに本当にチューラパンタカは悟りに達してしまう。そして、多くの人々を教化するような立派な阿羅漢になったという話。あれはいい話ですね（笑）。

宮崎　悟りの資質は世間でいう「賢さ」とは異なることがこの挿話でわかります。

それにしても、阿羅漢になった修行者は多い。おしなべて大乗仏教は阿羅漢を高く評価しませんが、では大乗の修行によって悟った者がどれほどいるか、というと疑問ですね。宮元啓一氏[61]が「大乗仏教の徒で、自他ともに仏になった、涅槃に入ったと認める人が、長い歴史のなかではたして登場したであろうか。答えは、まったく否なのである」[62]と喝破している通りなのです。大乗仏教の基礎を築いた龍樹《りゅうじゅ》（ナーガールジュナ）や世親《せしん》（ヴァスバンドゥ）も菩薩止まりでしょう。涅槃に入った、如来になった、という話は聞かない。

然るに、最初期の仏教においては修行者が悟りに達することが頻発している。

61　國學院大学教授（一九四八-）。
62　宮元啓一『ブッダ　伝統的釈迦像の虚構と真実』光文社文庫、一九九八年。

図5 **悟りの階梯**

4

【阿羅漢《あらかん》】

今生の終りと同時に涅槃に入り、
再び生まれ変わることはないとされる。
応供《おうぐ》(供養を受けるにふさわしい者)とも呼ばれる。

- 阿羅漢果:すべての煩悩を断じ終わって涅槃に入った位。
- 阿羅漢向:不還果を得た聖者がすべての煩悩を断じつつある間。

3

【不還《ふげん》】

今生を終わった後、欲界には還らず、色界へと登り、
色界の生を終わると同時に、そこから涅槃に入るとされる。
阿那含《あなごん》とも呼ばれる。

- 不還果:欲界の残り3種の煩悩を断じ終わった位。
- 不還向:一来果で断じきれなかった欲界の3種の煩悩を断じつつある間。

2

【一来《いちらい》】

四諦を観察することを繰返していく段階で、
今生を終わった後、欲界の人と天の間を1回だけ往来して、
涅槃に入るとされる。斯陀含《しだごん》とも呼ばれる。

- 一来果:欲界の6種の煩悩を断じ終わった位。
- 一来向:欲界の煩悩を9種に分類したうち6種の煩悩を断じつつある間。

1

【預流《よる》】

聖者の流れ(見道位)に入った者のことで、
今生を終わった後に、欲界の人と天の間を最大7回まで
生まれ変わり、涅槃に入るとされる。須陀洹《しゅだおん》とも呼ばれる。

- 預流果:三界の煩悩を断じ終えて、地獄、餓鬼、畜生の三悪道に堕ちなくなった位。
- 預流向:四諦を観察し、欲界、色界、無色界の三界の煩悩を断じつつある間。

佐々木　たしかに「テーラガーター」「テーリーガーター」なんかを読むと、仏弟子はもう全員悟ってますからね。しかし、あれは一種のアジテーションだろうと思っています。つまりこれだけの人が悟ったということは、後の人たちの励みになるだろうと……。

宮崎　えーっ。彼らは本当に悟ったのではないと？

佐々木　そういう可能性もあります。そもそも、その人たちは本当に「私は悟った」と言ったのか、という問題があります。たとえば「私は幸せだ」と言っただけかもしれない。それを後の人たちが「お釈迦さまの直接の弟子なんだから、彼が幸せになったと言っている以上、悟ったにちがいない」ということで「彼は阿羅漢になった」という話を作っていったという可能性もありますよ。

それから大乗仏教の話ですが、大乗の場合は必ずしもブッダになったと言わなくても、「私はすでに菩薩である」という自覚が、ブッダであることと等価として捉えられた可能性があります。つまり、潜在的なブッダとしてすでに成仏の確定したものだという自覚です。さらには仏性思想や、あるいは即身成仏の思想が登場すれば、「我々はすでにブッダである」という自覚さえ可能になります。そういう意味では、大乗仏教ではだれも悟った者がいなかったという主張は正しくはありませんね。

宮崎　三友健容《みともけんよう》氏[63]が緻密な仏典の分析と大胆な推論を示しています。[64]
「阿羅漢果は、本来、長遠なものではなく、四諦を体得したものにとっては、すぐ得られるものであったが、日常行動を通じて、四諦の理解のみでは決して欠点なき人格円満者とはなり得ないし、社会の非難をさけることもできない」。そこで釈迦もすぐには阿羅漢果の記別を与えなくなった。ところがそれで阿羅漢果というゴールポストが次第に遠くなり、修行の途中で亡くなる弟子が出てきた。「その結果、まず不還果が説かれ、次いで一来果が説かれるようになったのである。一来・不還は本来命終者のための記別で、それが次第に修行段階を意味するようにな」ったという。さらに「一来果が成立したときには、極遅の鈍根者として極七返有《ごくしちへんう》[65]が説かれ、これがのちに預流果に併設されていったと考えられる」。

預流、一来、不還、阿羅漢という四段階、すなわち四沙門果《ししゃもんか》を悟達の階梯と看做すテーラワーダ仏教からはまず承認されないでしょうが、三友氏の行論はかなり説得的だと私は思います。

佐々木　どの弟子がブッダと同等の悟りを得ていたかを想像してみるのも面白い。たとえば舎利弗、目連なんかは当然悟っていただろうと思います。舎利弗なんてお釈迦さまの代わり、あるいは釈迦と同等の仏教教団のリーダーとして認められているぐらいですし。最初の五比丘も、それまでに長い修行生活を送っているから、もちろん阿羅漢に達したと思います。

宮崎　ヤサや彼の友達はどうでしょうね（笑）。

佐々木　それはわからないですが、それまで特に修行もせずに遊んでいたわけだから、さすがに難しいんじゃないかと（笑）。でも、殺人を犯したアングリマーラだって悟れたわけだからなぁ

63　立正大学教授（一九四五－）。
64　三友健容「四沙門果説の成立について」『日本佛教學会年報』第四五号、一九七九年、五一－七二頁。
65　預流果に達すれば最大七回、人界と天界を往復するあいだに必ず阿羅漢になれるということ。またはその人。

……。釈迦の教えに逆らって分派騒動を引き起こしたデーヴァダッタも、無間地獄で苦しんだ後に、独覚というブッダになることが予言されています。

宮崎 私は三友氏の看破した通り、阿羅漢果を証得するのは、元来それほど困難ではなかったのではないか、と思います。少なくとも無限の遠方にある目標でも、人が到底及びがたい究極の完成でもなかった。

皮肉なことに、部派仏教や大乗仏教において悟りは、最初期の仏教よりもずっと遠く、それこそ無限遠に近い彼方に追いやられ、やがて悟りや成仏、涅槃や解脱以外の目標が設定されるに至った。

佐々木 ただ大乗仏教でも、禅宗なんか「悟りました」と言う人がいっぱいいますし、一人で何回も悟ったという人もいる。そういう意味では、今でも「誰でも悟れる」ことを主張する仏教は存在していますね。

瞑想をしていると、今までと全然違う境地に一瞬でパッと上がるような、そういう感覚を得ることがよくある。そういう人が「ああ、いまのは悟りへのステップアップだ」と思えば、それは「悟った」と記録されるでしょう。そういう状況が阿羅漢ラッシュを生んだのかも知れない。それはそれで至極当然のことであって、特段の問題はないと思います。悟りというのは個人的な問題であって、どこかに悟りを判定する客観的基準というものは存在しない。よく言えば、それが仏教の朗らかさの一面でしょう。

宮崎 部派仏教の一派である説一切有部なんかは「阿羅漢でも再び煩悩を起して阿羅漢性という

果を退失することがある」と主張したそうです。[66]

佐々木　たしかに阿羅漢が一段階前の状態に戻ってしまうこともありうるし、逆に一度失われた阿羅漢性がふたたび戻るということだってありえるでしょう。説一切有部によると、阿羅漢から退失しても必ずその一生のうちにもう一度阿羅漢になって、涅槃に入ることができると言っています。

釈迦のお葬式は誰がやったのか

宮崎　釈迦の一生における四つの重大事（誕生、成道、初転法輪、入滅）の最後の入滅、すなわち涅槃（ニルヴァーナ）について見ていきましょう。

佐々木　注目すべきは、釈迦の死に方ですね。チュンダという在家信者からもらったスーカラマッダヴァという食物を食べて、食中毒になり衰弱して亡くなったと言われています。私はこの釈迦のごく普通の死に方がとても好きなのです。

宮崎　死に方ですか……。医学的、生理学的に推定すれば何らかの腸の疾患、または毒物中毒の可能性が高いですよね。そのスーカラマッダヴァというのは、豚肉なのか、あるいは米飯、キノコ、タケノコ、薬草といった何らかの食物なのか、はっきりとは分かっていません。腸間膜動脈

66　宮下晴輝「阿羅漢退失論（その二）」『印度學佛教學研究』第六二巻第二号、一九八三年、一一一－一一四頁。

閉鎖症ともいわれてきましたが、医学博士の吉次通泰《よしつぐみちやす》氏[67]は長部所収「大般涅槃経」を精査して、細菌性赤痢またはアメーバ赤痢と仮診断されています[68]。

いまでこそ赤痢感染は稀になりましたが、釈迦の時代は衛生状態が悪く、しかも雨安居の時期ですから高温多湿で、衛生環境は悪化していたはず。釈迦自身も老齢なので赤痢に罹った、という推定は説得的ですね。

しかし、例えばキリストの劇的な死に比べて、あまりに普通ですね。

佐々木　そうです、そこがいいんです。暑いインドでは食中毒なんて日常茶飯事。とても現実的でしょ。仏教が「普通の人によって作られた、普通の人のための教え」であるということをよく表していると思うんです。仏伝は必ずしも歴史的事実を語るものではなく、むしろ仏教とは何かを伝え広めるための創作譚だと思うのですが、その中で釈迦の死がこのような形で語られているということは、その作者が仏教の本質をきっちり認識していたということがわかります。仏伝というのは実によく練り上げられた優れた創作物なのです。

宮崎　メル・ギブソン[69]監督によるイエスの受難劇『パッション』（二〇〇四年）で描かれたような凄惨な鞭打ちもなければ、残酷な磔刑もない。もちろん三日後の復活もない。

佐々木　ブッダが復活などしたら大変です。もともと輪廻から離脱して二度と生まれ変わらないために修行してきたのですから、この後どこかに生まれ変わってしまったらすべてが台無しです（笑）。釈迦は生死輪廻を超えて、一切の煩悩が消え去った理想の状態、すなわち涅槃に入ったわけです。

宮崎　しかし「大般涅槃経」など初期経典のブッダ入滅記事を読んでいて、気になるところもあるんですよね。それはブッダが雨安居に入り、病に罹ったときに非常に苦しまれたという記述です。「恐ろしい病いが生じ、死ぬほどの激痛が起った。しかし尊師は、心に念じて、よく気をつけて、悩まされることなく、苦痛を堪え忍んだ[70]」とある。チュンダによって供された食事の後にも劇症がブッダを襲います。「激しい病いが起り、赤い血が迸り出る、死に至らんとする激しい苦痛が生じた。尊師は実に正しく念《おも》い、よく気をおちつけて、悩まされることなく、その苦痛を耐え忍んでいた[71]」とある。

佐々木　だからこそ素晴らしいのです。たとえブッダでも、病の苦痛、生理的痛みからは逃れることができないということを見事にあらわしています。

宮崎　入滅の地、クシナガラ（クシナーラー）への道中でもアーナンダやチュンダに疲労を訴え、「座りたい」「横になりたい」と休息を求めていますし、また激しい喉の渇きを覚えて「わたしは、

67　医学博士（一九四二―）。日赤医療センター内科部長などを歴任。
68　吉次通泰「ブッダの死因に関する一考察」『印度學佛教學研究』第五七巻第二号、二〇〇九年、二二七―二三〇頁、「パーリ文 Mahāparinibbānasuttanta における世尊の死因」『南アジア研究』第二一号、二〇〇九年、一三三―一五一頁。
69　米国の俳優・映画監督（一九五六―）。
70　中村元訳『ブッダ最後の旅―大パリニッバーナ経』岩波文庫、一九八〇年。
71　中村元訳『ブッダ最後の旅―大パリニッバーナ経』岩波文庫、一九八〇年。

のどが渇いている。わたしは飲みたいのだ」と水を要望しています。[72]

ブッダとなっても、痛みや疲労や渇きがかくもくっきりと生じ、それを周囲に表さずにはいられないのか、と私は戸惑うところがあります。教理上は、ざっくりいえば痛苦を感じるのはあくまで五蘊[73]であり、その無常性や無我性などを知り尽くし、色、即ち身体への執着から離れた覚者にもはや病苦というものはないはずです。けれども現に釈迦は肉体的な不快感や不全感を訴えている。これをどう解釈したらいいのか。

佐々木　釈迦は悟りをひらいてブッダとなり、生老病死からもたらされる心の中の苦しみからは完全に解放されているのですから、仏教という宗教が我々に与えてくれるのは、生理的苦痛の除去ではなく、あくまで心の苦しみの断滅であるということが明確にあらわされているわけです。したがって釈迦が病気の苦痛を周囲に対して表しているその姿が、きわめて重要な意味を持っているのです。

宮崎　この点に論及した研究はあまり見当たらないのですが、松尾宣昭《まつおのぶあき》氏[74]が、苦痛を「痛み」と「苦しみ」に概念的に分けて、死の病に冒された釈迦には「痛み」はあったが、「苦しみ」はなかったのではないかと推しています。

「わたしたち凡夫においては『痛い』と『苦しい』とは表裏一体で切り離せません。『苦しい』というのは『そこから逃れたい』という執着でしょう。仏陀にはこの執着が滅んでいるので、痛くはあっても苦しくはないと見るべきだと思います[75]」

文字通り、少し「苦しい」解釈かなとも思いますが、とりあえずの整合性はこの説で保てる。

疼きや痛みは身体的変化に対する単なる反応だけど、釈迦においては肉体への執着が滅しているので、その状態から「何とか逃れたい」という「苦」はない。同様に疼痛を味わわなければならないことへの怒りや「このまま疼痛がどんどん増していき、死んでしまうのではないか」などの不安もない。怒りも不安も執着心の表出形態であり、「苦」の因に他なりません。

松尾氏は、D・M・アームストロング[76]の『心の唯物論[77]』という「心の哲学」系の古典から「ある種の脳手術を施された患者」が「痛みは依然としてあるけど、もう苦しくない」と報告する事例を引いて傍証としています。しかしそれならば、何故、釈迦は激しい腹痛の際、逃れるがごとくに念正智に入る必要があったのか。何故、休息や水を欲されたのか。別の解くべき問題が出てくる気がします。

佐々木　そういった生理学とブッダのエピソードを無理に結びつけるタイプの推論には、さほど説得力が感じられません。病は生理的痛み、肉体的苦しみをもたらしますが、仏教にはそれを取り除く力はありません。仏教がいう安楽というのはそれとは別次元の話です。「自分は間違いなく老いさらばえていく存在である」「自分はいつか必ず病に冒される存在である」という宿命の

72　中村元訳『ブッダ最後の旅―大パリニッバーナ経』岩波文庫、一九八〇年。
73　五つの身心要素。一九四頁参照。
74　龍谷大学教授（一九六二―）。
75　松尾宣昭『仏教はなにを問題としているのか』永田文昌堂、二〇一五年。
76　オーストラリアの哲学者（一九二六―二〇一四）。
77　D・M・アームストロング、鈴木登訳『心の唯物論』勁草書房、一九九六年。

自覚を背負って生きなければならない。その閉塞感からの解放こそが仏教の安楽です。

宮崎　肉体的な痛苦、とりわけ病苦が仏教が主題化する苦のメインではないにしても、疼痛は個の実存感とも密接していますから、仏教にとってやはり深刻な課題でしょう。だからこそ「三苦」の筆頭に「苦苦」として挙げられています。これは苦（ドゥッカ）全体を見渡す際に再論しましょう（一八七頁参照）。

もう一つ気になるのがブッダの葬儀です。ずっと在家の人々によって執り行われたというのが通説でしたが、近年、出家も関与していたという説も力を増してきていますね。

佐々木　ああ、グレゴリー・ショペン[78]というアメリカの仏教学者が、釈迦の葬式に僧侶が関わっていたという説を唱えていますね[79]。サンスクリットの仏典を詳しく読むと、一部、文法的にそう読めるところがたしかにあります。しかし、果たしてそれだけで仏教と葬式を結びつける根拠としていいものか。私は針小棒大なんじゃないかって思いますけどね。

宮崎　インドや東南アジアの伝統教理では、出家者は葬式に主体的に関与してはならないとされています。経証（お経による裏付け）はやはりパーリ語の「大般涅槃経」で、アーナンダがブッダに「修行完成者（如来＝ブッダ）の遺体をどのように扱えばよいか」を尋ねたところ、「アーナンダよ。お前たちは修行完成者の遺骨の供養（崇拝）にかかずらうな。どうか、お前たちは、正しい目的のために努力せよ。正しい目的を実行せよ。正しい目的に向って怠らず、勤め、専念しておれ[80]」と戒めています。供養は在家に任せればよい、というわけです。

先に挙げられたショペンの理解だと、この「かかずらうな」「関わってはならない」とする禁止の命令は出家者全員を対象としたものではなく、アーナンダにだけ発されたということになる。[81]
　そういった推定も出てきたため、仏教は本来的にも僧侶が弔い儀式に関わることを否定していなかったという立場が脚光を浴びるようになった。『葬式仏教正当論』[82]で名を馳せた鈴木隆泰氏はその急先鋒ですね。

佐々木　これについては私にも独自の考えがあります。当時のインドでは、葬儀というのは生前その人と親交のあった人々が最後のお別れをするある種の感謝的儀礼であったと思われます。ですからショペンが言うように、釈迦の葬儀に仏弟子がかかわるということは、当然あっておかしくないことだと思います。しかし、それは釈迦とその弟子の間の関係で成り立つ葬儀なのであって、他人の葬儀に僧侶がかかわるという話とはまったく別次元のことです。ですから、たとえ仏弟子が釈迦の葬儀にかかわったとしても、だからと言って僧侶が人々の葬儀に積極的にかかわったということにはなりません。やはり出家者は葬式の主体として関与してはならないという考えは有効でしょう。そして重要なのは、葬儀やその後の遺骨崇拝といった行為は大きな世俗的果報

78　アメリカの仏教学者（一九四七－）。
79　グレゴリー・ショーペン／平岡聡訳「『大般涅槃経』における比丘と遺骨に関する儀礼」『大谷學報』第七六巻第一号、一九九六年、一－二〇頁。（ショーペンは現在においてはショペンと表記する）
80　中村元訳『ブッダ最後の旅—大パリニッバーナ経』岩波文庫、一九八〇年。
81　グレゴリー・ショーペン／平岡聡訳「『大般涅槃経』における比丘と遺骨に関する儀礼」『大谷學報』第七六巻第一号、一九九六年、一－二〇頁。
82　鈴木隆泰『葬式仏教正当論—仏典で実証する』興山舎、二〇一三年。

が伴うという点です。だからこそ釈迦は自分の葬儀やその後の遺骨崇拝を在家者に委ね、彼らに大きな果報が来るように計らった。ここには在家者に対する釈迦の思いやりが現れているのです。

諸仏とは何者なのか

宮崎　釈迦の生涯を振り返ってきたわけですが、ブッダは釈迦一人に限りません。過去にも未来にもブッダはいる。釈迦の前に少なくとも六人のブッダがいた、ということになっていますが……。

佐々木　過去七仏（毘婆尸《びばし》仏、尸棄《しき》仏、毘舎浮《びしゃぶ》仏、倶留孫《くるそん》仏、拘那含《くなごん》仏、迦葉《かしょう》仏、釈迦仏）。何十億年というインターバルをおいて、この世界に何度もブッダが現れたという話です。そしてこの先にも、何十億年かごとに未来仏が現れることになっていて、直近の未来仏が弥勒《みろく》如来。

宮崎　例えば釈迦如来と阿弥陀仏との存在性質の違いは何ですか？

佐々木　お釈迦さまは実在したけれど、阿弥陀さまは歴史的人物としてのブッダではない。阿弥陀は大乗仏教になってから創られた多くのブッダのうちの一人です。その他、阿閦《あしゅく》如来、薬師《やくし》如来、大日《だいにち》如来など日本人になじみの深いブッダは、みな大乗仏教で創作されたものです。大乗仏教では、「仏名経《ぶつみょうきょう》」といって、仏の名前だけを延々と並べているお経もあるぐらい、たくさんの如来がいます。

宮崎　仏と同義とされる「如来（タターガタ）」という称呼の来歴はどういったものだとお考えですか。両者をイコールで結んでいいのですか？

佐々木　はい。仏教ではブッダと如来は同じ人の別称です。ただ微妙なニュアンスの違いとして、如来という言葉の方が一般名称の意味合いが強く出ているようです。

宮崎　如来という語の原義はいまだに厳密には確定していませんよね。文字通りに取れば「そのようにして来た者」という意味です。でも、原語の区切りようによっては、「このように去る者」という意味にもなります。また文脈によって衆生と解するのが語釈として妥当な場合もある。「大智度論」第五十五巻に「仏名を以って名づけて、如来と為し、或いは衆生の名字を以って、名づけて如来と為す」[83]の一節がみえます。また、仏教とは異なる語義で、ジャイナ教など外教の文献にも出てきますね。

佐々木　仏教で言えば、如来＝ブッダであって、一つの世界に一人のブッダしか現れないという原則があります。つまり、一世界に同時に複数のブッダが現れることはないとされているんです。しかし大乗では、この世界の他にも無限にパラレルワールドが存在していて、それぞれの世界にそれぞれの形でブッダがいるはずだと考える。

宮崎　浄土系では「三世十方の諸仏の本師本仏」と言って、阿弥陀の方が釈迦よりも上位のブッダと解釈しています。

83　『大正新脩大蔵経』第二十五巻四五四頁中段二六行目（SAT大正新脩大蔵経テキストデータベース）。

佐々木　この阿弥陀というブッダには二つの特徴があって、寿命が無限に続いているということと、それから、その力を自分の世界を越えて他の世界にまで及ぼすことができるということ。だから一方では「無量寿《むりょうじゅ》（アミターユス）」と呼ばれ、一方では「無量光《むりょうこう》（アミターバ）」、つまり太陽の光のようにどこまでも届くと呼ばれている。

宮崎　無量寿が時間的な遍在性を示し、無量光が空間的な遍在性を示すといえますね。いつでも、どこにでも来てくださるから、釈迦仏の入滅後でも阿弥陀さまなら会える……。

佐々木　そうです。これは大乗仏教が現れる少し前のことだと思うのですが、われわれだって釈迦と同じようなブッダになれるのではないかという思いが、人々の心に生じてきました。そして、そのためには、「われわれ自身が直接ブッダに会って、そのブッダから『お前も必ずブッダになれる』と予言してもらうという手続きが必要だ」という考え方が生まれた。でもお釈迦さまはもう亡くなっているので、この世界ではブッダに会うことはできない。この絶望的状況を打開するため、阿弥陀というブッダが案出された。この世界とは別の、極楽という世界に阿弥陀がいるから、その阿弥陀になら会うことができる、という考え方です。

密教で信仰されている大日如来は、さらにバージョンアップして、そういったすべてのパラレル世界を統括する、あらゆるブッダの元締めとされています。特定の世界というよりも、全世界に遍満するかたちで存在しているブッダだから、理屈の上では、もうこれ以上すごいブッダはいない。

宮崎　そこまでいくと全宇宙、全現象領域を統括する主宰神と選ぶところがありません。存在性質は梵（ブラフマン）と同じ。

佐々木　そうですね。「梵我《ぼんが》一如《いちにょ》」という仏教が本来否定したはずの教説が、この大日如来の登場によって、また仏教に蘇ってきたわけです。これについては、次章で扱う「無我」という仏教の重要な概念とも深くかかわってくる話なので、後で触れることにしましょう。

宮崎　わかりました。では、仏については、とりあえずこれぐらいにしておきましょう。

第二章　法——釈迦の真意はどこにあるのか

仏教の基本OS

宮崎　さて、前章では仏伝に基づいて釈迦の足跡、事績を追いながら、様々な論題、トピックスに論及してきましたが、第二章はいよいよ本丸の釈迦の教え、仏教のオリジナルな教理を解説しつつ、深く考察してみましょう。

その前にかなり以前から気になっていた事柄なので、この際、伺いたいのですが。巷間、仏教と自然科学は親和性が高いなどといわれますね。世間がそう看做《みな》しているだけではなく、例えばダライ・ラマ十四世[1]なども欧米の科学者と対話して仏教の「心の科学」性をアピールしている。

1　チベット仏教ゲルク派の僧侶（一九三五−）。一九四〇年にダライ・ラマに即位。

ダライ・ラマはさらに踏み込んで、アインシュタインの相対性理論や思考実験と龍樹の三時《さんじ》門破《もんぱ》[2]の議論とを類比的に論じたりもしています。

また最近では瞑想の状態や悟りの境地を心理学や脳科学によって解明しようという試みが一部で出てきている。

佐々木　だから、意外に理科系の人が仏教にハマったりする。

宮崎　事実、大学では理学部や工学部で学んだ変わり種の仏教学者もいます。先に名前を挙げた鈴木隆泰氏がそうですね。東京大学工学部の精密機械工学科出身です。上田昇氏[3]は京都大学の理学部数学専攻。上田氏の仏教論理学に関する論文などは非常に緻密で、数学専攻らしさがよく表れています。岩波書店から「法華経」や「維摩経」の新訳を出した植木雅俊氏[4]は九州大学理学部物理学科卒業。

そして佐々木さんもそうですよね。最初京大工学部の工業化学科に学び、そして文学部の仏教学科に再入学された。

佐々木　私の場合は、たまたま偶然が重なって科学と仏教の両方をやることになりました。あとで振り返ってみて、はじめて両者の共通性に気づくことになったんです。

宮崎　あっ、そうなんですか？　確かに阿含・ニカーヤにみえる釈迦の説教はとてもプラグマティックだし、「倶舎論」の存在分析は佐々木さんの解説で明瞭に看て取れるように非常にシステマティックだし、科学的といってしまいそうになるのはわかるんです。理に合わない観念を排するし、経験に裏付けられない概念の一人歩きを厳しく戒める。しかし、それが直ちに近代以降の自然科学の方法論と類似しているか、といえば、やはりそこには疑問符がつく。

佐々木　そこがとても大切なポイントです。自然科学の場合は、観察に基づく仮説を設定、そして実験・証明といった人為的検証方法による仮説の承認、といった手順が繰り返されるところに特性がありますが、仏教にそういった方法は導入されていません。科学の場合は、新たな情報が登場することで常に仮説は変更されていくのですが、そういった科学的方法を用いない仏教においては必然的に仮説が更新されていくという現象は起こりません。そういう点で仏教と近代科学を同一視することなどできません。両者の唯一の共通性は、そのベースとなる世界観、すなわち原因と結果の因果則に基づく機械的世界の中にわれわれがたまたま存在しているという世界観です。

宮崎　例えば「合理性」という概念に組み込まれているロジック一つとっても、往年の碩学、北川秀則[5]が明らかにしたように、インドの論理学と西洋の論理学とでは同じ論理といっても違いがあります。[6]乱暴に同視すると無視できない齟齬《そご》が生じる。

佐々木　しかも仏教の場合は、倫理性が入ってきますからね。つまり、世界を動かす因果則の中

2　龍樹が『中論』で示した時間と運動を否定する論理。「まず、すでに去ったものは去らない。また未だ去らないものも去らない。さらに〈すでに去ったもの〉と〈去らないもの〉とを離れた〈現在去りつつあるもの〉も去らない」

3　目白大学教授（一九四九－）。

4　仏教研究家（一九五一－）。

5　名古屋大学教授（一九二一－一九七五）。

6　北川秀則『インド古典論理学の研究―陳那（Dignāga）の体系』鈴木学術財団、一九六五年／臨川書店、一九八五年。

に、善悪の観念を含む業の因果則が含まれているのです。その意味でも、やはり仏教と科学は全然違う。

宮崎　存在を分析したり、世界の構造や言語の機能を解明したりする場合でも、仏教の場合、煩悩を滅し、苦を超克するというはっきりとした目的意識に貫かれている。科学のように価値中立ではありません。仏教は現象の観察を通じて事象の因果性や相関性を認めますが、それらも自然科学における因果性や相関性とは異なる。

さて、その点を踏まえた上で、この章ではサンスクリット語でダルマ、パーリ語でダンマと呼ばれるものについて論じてあっていきましょう。

ダンマというと一応「法」という定訳がありますが、「法」といっても憲法や法律などの実定法のことではありません。コンテキストによって「法則」と解するのが妥当だったり、「真理」と取るのが適切だったり、あるいは「存在の構成要素」を指す場合もある。

ここでは「釈迦の説いた教法」ぐらいに捉えておきましょう。では、その教えの最も基本的な要素とは何か。

佐々木　それは「縁起」「一切皆苦」「諸法無我」「諸行無常」の四つだと思います。この四つの概念は相互に深く絡まり合いながら、仏教の教えの中心を形成しています。

宮崎　そうですね。この四つの項が相互に連関している。大乗仏教の、とくに中観派《ちゅうがんは》の立場からすると「空」や「無自性《むじしょう》」も加えたくなりますが、「空」は「縁起」と、「無自性」は「無我」との近縁的な概念ですから、あえて別項として立てる必要はないでしょう。

これらはいわば仏教の基本ソフト、ＯＳ（オペレーティング・システム）です。テーラワーダ仏教や大乗仏教、禅や浄土教、密教などとハードウェアが違っていても、このＯＳが揃って載っていれば一応仏教のかたちが整う。仏教を起動できる。さらにＯＳと連携した様々なアプリケーション・ソフトを使える。またアプリケーションを自分で開発もできる。

佐々木　基本ＯＳの上に乗っかっているアプリケーションは、宗派によっていろいろ異なるかも知れないけど、どんなに様変わりしても基本原理だけは変わらないということですね。逆に言えば、そこを崩してしまったら、どんなに仏教らしい体裁を整えている宗団でも、それは仏教とは呼べません。ただし私の立場から主張しておきたいのは、縁起＝空、無我＝無自性といった定則は基本ＯＳとは言えません。あくまで基本ＯＳの上に載った「中観派的アプリ」だと見るべきでしょう。

宮崎　仏教においては教派や宗派、学派によって四つの名称こそ同じでも内容がかなり異なっていたりすることがあります。そこがパソコンやスマートフォンのＯＳと違って難しい点で……。

1. 縁起

縁起とは何か

宮崎 例えば「縁起」です。中部経典の「大象跡喩経《だいぞうしゃくゆ》」に「縁起をみる者は法（ダルマ）をみる。法をみる者は縁起をみる」というあまりに名高い言葉がみえます。つまり縁起というのは、ダルマそのものといっても決して過言ではないほど、仏教にとって本質的です。然るに、じつは最も基本的な教えであるにも拘わらず、厳密にそれが何を意味するのかが定まっていない。縁起という語の内容について、原始仏教から大乗仏教を貫く長い論争史がある。おそらく「輪廻」と並んで、仏教思想における切所でしょう。逆にいえば、縁起の語義が確定できれば、その人の仏教観は自ずと定まる、といっていいでしょう。

佐々木 縁起をひと言で説明すれば、「この世界の物事はすべて原因と結果の関係で動いている」ということです。他の宗教のように、絶対的な神様がいて、不可思議なパワーで世界を動かしたり、人々に何かを強制したりするとは考えない。すべては、原因となる何かがあって、その影響を受けたがゆえの結果として現れているという、ある意味で、とても合理的で科学的な世界観です。ただし本来的にそれはわれわれ生き物に限定する縁起則だったと思われます。物質世界をどう理解するかという問題は、仏教が本質的に関知するところではなかったからです。しかし、いずれにせよこの世界を因果則に基づいて見ていくという点で、縁起的世界観は仏教の動かしがたい土台です。

宮崎　俗に「縁起が良い」とか「縁起が悪い」とかいうでしょう。まあ、この用法は吉凶の兆しみたいな意味で、俗解でしょうが、そもそも縁起に善し悪し、あるいは善悪などあり得るのでしょうか。

佐々木　良いも悪いもありません。縁起というのは、ある条件のもとでは、物事はこういう動き方をしますよ、というこの世の法則を示しているだけですから。われわれが苦を感じてしまうのもこの法則のせいなら、逆に、われわれが苦を消し去ることができるのもこの法則のおかげなのです。縁起自体に良し悪しがあるわけではありません。

宮崎　日本語だと「エンギ」と一口でいえてしまいますが、漢語では「因縁生起」。原語はもっと複雑です。サンスクリットでプラティーティヤ・サムトパーダ"pratītya-samutpāda"という複合語ですね。一般にプラティーティヤとサムトパーダの二要素に分解され、プラティーティヤは「依存して」あるいは「縁によって」、サムトパーダは「生起すること」あるいは「生起したもの」と解されています。もっともチベットの訳語では、二者のあいだに「結合関係」を意味する語が差し挟まれ、条件と生起の、あるいは原因と結果の結びつきが強調されているようです。

さて、仏教は、一切の事物を縁起的に生ずると捉えます。一定の条件によって生起し、その条件が解除されれば消滅する。その一定の条件もまた他の条件によって「在ら」しめられていて、もし他の条件が変滅すれば、それに従って変滅する。ですから、そこで認められるのは、存在というよりも仮構という語がふさわしい仮の存在性に過ぎない。自立し独存し永続するものは何もなく、また万物に変滅しない固有の本質などない。一言でいえば実体というものはない。私達の目に「在る」ようにみえているものも実体として「在る」のではない、ということです。

然るに「煩悩」に覆われた私達の目は、耳は、鼻は、舌は、触覚は、そして心はそのことを正しく把捉できない……。

佐々木 一口に煩悩と言っても、強欲とか傲慢とか嫉妬とか、いろいろなものがあるわけです。なかでも、釈迦が一番おおもととなる煩悩だと考えたのは「無明」です。無明とは智慧がないこと、つまり「愚か」ということです。それは単に知識がないとか学がないといった表層的な意味ではなく、物事を正しく合理的に見ようとする力が欠如している、本質的な暗愚を指しています。本質的な暗愚とは、すなわち縁起的世界を正しく見ることのできない愚かさです。

宮崎 無明は根本煩悩に他ならないが、それは取りも直さず根源的無智でもある。だが一体何について知らないのか。何の智慧が欠けているのかというと、世界が縁起的に生成と消滅を繰り返している、という事実を知らない、あるいは認めない無智です。一時も留まることなく生滅が繰り返されているが、人間は訓練を積まないとその変化の相を認識できないのです。

これはすぐ後に詳しく論じるとして、せっかく無明の話になりましたので、十二支縁起の解説をしましょう。

先に十二支縁起は、最古の仏伝「マハーヴァッガ」によれば釈迦が悟った内容とされている、と述べました。この記述については多くの疑念もあります。中村元も三枝充悳も十二支縁起＝悟りの内容とすることに強い違和感を表明しています。否定説の根拠としては、第一には、先に三枝の〝極言〟を引いて触れたのですが、それを証明する初期資料が非常に少ないことです。第二にサンスクリット「四衆経《ししゅ》」とチベット語訳「根本説一切有部律」では、釈迦は成道のしばらく後に十二支縁起を観じたとあるので、両者のあいだに本質的な関連性はない、とも推しています。[7]

佐々木　まあそれでも、大方の仏教徒はこれを真説として受け容れてきました。「倶舎論」にも「中論」にも十二支縁起は説かれています。それに、ここで使われている「四衆経」とチベット語訳「根本説一切有部律」は比較的後代に作られた資料であることがわかっていますので、それをもって釈迦が十二支縁起を悟ったというのを否定するのは無理があります。とはいえ、阿含・ニカーヤには、十二支縁起よりも原初的な縁起説も数多く現れているという事実を考えれば、「釈迦の悟りは十二支縁起ではなかった」という説に十分妥当性はあります。ともかくここでは、「仏教の伝統の中では、十二支縁起が釈迦の悟りの内容として承認された」という事実だけを踏まえて議論していきましょう。

宮崎　では十二支縁起とは何なのか。まず十二支の「支」はサンスクリットの「アンガ」の訳で、要素という意味です。ですから「十二の要素が連なった縁起」と釈していいでしょう。では十二の要素をみてみましょう。

7　中村元『ゴータマ・ブッダⅠ　原始仏教Ⅰ　決定版　中村元選集　第一一巻』春秋社、一九九二年。

最初に問題の「無明」があります。「無明」の次は「行《ぎょう》」、「行」の次は「識」。つまりこれは「無明」から「行」が生じ、「行」から「識」が生じる、という意味です。以下「識」→「名色《みょうしき》」→「六処《ろくしょ》」→「触《そく》」→「受」→「愛」→「取」→「有《う》」→「生《しょう》」→「老死《ろうし》」と各支分が連鎖してゆきます（七五頁参照）。

これは何を意味しているかというと、根源的な苦しみが発生してくる、そのメカニズム。生存苦の発生機序なのです。仏教においては生存苦を滅ぼすことこそが最大の目的であり、唯一の救済ですから、その生存苦が発生するメカニズムをつぶさに検証する必要がある。

佐々木　出家者たちはこの縁起の流れを見つめなおし、何とか最初のステップである無明を消し去ろうとするわけです。無明さえ消すことができれば、あとはドミノ倒し的に各段階が消えていき、最終的に老死の苦しみも消えてしまいます。

宮崎　それは「これがあるとき、それがある。これが生じれば、それが生じる。これがないとき、それがない。これが滅すれば、それが滅する」という小部「ウダーナ」にみえるセットフレーズ（定句）で表現されていますね。いわば十二支縁起の読解規則であって、例えばセットフレーズの中の「これ」に「無明」を代入し、「それ」に「行」を代入する。そうすると「無明があるとき、行がある。無明が生じれば、行が生じる。無明がないとき、行がない。無明が滅すれば、行が滅する」が得られます。

佐々木　その通り。他の各支分間についても同じですから「ドミノ倒し」が成り立つわけです。

「一方向」か「双方向」か

宮崎　そこで問題になるのが、十二支の縁起の流れが、「無明↓行↓識……」という一方向に定まったものなのか、それとも「無明↕行↕識……」という風に双方向的な流れもあり得るのか、という点です。

佐々木　それには両方の解釈があります。私が思うに、おそらく釈迦の時代には一方向性縁起、つまり一方向を不可逆的に進んでいく縁起を考えていたはずです。先ほど説明したように、最初の原因を断ち切れば、後はドミノ倒しのように結果が断ち切れていくという考え方なので、双方向では具合が悪い。もちろん釈迦の時代には十二支縁起という最終形にはなっていなかったと思いますが、とにかく一因一果的な考え方だったはず。宗教として、個人の苦しみをどう解消していくかという視点から縁起を考えれば、それで充分だったんでしょう。

ところが、後の時代になると、縁起の原理によって、この世界や宇宙がどのように成り立っているのか説明しようとする動きが出てきます。それを徹底的に突き詰めて考えたのが、宮崎さんの信奉する龍樹でしょう。

宮崎　宇井伯寿[8]が此縁性《しえんしょう》を「相依性《そうえしょう》」と訳したため、当初から双方向性が含意されていたかのよ

8　東京帝国大学教授（一八八二－一九六三）。

うな誤解が広まったのですが、いまみたように此縁性には「『Aが滅すれば、Bが滅する』ならば、『Bが滅すれば、Aが滅する』」という双方向の因果は規則化されていません。従ってあくまで一方向だったと一応いえる気がします。そうすると十二支縁起はまさに先後の確定した時間的遷移、因果の時間的連鎖を示すものであるかにみえます。

ところが佐々木さんがリスペクトしてやまぬ仏教学の泰斗、木村泰賢《たいけん》[9]は「十二縁起は必ずしも時間的順序を追うての考察ではないことは吾人の第二に注意すべきところである。むしろ大部分は同時的依存関係を示したものである」と断じています。[10]

佐々木　それは、宮下晴輝氏[11]が最近指摘したことですね。[12]重要な指摘だと思います。

宮崎　私もそれを知って、改めて木村の論文を読み直したのですが、確かにそうある。なぜ以前にこの箇所を軽く読み流してしまったか、というと、相依相関の縁起説を唱えた宇井伯寿を厳しく批判したのが木村だったので、その当人が十二支縁起の「同時的依存関係」を主張するはずはないという強い予断に囚われていたためです。

木村は十二支縁起全体について、「無明の根本意欲を基礎として、識、名色の認識関係から愛を生ずるに至る心理的経過を明らかにし、以って欲の創造的結果としての有に結び付けようとした考察法」であるから、「有」以前の支分はすべて同時決定的で、相互依存する可能性がある、と推しています。それからもう一点、注目すべきことに木村は、説一切有部などが採っている十二支縁起の解釈、三世両重《さんぜりょうじゅう》の因果説について「仏陀の立場からすれば、かかる解釈は、仏陀のとった極めて通俗的方面を捕えてのことであって、断じてその第一義的主張でないことは、飽くまでも忘れてはならぬ」と釘をさしています。三世両重の因果説とは、十二支縁起を、時間的連鎖性の中で輪廻していく有情[13]のあり方として解釈する説ですが、それを木村は、仏陀の教えではないと言っているのです。

佐々木　結局のところ、論争の当事者たちは皆、「同時的相互依存関係」の側に立っていたということになります。ただ、やはり資料を見る限り、それを支持する実証的根拠は見つかりません。当時の研究者たちが現代的視点の縛りから逃れることが出来なかったということを実感します。

宮崎　各支分のなかで、とりわけはっきりとした経証がみえるのは「識」支と「名色」支の相互依存で、相応部の因縁相応の二経、「城邑《じょうゆう》」と「蘆束《ろそく》」に明記されている。「蘆束」をみてみましょう。

釈迦は弟子の舎利弗に次のように説いていますね。「名色」と「識」の関係について、例えば、二つの蘆束（二つの蘆の束を互いに寄りかからせるようにして、立たせている状態）は一つを取り除くと、もう一方も倒れてしまう。別の一つを取り去ってもやはり倒れてしまう。二つの蘆束はそのように寄り合いながら立っている。「名色」と「識」の関係も蘆束と同じで、「名色があるから識

9　東京帝国大学教授（一八八一－一九三〇）。
10　『木村泰賢全集第三巻　原始仏教思想論』大法輪閣、一九六八年。
11　大谷大学教授（一九四九－）。
12　宮下晴輝「縁起説研究初期が残したもの」『佛教學セミナー』第一〇〇号、二〇一四年、三－二六頁。
13　人間や鳥獣など心・感情をもつ生きもの。衆生。

があり、識があるから名色がある」「名色が滅することによって識は滅する。識が滅することによって名色は滅する」。ここで釈迦は明らかに二つの項は相依的である、「識↕名色」であると教えている。

「城邑」では、十二支縁起の別形態と思われる十支縁起が成道の内容として語られるなかで、他の支分とは別扱いで「名色」と「識」の間にだけ相関相依が説かれています。

ここから、私は赤沼智善や舟橋一哉が示唆するように、原始仏教や初期仏教においても、二通りの縁起観が並行して存在していたのだと思います。ときとしてそれは重なり合ってみえることがあったので、誤解を生むこともありましたが……。

一つは文字通りの因果としての縁起。時間的に原因が先行し、後で結果が生じる。通時的縁起。もう一つは相依関係としての縁起。蘆束のように同時的にお互いを規定しあうことで成り立つ。共時的縁起。

先ほど龍樹の名を出されましたが、まさに舟橋一哉はアビダルマ仏教によって前者が切り捨てられたが、龍樹がこれを復活させたと論じています。[14]

龍樹の相対相依の縁起観は「空七十《くうしちじゅう》論」に端的に表れていますが、例えば「長い」という言葉は、「短い」という言葉がなければ成立しません。「短い」という概念も「長い」がなければ存立しない。「兄・姉」は、「弟・妹」がいなければ存在しません。逆も同じ。このことは、他にも「親／子」「暑い／寒い」「高い／低い」……など、ありとあらゆる二項について妥当します。さらに進んで、こうした構造は二項の関係に限られた話ではなく、言語によって分節化され、固定された、つまり分別されたすべての事物にも看て取れる。

佐々木　舟橋一哉は非常に優れたアビダルマ学者でしたが、その一方で釈迦の教えと大乗仏教を強引に接合し、大乗の正統性を主張するという姿勢の学者でもありました。識↕名色という考えがあったのは事実です。しかし、その関係が縁起説全体に成り立っているという証拠など、どこにもありません。むしろ、すべての支分の間に相互依存関係を設定する縁起説がないことこそが重要でしょう。こういった言説には存在する情報をニュートラルに解釈する姿勢が欠けているように思います。

宮崎　いや、ですから舟橋は二種の縁起の並存説を唱えているのです。私も別に、宇井や木村のように、十二支縁起をはじめとする有支縁起の関係までも相依的と解釈する立場は採りません。

　しかし、なぜ龍樹や月称《げっしょう》（チャンドラキールティ）[15]らが相依相関の縁起説を唱えるにいたったのかは考察する必要があります。例えば色彩は人間の眼根が捉え得る光、可視光を分別したに過ぎません。可視光は波長の長い、赤っぽいものから波長の短い、紫っぽいものまでの連続的なカラースペクトルを形成しています。その連続体を言葉によって仮に分節化したのが「真紅」だの「オレンジ色」だの「水色」だのといった、私達が日常生活で多用している色彩なわけです。「エ

14　舟橋一哉「『一切法因縁生の縁起』をめぐって」『佛教學セミナー』第三七号、一九八三年、一―一四頁。

15　インドの仏教学者（七世紀頃）。龍樹の「中論」の註釈書を著した。

メラルドグリーン」や「藍」などに本質や自性があるのではない。「犬／野犬／山犬／狼」などの分節も同断です。

言語は何かものの本質や自性《じしょう》を直示するようなものではなく、指示対象を他から区別して、あたかもそれが個物として客観的に識別でき、「独存している」かのようにみせかけるものです。従って言語とは、実のところ他との差異を消極的に表示するシステムに過ぎない。私達は、これがあたかもポジティヴな実体や本質や自性を指し示しているがごとくに錯視してしまう。

しかも言語によって分別された世界は閉じられた観念なので変滅しません。すべての言語は「言語についての言語」なのです[16]。

経証も挙げておきましょう。「スッタニパータ」の九百九偈です。

「見る人は名称と形態とを見る。また見てはそれらを（常住または安楽であると）認めるであろう。見たい人は、多かれ少かれ、それらを（そのように）見たらよいだろう。真理に達した人々は、それ（を見ること）によって清浄になるとは説かないからである[17]」

さらに「スッタニパータ」八百七十四偈。

「想いを想うことはなく、無い想いを想うのではなく、想わないのでもなく、想うことが無くなった者でもない。――このように為したならば、形体は無くなります。というのは、想いを原因として、多様な想いの名称があるからです[18]」

眼前の「机」と呼ばれるものは、まるで永遠に変わらぬ「机」としての本質を持っているかのように私達の前にある。確固たる存在として現前していると私達はほとんど無意識的に観念しています。しかしそれは、縁起という見方を知れば「現実」ではないことがわかる。言葉がもたらした観念であり、虚構である。唯識派の語彙を使えば「虚妄分別《こもうふんべつ》」なのです。「机」なる実体は存在しないし、それは実際には刻一刻と変滅し続けているからです。

重要なのは、私も、この私の自意識もまた言語表現による仮構の例外ではないということです。この論点は無我論に通じます。

釈迦と龍樹の縁起観の違い

佐々木　そうなると、すべての存在は相対的なものに過ぎないということになる。それはそれでいいでしょう。釈迦はそのように世界を見ていたはずです。この世のほとんどの言語存在が仮構だという思考は阿含・ニカーヤにも十分に現れています。しかし釈迦は、存在の基本要素の実在性まで否定したわけではない。つまり、言語表現されたすべてのものが仮構というわけではないというのが釈迦の世界観です。ところが龍樹は、縁起を構成する要素自体も実体がないと言います。実際、龍樹は「中論」において、縁起の基本要素を片っ端から「そんなものはない」と否定

16　柄谷行人「形式化の諸問題」『隠喩としての建築』講談社、一九八三年。
17　中村元訳『ブッダのことば―スッタニパータ』岩波文庫、一九八四年。
18　石飛道子『『スッタニパータ』と大乗への道』サンガ、二〇一六年。

していきます。しかし、これは私から見ると、釈迦の考えた世界観を根本からひっくり返してしまうように思えます。

宮崎　すべての存在が相対的だといっているのではなく、言語によって識別され、あたかも実在しているかにみえる世俗の諸事物が本当は相対的だといっているのです。チベットではこれを「単なる存在」と呼び慣わしているようです。

しかも龍樹はそうした認識を客観的な言語哲学や存在論として提示しているわけではありません。彼は相依的縁起を積極的に主張しているのではなく、言語や言説によって、つまり戯論《けろん》によって成立している世間を寂滅するために、あくまで消極的に、対手の立言に対する否定のかたちで主張している。破邪顕正《はじゃけんしょう》ですね。あくまで救済に必要な道筋として語っています。

つまり龍樹においては、言語こそが苦の淵源であり、無明を構成する重要な要素なのです。人が「ないものをある」と錯視しそれに執着する「増益《ぞうやく》」の過誤は、言語表現によってもたらされたのだと。そして、その過誤によって苦が生じる。苦を滅するには言語によって仮構された世界と自己とを滅ぼすしかない。

佐々木　龍樹がそのように主張したことは間違いありません。ただ、釈迦も同じようなことを主張したとは認められないということです。釈迦は言語によって表示される相対的世界の奥に存在要素は厳として実在すると言った。それらの要素が縁起の法則性によって作用しているのがこの世のありさまだと言ったのです。そこが龍樹とは根本的に違う。おそらく龍樹は自説を釈迦の縁起観と接続して正当化するために、縁起＝空性《くうしょう》という新定理を導入した。縁起という現象を顕わし出す一切の構成要素には本質がないという主張です。この定理一本で釈迦の世界観はがらりと転換し、新たな龍樹の世界観に変更されたのです。

宮崎　「中論」第十八章第五偈にはこうあります。あえて最新の桂紹《しょう》隆《りゅう》[19]訳を読んでみましょう。

「業《ごう》と煩悩とが消滅することにより解脱がある。
業と煩悩とは、概念的思惟より生じる。諸々の概念的思惟は、言語的多元性（戯論）より生じる。しかし、言語的多元性は空性において滅する」[20]

訳文中の「概念的思惟」は「ヴィカルパ」というサンスクリットで、従来は「分別」と訳される場合が多かった。桂訳では意義がより明確化されているといえましょう。この龍樹の説示は、阿含・ニカーヤの随所にみられる名色と識についての考察はもちろん、十二支縁起のプロセスにも矛盾しないと思うのです。

むしろ、因果的縁起観の方が無限遡及の過誤に陥り、仏教的救済から遠のく危険性を秘めているようにも思える。つまり因果関係の連鎖ならば、論理的には無限に遡及できるはずですよね。そこで、その過誤を回避するために始点を設定する。世界の開展が何らかの一撃によって始まったというような想定をするわけです。十二支縁起でいえば「無明」ということになるのでしょう。けれども継時的因果の連鎖ならば「無明」についても、その〝奥〟あるいは〝本〟をどうしても

19　広島大学教授（一九四四－）。
20　桂紹隆、五島清隆『龍樹『根本中頌』を読む』春秋社、二〇一六年。

考えざるを得ない。

佐々木　「いくら過去にさかのぼっても、最終的な出発点がないのはおかしい」というのは、あくまで「最初に出発点があるべき」と考えているキリスト者ゆえの批判のような気がします。仏教側からすれば、「縁起は無限に、そして重層的につながっているんです。それが仏教の世界観です」と答えれば、それでおしまいだと思うのですが……。

宮崎　例えば木村泰賢は積極的な「意欲」と捉え、宇井伯寿や和辻哲郎は消極的な「無知」と捉えた。「意欲」というと何かいいことのように聞こえますが、これは「生存欲」のことです。木村は、人が「無知」で盲目的になってしまう理由はまず「生存欲」に覆われているためだ、と考えた。対する和辻や宇井は世間の縁起的構造に関する「無知」こそが盲目的な「生存欲」を引き起こすと観じた。どちらも起点たる「無明」の意味を掘り下げることで、その根源をさらに遡上して探究しようとしているようにみえます。「無明」は苦の始原ではないのか……。

佐々木　それは一サイクルの出発点を示すだけであって、過去にまた同じサイクルが無限につながっていると考えるわけです。さらにそのサイクルが幾重にも重複して、複合的に作用している、その全体を「輪廻する有情」とみるのです。

宮崎　しかし「無明を滅すれば、行が滅す……」という逆観の「ドミノ倒し」を救済の方途とするからには、流転の始まり、即ち往観の終わりが必要となります。一サイクル限りでの解脱では解脱にならないからです。やはり「無明」が始点にして終点なのです。そして龍樹の徒としていわせてもらえば、「大智度論」第九十巻にあるように「若し無明の因縁を、更に其の本を求むれば則ち無窮にして、即ち辺見に堕し、涅槃の道を失せん。是の故に求むべからず。若し更に求めなば則ち戯論に堕せん。是れ仏法に非ず」[21]なのです。「生存欲」と「無知」は相互依存の関係にあり、どちらが根本原因かは確定できないし、その関係は無限循環となるので「無始無終」です。それ以上、時間的に遡ることはできない。そうすべきでもない。さらに〝本〟を求めれば戯論に堕し、涅槃への道を見失ってしまうから。だから「無明」を滅ぼせば、「有」「生」「老死」まで確実に滅ぼすことができるのだ、と私ならあっさり論争を打ち切りますが（笑）。

佐々木　どこに最初の一撃を加えれば苦しみの連鎖が止められるかという話と、その連鎖はどこに始まりがあるのかという話を混同すべきではないと思います。やはり十二支縁起は、無限の過去から無限の未来へと途切れることなく続くインドの世界観の上に設定されるべきものであろうと考えます。

たとえそれが龍樹の言語哲学から見れば不細工なものに見えたとしても、何より優先すべきは現存する資料が示す方向性です。もし釈迦が龍樹と同じ世界観を持っていたとするなら、そしてその釈迦の世界観の上に阿含・ニカーヤが成立しているとするなら、阿含・ニカーヤをそのまま体系化したアビダルマは、龍樹的な空思想で覆われているはずです。しかし、アビダルマの二本柱である説一切有部のアビダルマにも、南方テーラワーダのアビダルマにも、そのような要素はかけらも見当たらない。私はこの歴史的事実をもって、釈迦の思想と龍樹の言語哲学の無関係を

21　『大正新脩大蔵経』第二十五巻六九七頁上段五行目（SAT大正新脩大蔵経テキストデータベース）。

主張するのです。もちろん、この前提の上で龍樹の言語哲学を肯定的に理解しているということは言うまでもありません。

ここが私と宮崎さんの立場の根本的な相違点ですね。

アビダルマの縁起説

宮崎　縁起には、A→Bという通時的因果関係と、A↔Bという共時的相依関係とがあるという話をしてきましたが、もうひとつ、Aという原因から、B、C、D……という多数の結果が生じるというかたちの縁起もありますね。

佐々木　「六因五《ろくいんご》果《か》四《し》縁《えん》説」ね。説一切有部の「アビダルマ・コーシャ」、いわゆる「倶舎論」に出てくる、とてもややこしい話（笑）。

宮崎　昔から「唯識三年、倶舎八年」といわれてますからね。しかし佐々木さんは『仏教は宇宙をどう見たか』[22]という、たぶん世界で一番わかりやすい「倶舎論」の解説をものしていらっしゃるので、ここでも是非、世界一わかりやすい説明をお願いします（笑）。

佐々木　あの本は十三年間も授業で「倶舎論」をやり続けて、ようやく書けた。八年なんか優に超えてますよ（笑）。本当にこんなややこしい話をやるの？

宮崎　お願いしますよ。私は「倶舎論」に昏《くら》いのですが、教理上、「四縁説」は非常に重要な意味があると思っています。龍樹が有部の教説として真っ先に否定するのもこれですから、有力な教えだったという証左でしょう。ところが、そこらの仏教の概説や入門書にはあまり説明が載っていない。

佐々木　たしかに「倶舎論」を読むと、当時の人が、世界で起こるさまざまな現象をどのような因果則で捉えようとしていたか、すごくよくわかる。ただし、私の考えでは、十二支縁起で扱っている縁起と、「倶舎論」で扱っている「六因五果四縁説」とでは、ちょっと次元が異なると思うんです。実際に、同じ「倶舎論」の中でも、この二つの教説が書かれている場所は、まったく違うところですから。

「倶舎論」が言う十二支縁起は、いわば一個人が生きていくあいだの状況の分析です。過去においてわれわれが何をしたので、いま現在のわれわれがこのような形にある、ということを、十二の段階に分けて考えるわけです。

宮崎　その理解から「三世両重説」のような、胎生学的十二支縁起解釈も導出されるわけですね。

佐々木　そうです。それに対して、「四縁説」の方は、全宇宙のすべての現象を網羅的に因果則で考えようとします。それを突き詰めていくと、「六因・五果・四縁」で宇宙のすべてが説明できるじゃないか、というわけです。

宮崎　因果関係によって全宇宙を説き明かそうとする。しかも実在論……。なんだが自然科学の方法に似ていますね。

22　佐々木閑『仏教は宇宙をどう見たか──アビダルマ仏教の科学的世界観』化学同人（DOJIN選書）、二〇一三年。

佐々木　だから「四縁説」と「十二支縁起」はやや系統が異なるわけですが、一方で同じ業の因果則が入っている以上、まったくの無関係というわけではありません。十二支縁起の二番目にくる「行」という支分は、すなわち業のことですから、そういう意味では、当然関係はあります。ただ、十二支縁起と四縁説はそれぞれ作られた目的や場所が異なるので、整合性のある一貫した体系としては接続できない。

宮崎　そもそも「四縁」の各要素については阿含・ニカーヤにその発生源を見ることができるようですが、六因はアビダルマに至って新たに設定された範疇です。これは四縁の解釈を展開して、六因に拡張したということなのですか？

佐々木　そうですね。ただ、四縁に何かを足して六因にしたわけではなく、心とその作用の発生過程を説明するために考案された四縁説を別の分類法で線を引き直したら六因になるという関係です。その場合、特に四縁の一つである「因縁」をさらに詳しく分析することで六因説が作られたと考えられています。果の方は、ニカーヤでもアビダルマでもずっと五果で一貫しています。

宮崎　六因のどれが四縁のどれと対応するかは、対応表が作られていますね（一五一頁参照）。

四縁説の縁起観とは

佐々木　要するに、この世界のすべての因果則を分類していくと、「六つの原因」と「五つの結果」と「四つの縁」に分けられるという意味です。「六種類の原因から、五種類の結果が生じる」

図6　六因五果四縁説

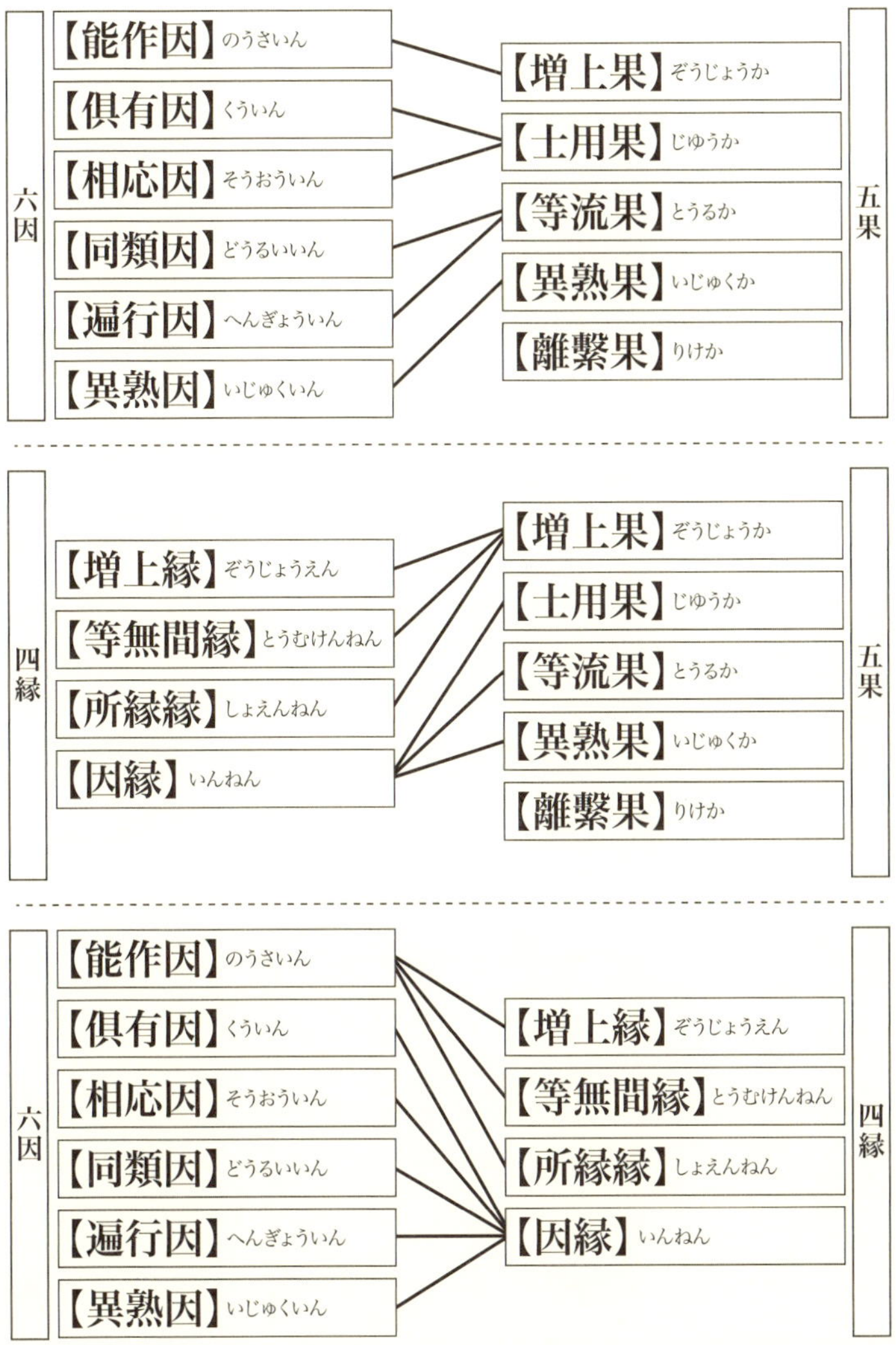
六因
【能作因】のうさいん
【倶有因】くういん
【相応因】そうおういん
【同類因】どうるいいん
【遍行因】へんぎょういん
【異熟因】いじゅくいん
五果
【増上果】ぞうじょうか
【士用果】じゆうか
【等流果】とうるか
【異熟果】いじゅくか
【離繋果】りけか
四縁
【増上縁】ぞうじょうえん
【等無間縁】とうむけんねん
【所縁縁】しょえんねん
【因縁】いんねん
五果
【増上果】ぞうじょうか
【士用果】じゆうか
【等流果】とうるか
【異熟果】いじゅくか
【離繋果】りけか
六因
【能作因】のうさいん
【倶有因】くういん
【相応因】そうおういん
【同類因】どうるいいん
【遍行因】へんぎょういん
【異熟因】いじゅくいん
四縁
【増上縁】ぞうじょうえん
【等無間縁】とうむけんねん
【所縁縁】しょえんねん
【因縁】いんねん

のは良いとして、わかりにくいのが四種類の縁の方。すなわち、「因縁《いんねん》」「等無間縁《とうむけんねん》」「増上縁《ぞうじょうえん》」「所縁縁《しょえんねん》」。これらの因果則は、起源としては心の内部世界の動きを説明するために案出されたものですが、心的内部世界にも、外部の物質世界にも適用されるようになります。

宮崎　では、ここは仏教の縁起説をみる章ですから、四縁についてのみ詳説しましょう。

まず「因縁」はまあ文字通り因果の縁ですね。「等無間縁」というのはある刹那《せつな》の心が次の刹那の心を引き起こすことをいいます。こうして刹那に生滅を繰り返す断続であるにも拘わらず、間断なきがごとく相続されていく。

佐々木　刹那的に、時間的なインターバルを置かずに、ざっーと全部つながっていくイメージ。ある現象が直後の現象を引き出し、それがまた次の現象を引き出していくという関係です。

宮崎　そして「増上縁」は、先ほど触れた宇宙全体の存在論に踏み込んでいく。ある現象や行為は、全世界、全宇宙のあらゆる縁が間接的に関わって成り立つというのです。

佐々木　先日、イギリスに行ったときにこの増上縁の話をしたら、一般の聴衆がえらく興味を示してくれました。要するに、これは現代の環境問題の話にもつながるんじゃないかと。われわれ一人ひとりが何か積極的に行動を起こせば、それが外の世界にさまざまな影響を与えることができるんだと言うわけです。

宮崎　まあ「すべての事象が世界の万象と関わってる」という風な捉えも許容する壮大な縁起説ですね。後代の、大乗の華厳の宇宙観にも通じる要素がすでにアビダルマの教説にみえるということですから。ただ、ここではもはや一因一果の、直接的因果関係を完全に超えてしまっている。

「所縁縁」の所縁というのは、私達の六つの知覚器官、認識装置の対象となるものごとを指しています。六つの知覚器官というのは眼、耳、鼻、舌、身（＝触覚器官）、意（＝心）でしたね。これらの器官によって、様々な対象と接触することにより、心中にいろいろな知覚、認識が生じる。そのような縁起を所縁縁というわけです。ざっくりいうと知覚や認識の対象が知覚や認識の働きを触発する、そういう関係を指します。

佐々木　これは十二支縁起でいうところの「触」に近い。触というのは目や耳などの認識器官が、外界のいろ・かたちや音といった認識対象と接触し、それが私たちの心に特定の認識を生み出す。すなわち、認識器官と、対象と、認識そのものの接触という意味です。

宮崎　これらの要素を全部まとめると、いわゆる多因多果的な四縁説が形成されるわけですね。このアビダルマの縁起説は、他の本にはあまり説明されていないので、読者の皆さんもぜひマークしておいて下さい。

佐々木　たしかに押さえておいて損はない。これは無我説のベースにもなる考え方ですからね。「私」がいるのに「無我」であるというのは、一体どういうことなんだ?……と考えたときに、この四縁説をベースに、「私」とは、さまざまな原因の集合体として刹那的に生滅を繰り返している現象に過ぎないという結論に行き着いたんじゃないかと思います。

宮崎　それは、分子生物学者の福岡伸一氏[23]が生命現象の基本システムとしている「動的平衡」に

23　青山学院大学教授（一九五九－）。

ちょっと近いかも知れない。

佐々木　私は以前からイメージとして「複雑系」を念頭に置いています。どこにも本体がないのに種々の構成要素が特定の関係性で結びつくと、全体としてあたかも何らかの一個体が実在するかのように現われてくる。しかし、それも時間の変化の中で結合条件が限界を超えて衰弱するとたちまちにして消え失せていく。そういう体系のことです。たとえば、たちのぼる線香の煙が一定時間は特定の綺麗な渦巻きを描きながら昇っていきますが、ある瞬間を境として雲散消滅していく。ああいう現象ですね。

釈迦は輪廻を認めていたのか

宮崎　縁起は仏教思想史においてしばしば大きな争点に浮上してきた概念ですが、それに深く関わる輪廻も論争的な教説であり続けてきました。少し脇道に逸れて、輪廻について論じておきましょう（一五五頁参照）。

佐々木さんは釈迦は当時のインド社会全体の通念である輪廻という世界観を受容れ、それを前提に教えを説いたとのお考えを示されていますが、他方で輪廻を「現代の私たちにそのまま認めろというのはムチャな話」で、またご自身も輪廻を信じていないと明言されています。[24]

24　佐々木閑、大栗博司『真理の探究―仏教と宇宙物理学の対話』幻冬舎新書、二〇一六年。

図7 **輪廻**

命あるものは、
この六（五）種類の領域の中で、
ぐるぐるといろいろなものに生まれ変わっていく。

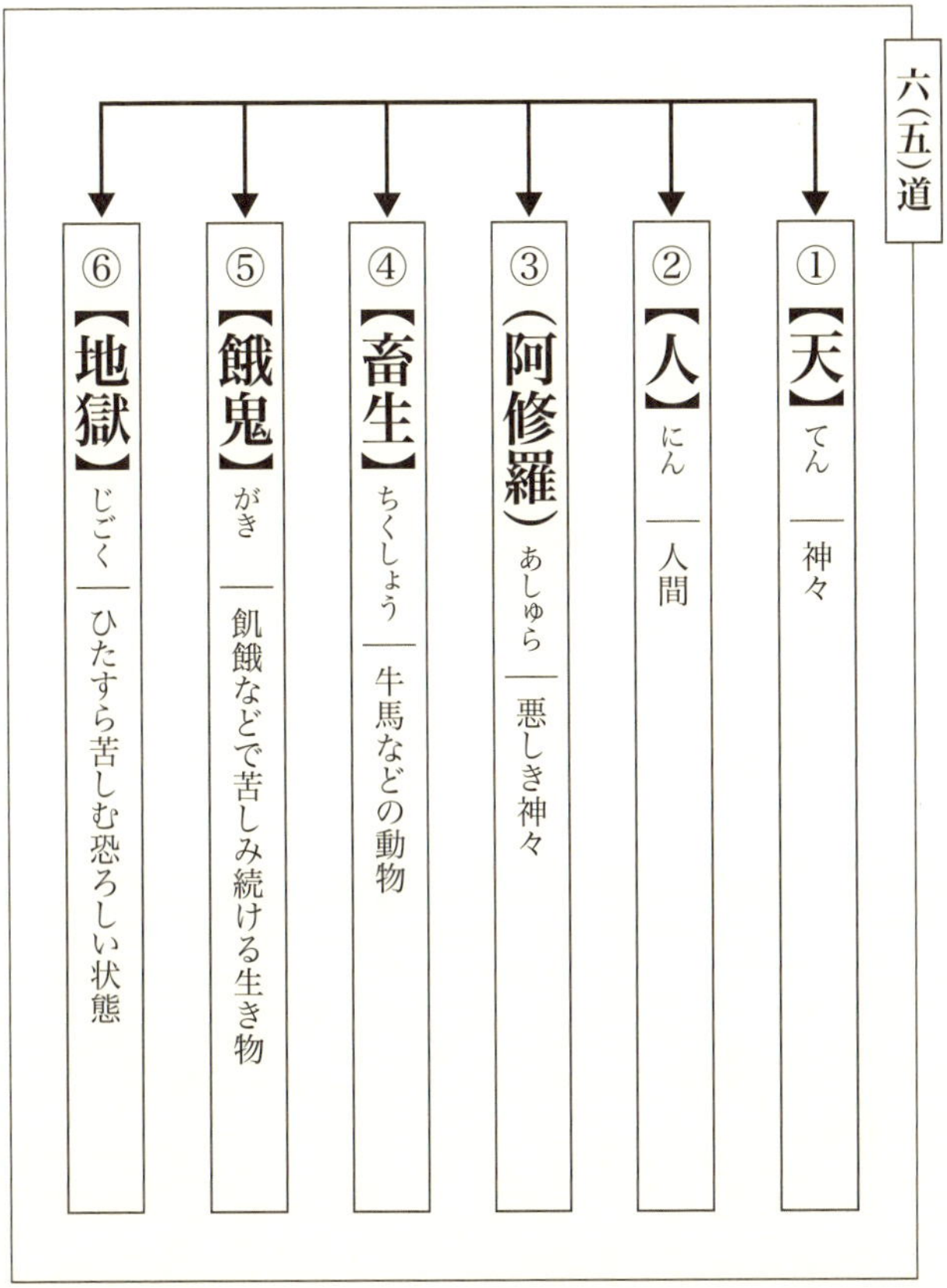

※本来は阿修羅を除く五道であったが、後に阿修羅が加わって六道となった。

佐々木　そうです。釈迦も輪廻については「好ましからざるものとしてではあるが、その存在を認めていた」というのが私の考えです。やはり、輪廻説を認めない限り、サンガという組織は成り立たないですからね。前に話した通り、一般の人に「来世は天に生まれ変わりますよ」と生天説を説いて布施を募るわけですから、輪廻は絶対に受け入れていたはずです。

ただ、釈迦は「来世はどこに生まれ変わるか」などという問題よりも、「目の前の苦とどう向き合い解消するか」という問題をメインに考えていたんだと思います。

宮崎　生天説は先に触れた次第説法に従って、在家信徒にはよく説かれました。しかし、出家修行者には生天を願うことをむしろ戒めた。それは、ニカーヤにみえる「五つの心の束縛」の一つに数えられています。中部第十六経「心荒野《しんこうや》経」にはこうあります。

「比丘達よ。比丘がいて、なんらかの神の衆を目指して梵行《ぼんぎょう》を修している。〔すなわち〕『わたしはこの戒によって、あるいは掟、あるいは苦行、あるいは梵行によって神となり、あるいは神の一員となるだろう』と。比丘達よ。およそその比丘が、『わたしはこの戒によって、あるいは掟、あるいは苦行、あるいは梵行によって神となり、あるいは神の一員となるだろう』と、なんらかの神の衆を目指して梵行を修しているとき、かれの心は熱心に勤め、専修し、常に精励する方向に向かわない。その者の心が熱心に勤め、専修し、常に精励する方向に向かわないとき、このようにかれには〔ある神を目指して戒、掟、苦行、梵行に励むという〕この第五の心の束縛が切断されていないのである」[25]

釈迦は、神になること即ち生天を目指す限り、いくら持戒し、修行しても無駄だ、と断言しているのですね。

佐々木　当然ですね。在家信徒に対する場合と、出家修行者に対する場合とでは、説く内容が異なっていた。すると問題になってくるのは、では釈迦は生天というのは嘘だ、そんなものは架空の作り話だと考えていたのか、あるいは生天というのはあるんだけど、仏教ではそれを重視しないと考えていたのか、ということです。もし前者なら釈迦は完全な二枚舌ということになってしまいます。

私はやはり後者、つまり釈迦も輪廻をある程度受け入れていたんだろうと思います。と言うよりも、人が生まれ変わりをぐるぐる繰り返すということは、古くはバラモン教の五火二道説[26]からずっと言われてきたことで、当時のインド社会ではもう絶対の大前提だったわけです。だから、釈迦もそこを出発点とした上で、あえてその輪廻からの脱出を目的とする方向で、仏教を構築したということなのでしょう。

宮崎　その点でいつも私が疑問に思うのは、比較言語学の知見に基づく中谷区分（四二頁参照）で最古層（Ⅰ層）とされている経典では、釈迦が死に言及している言葉は輪廻の苦よりも死自体を主題としたものが多いという点です。来世の苦ではなく、現世において痛感する死苦が強調さ

25　中村元監修『原始仏典　第四巻　中部経典Ⅰ』春秋社、二〇〇四年。

26　「五火」とは、死者は火葬されたのち、月に行き、そこから雨となって、植物に吸収されて、それを食べた男の精子となり、女との性交により胎児になるという輪廻思想。「二道」とは、再生のある道（祖霊の道）と再生のない道（神々の道）の二つの道があるという考え方。

れている。

例えば「スッタニパータ」の最古層（I層I部）第四章には「この世の人々が、諸々の生存に対する妄執にとらわれ、ふるえているのを、わたくしは見る。下劣な人々は、種々の生存に対する妄執を離れないで、死に直面して泣く」とあり、「ああ短いかな、人の生命よ。百歳に達せずして死す。たといそれよりも長く生きたとしても、また老衰のために死ぬ」とあり、「夢の中で会った人でも、目がさめたならば、もはやかれを見ることができない。それと同じく、愛した人でも死んでこの世を去ったならば、もはや再び見ることができない」とあり、「『何の誰それ』という名で呼ばれ、かつては見られ、また聞かれた人でも、死んでしまえば、ただ名が残って伝えられるだけである」とある。[27] これって古代インド人の輪廻への憂いというよりも、現代人が死に面して感じる不安や恐怖そのものですよね。

佐々木　インドの通念では輪廻自体はそもそも苦ではありません。あくまで苦というのは、その輪廻が老病死という現象を宿命的に含みこんでいるということなのです。しかし仏教は、その老病死の際限のない繰り返しが輪廻の本質だと考えることで、輪廻＝苦と見るようになった。ですから、輪廻は苦ではないと考える人にとって、仏教の教えは不必要で意味のないものと映るのです。梵天勧請の話で、「世の中には釈迦の教えを聞いても理解できない人がいる」という言葉は、それを意味しています。

宮崎　また「四門出遊」の挿話でも死苦を表しているのは単なる屍です。もし生老病死が輪廻の本質だとするなら、死苦を象徴するのは、死んで地獄に堕ち、獄卒に苛まれる咎人の有様や天で五衰《ごすい》を遂げていく神の姿だったはずです。しかし死の門の外にあったのは単なる骸だった……。

　中谷氏によれば、I層の経典（I部＝「スッタニパータ」第四章、II部＝「スッタニパータ」の序偈を除く第五章、同第一章「犀角経」）だけが、その成立時期をアショーカ王時代以前にまで遡ることができ、かつ、それら最古層の経には輪廻に関する語彙がみられないということです。しかも中谷氏の研究の最も注目すべき成果は、さらに第I層三百余詩の思想内容を分析し、そこに後代の、大乗仏教の思想の萌芽形態がすでにみられるという推定が可能であることを示した点です。「『空』であれ、『唯識』であれ、『仏性』であれ、あるいは密教さえも、その基本メカニズムはI層の中に記述されているように思われる」という。[28]

　それら仏典の記述、最新のニカーヤ研究などからわかってくるのは、釈迦の教えは、「輪廻がある」という当時のインド社会の常識を必ずしも否定するものではなかったが、問題意識の軸はそこにはなかった。鈴木隆泰氏の表現を借りれば、輪廻は仏教にとって本来的ではあったが、本質的ではなかった、ということではないのか。

佐々木　中谷氏の「『スッタニパータ』第I層に後代の大乗仏教の思想の萌芽形態がすでに見られる」という主張は、論文の調査報告内容とはまったく関係のない中谷氏の単なる感想として付加的に書かれています。根拠のない中谷氏自身の個人的願望の表出なので、議論の要素にはなり

27 中村元訳『ブッダのことば―スッタニパータ』岩波文庫、一九八四年。
28 中谷英明「ブッダの魂論」『論集・古典の世界像』二〇〇三年、三二一―五〇頁。

得ません。
しかし、その論文における「スッタニパータ」の分析結果は、大変有用です。すでに何度か触れた通り、結論を言えば、「スッタニパータ」の四章・五章が最も古く、アショーカ王よりも前に成立したというものです。それはそれで良いのですが、そこから先の論理に若干の問題がありま す。「スッタニパータ」各層の間に記述形式などの違いを見出し、それによって各層間の新古関係を見ていくのですが、記述内容の違いというのがそのまま資料の時間的変遷に対応しているという保証がない。時期的に同じであっても、異なる編纂方針で作成されたものが後に一体化されたという可能性が排除されていないのです。そういう意味では、きわめて緻密な論証ではあるが、いまだ最終結論に至るものではないと理解しておくべきものでしょう。たしかに「スッタニパータ」の四章・五章には輪廻の話、たとえば天とか地獄とか具体的な生まれ変わりの話は一切出てきません。ただ、過去があり、現在があり、未来があるという「三世」の考えは出てきますが……。

宮崎　ええ。輪廻という言葉は見当たりませんが「諸生存において流されゆく」とか、「再生」といった、三世を前提とした表現は出てきますね。「来世」も登場しますがすべて否定的文脈において、です。

佐々木　そう。ひょっとしたら、それが五道とか六道になる前の、原初的な輪廻思想を反映している可能性はあるかも知れない。「スッタニパータ」の四章・五章を編纂した人が、輪廻を信じていなかったなどという証拠はありません。三世に言及している以上、何らかのかたちで輪廻を承認していたと見るべきでしょう。当時、当たり前のこととして特に言及しなかった概念が、後に強調して語られるようになったと考える方が自然です。もしも「スッタニパータ」の四章・五章の成立時期（第Ⅰ層）には承認されていなかった輪廻の概念が、次の第Ⅱ層になって基本概念として、仏教的世界観のベースになったというなら、仏教の教義が劇的に転換したということですから、それを示す明確な証拠がなければなりません。しかし未だそういった証拠を提示した人は誰もいないのです。

輪廻業報思想と差別

宮崎　「ダンマパダ」になると、かなりはっきりと輪廻に重きを置いた内容になっていきますね。中谷区分でいう第Ⅱ層以降の変化の問題点は、単に善趣や悪趣、地獄や天などの輪廻世界における具体的境涯が描かれるようになるといった末事ではなく、背景をなす思想が根本的に変わってくることだと思いますね。

第Ⅰ層では善悪の行為の超越《ちょうおつ》が説かれていたのに、第Ⅱ層以降では悪行者は地獄などの悪趣へ、善行をなしたものは天界、人間界などの善趣へ赴くという業報的転生観がしばしば語られる。

中部第百二十九経「癡慧地経《ちえじ》」に至っては、食事の選り好みをし、諸々の悪事を働いた人間は、腐った魚のなかで誕生し、汚物に塗れて一生を過ごす生き物に転生する、などと説かれています。しかもこういう愚か者が再び人間に生まれ変わるのは至極困難であり、大海に投じられたくびきの穴に、たまたま海中から浮かび上がった盲目の亀が首を突っ込むほどに、確率的に難しいといいます。有名な「盲亀《もうき》浮《ふ》木《ぼく》」の喩えですね。

佐々木　ふしぎな喩え（笑）。ここには明らかに業に関する教えが世俗的な倫理観の説明根拠として用いられるようになっていくプロセスが窺えます。そうなっていった理由は不明ですが、やはり世俗の人たちとの関係が深まっていった何らかの傾向があったのでしょう。たとえば、信者が増えて信者たちに説法する機会も多くなり、その心情にフィットするような喩え話を創作しているうちにそれが経典として確定していくといった状況がうかがえます。

宮崎　問題はそれに続く言葉です。

「弟子たちよ、ひとたび悪い行き先に生まれ変わった愚か者が人になるということは困難であるとわたしは申し上げます。弟子たちよ、その盲目の亀がそのような穴の一つ開いたくびきに首を突っ込む事の方が、まだそれよりは速やかであることでしょう。それはどうしてでしょうか？弟子たちよ、悪い行き先には法《ダンマ》に適う行ないがなく、正しい行ないがなく、善を積むことがなく、徳を積むことがないのです。弟子たちよ、そこには足の引っ張り合いがあり、弱肉強食があるのです。

弟子たちよ、そのようにして、その愚か者が幾久しい年月の後に人という境涯にやって来ますが、そのときには、卑しい家――チャンダーラの家、猟師の家、竹籠作りの家、車作りの家、あるいは屠殺者《引用元ママ》の家――に生まれ変わります。そういった貧しく、飲食に事欠く、生活の苦しい家に生まれ変わりますが、そこでは衣食を得ることが難しいのです。それで、かれは容色悪く、容貌醜く、体軀貧弱で、病気がちです。目がつぶれていたり、手が曲がっていたり、足をひきずっていたり、半身不随であったりします。また、食物や飲み物や衣類や乗り物や、花環や香料や塗油や、寝具や家屋や灯明も手に入れることができないのです。かれは悪しき行ないをし、悪しきことばをしゃべり、悪しき考えを抱いてから、死んで肉体が滅んだ後、幸なきところ、悪い行き先、落ち行く先である、地獄に生まれます」[29]

釈迦は「スッタニパータ」第一章で「生れによってバラモンになるのでない。行いによってバラモンになるのである」と出自に基づく宿命観を否定し、現在の行いによって未来が決まるとしています。それ故、自らを行為論者（クリヤヴァーディン）と位置づけたわけですね。このことが「輪廻業報《りんねごうほう》思想は差別思想に他ならぬ」と決め付ける批判者の論難を躱《かわ》す根拠にもなっている。

佐々木　「他ならぬ」という言い方は要注意です。輪廻業報思想は、そのままイコール差別思想なのか、あるいは輪廻業報思想が差別思想の助けになるのか、その違いはよく考えなければならないと思います。私は釈迦が現代社会においても称賛されるほどの平等思想の持ち主だったとは思っていません。比丘僧団と比丘尼僧団の差別的な関係性などから見ても、当時ならば常識的なことでありながら、現代的基準で見れば大いなる差別になる。そういう面が釈迦にはあったと思います。そういう意味では「スッタニパータ」から中部経典へと次第に差別的表現が激化しているという現象は、釈迦本人の差別思想が中部経典ほどではなかったということを示していて、多

29　中村元監修『原始仏典　第七巻　中部経典Ⅳ』春秋社、二〇〇五年。

少安心する面はあります。

宮崎　先の中部経典の記述を読む限り、前世の自らの行いの果報として悪しき生まれ（悪趣）への転生がある、というのは差別を肯定する言い訳にしかみえません。

一度悪行を行った愚か者は、天文学的確率でしか人間には転生できず、仮に気の遠くなるような長い年月を経て人間に生まれ変われたとしても、極貧や被差別の境遇に生まれ落ち、結局悪行に手を染め、また地獄に堕ちるというのです。引用文には職業、心身障害、貧困に基づく差別意識が横溢していますが、中でも「チャンダーラ」というのは完全な被差別者集団を指します。一説によれば、チャンダーラはインドの非アーリア系の先住民を指すのではないか、とも推されています。もしその推定が正しいならば、紛う方なきレイシズム（人種差別）ですね。さらに引用箇所にはみえませんが、他の阿含・ニカーヤには性差別も顔を出します。

この差別のオンパレードが比較的新しいニカーヤに表れた輪廻観の実態です。最古層の教えにはまるで反する。さらにいえば「食事の選り好みをし、諸々の悪事を働いた」愚者がこんな酷い目にあう一方で、多数の人間を殺めた凶賊アングリマーラが悟りを開き、現世で阿羅漢果を得るという記事すら阿含・ニカーヤには出てきます。業報論にはまったく整合性が認められません。「パーリ語聖典に記されているブッダの言葉はすべて、吟味や判釈抜きで事実と受け止めるべし」という見解を語る人が多々見られますが、その帰着は単なる出鱈目にしかならない。それがいかに釈迦の思想を歪曲し、貶《おとし》めるものかがわかりますね。

佐々木　パーリ語聖典をすべて釈迦の言葉であるなどと主張することは無意味ですし、そんなことをすると釈迦自身をきわめて世俗的なつまらない人物に貶めることにもなりかねません。釈迦にもある程度の差別意識や世俗的な側面があったと考えていますが、阿含・ニカーヤに出てくるあらゆる価値観をすべて釈迦に背負わせるということは、学問的な立場からしてまったく不合理だと考えられます。私はそういう人を「テーラワーダ歴史原理主義者」と呼んでいます。パーリ語資料だけを唯一完全な情報源として、仏教の歴史をテーラワーダに都合よく語っていこうとする人たちです。結局その行き着く先は、釈迦を貶めることになるのですが。

宮崎　まあ前述の通り、言語分析によれば最古層とされる「スッタニパータ」にも、ジャイナ教聖典と共通の教えが書き込まれているようですが[30]。

佐々木　だから「スッタニパータ」は位置づけが難しいんです。釈迦の直説なのか、あるいは傍流的な思想が後から混入したのか……。

仏教に輪廻は必要なのか

佐々木　私は、カースト制度と仏教の輪廻・業思想は、直接的にはリンクしていないと考えています。カーストの存在根拠として、業が都合よく利用されてきたのだと思います。

30　例えば、渡辺研二「古注釈チュールニにおける聖典本文の読み—Āyāraṅga-sutta と Suttanipāta」『印度學佛教學研究』第六二巻第二号、二〇一四年、二六三－二六九頁。

宮崎　カーストはバラモン教、ヒンドゥー教の影響が大でしょう。他方、仏教の伝統的輪廻業報説を伝持するテーラワーダ仏教の信者が人口の七割を占めるスリランカでは、インドと同じようなカーストはありません。

けれども独自の階層差別は厳存しています。スリランカの最上位のカーストは「ゴイガマ」と呼ばれる農耕民出自の階級です。スリランカ・テーラワーダ仏教のシャム派ではゴイガマしか入信を認められません。ゴイガマのなかでも最上層は「ラダラ」と呼ばれ、シャム派の幹部はすべてラダラ出身者によって占められているそうです[31]。

さらに、異なるカースト出身者同士の結婚は忌み嫌われ、障害者に対する差別すら「前世の業」によって受容を余儀なくされるという[32]。

教理的には、こういった差別は最古層の仏教はもちろん、現在のテーラワーダ仏教によっても正当化できないようにみえるのですが、先の「癡慧地経」を読むとどうも……。

佐々木　ですから、阿含・ニカーヤといっても全部を聖典視して丸呑みするのは禁物で、やはり仏教学の知見を踏まえた歴史的新古の判別が必要なのです。

宮崎　古代インド社会には輪廻という世界観が深く浸透していたわけですから、生天も解脱もアクチュアルな意味を持ち得たわけですが、輪廻という観念がもともとない地域にあっては社会的な意義すら持ち得ません。また各自の実存問題としても根本的な矛盾が出てきます。

仏教では伝統的に、輪廻という現象は輪廻という形式に対応した個々の生存欲によって引き起こされるとされているからです。「大智度論」第三十巻に「善悪を分別するが故に六道有り」とあるように、善悪を分別するから六道輪廻がある。とするならば、輪廻思想に基づく善悪という観念を持たない人々のあいだには、少なくとも六道というかたちの輪廻は現象しないはずなのです。事実、日本には輪廻思想は定着しませんでした。

佐々木　その通りで、日本には厳密な意味での輪廻思想は定着しませんでした。ですから、多くの日本人は良いことをして天に生まれようとか、悪いことをすれば地獄に落ちるとかいう話を、比喩的な道徳訓としては受け容れていますが、心底信じているというわけではないでしょう。しかしその一方で、自分の境涯を業の報いだとか、親の因果とか、成仏できない祖先の祟りといった理屈で理解しようとする人が大勢いることも事実です。そういう意味では、仏教の輪廻思想も日本的に形を変えて定着していると見ることもできるでしょう。

宮崎　西洋哲学者の加藤尚武《ひさたけ》氏[33]の死に関する本を読んでいたら、仏教批判が展開されているページがあって「輪廻がもともと妄想だったとすれば、妄想から脱却しても、もとの正常人に戻るだけである」と書かれていました。[34]さらに昔も同じ事を考えた人がいたということで、熊沢蕃山[35]の『集義和書』の輪廻批判が引用されています。みてみましょう。

31　橘堂正弘「スリランカ仏教教団のカースト問題」『パーリ学仏教文化学』第八号、一九九五年、二七－四四頁、／遠藤敏一「スリランカの民族問題と仏教サンガ」同第一八号、二〇〇五年、一－三〇頁。
32　石井光太『物乞う仏陀』文春文庫、二〇〇八年。
33　京都大学教授（一九三七－）。
34　加藤尚武『死を迎える心構え』ＰＨＰ研究所、二〇一六年。
35　江戸時代の陽明学者（一六一九－一六九一）。

「古今異学の悟道者と申《もうす》は、上古の愚夫愚婦なり。上古の凡民《ぼんみん》には狂病《きょうびょう》なし。其《その》悟道者には此《この》病あり。先《まず》地獄・極楽とて、なき事をつくりたるにまよひ、又さとりとて、やうやう地獄・極楽のなきといふことをしりたるなり。無懐《ブクワイ》氏の民には本より此《この》まよひなし。是《これ》を以て、さとり得て、はじめてむかしのただ人《びと》になると申事《もうすこと》に候[36]」

現代語訳が加藤氏の本に載っているので、これも引用します。

「仏教の悟りを得た人は、大昔の凡人と同じである。大昔の凡人には、狂病（過激な妄想）がない。仏教の悟りを得た人には、この狂病（過激な妄想）がある。まず『地獄・極楽』というありもしないねつ造に迷って、また『さとりだ』と言って、やっと地獄・極楽は存在しないということを知る。純朴な古代の人にはこのような迷いがもともとない。というわけで、悟りを得てはじめて昔の凡人になるのである[37]」

文中で「大昔の凡人」「純朴な古代人」などといわれているのは日本の文化伝統に馴染んだ普通の人々のことでしょう。

では日本人は、仏教において苦の根源とされる生存欲や善悪、好悪などの分別から逃れられているかといえば、まったくそうではない。無明は、伝統仏教における輪廻とは異なる形式を取って、日本人においても生存苦を生じさせているのです。

佐々木　だからこそ、輪廻業報思想とは切り離した形での仏教が、いま必要とされているのです。さまざまな宗教の中で、いまの我々の生存苦を根本的に取り去ってくれる力を一番持っているのは、そういった形での仏教だと確信しています。

宮崎　従ってこの矛盾は、いまとなっては好機に転じる可能性を孕んでいるともいえます。仏教は、東アジア同様、輪廻の観念伝統を持たないキリスト教文化圏、とくに欧米でも少しずつ信者を獲得しつつあります。インド的、南アジア的文化伝統の重力圏を完全に離れたときこそ、阿含・ニカーヤ最古層などにみえる釈迦の思想の本義に立ち返る好機といえるのではないか。

　大乗仏教の禅が欧米を中心に受容されている理由もそこら辺りにあるのかもしれません。坐禅という心身技法を中心に据えていることも理由の一つだとは思いますが、輪廻の伝統教説からかなり離れている、というのも理由でしょう。

佐々木　たしかに、禅には輪廻に対する危機感は見られません。中国ではもはやインド的な身に迫る輪廻の感覚というものはなく、その中である種の仏教復興運動として生まれたのが禅なのでしょう。釈迦の仏教の輪廻という要素を薄めたところに中国独自の禅が出来上がる、と私は考えています。

宮崎　私は輪廻の教説を取り除く必要はないと考えています。むしろ「輪廻思想の可能性の中心」を抽出すべきかと。

　チベットで修行経験を持つ仏教学者にして倫理学者の吉村均氏[38]は「輪廻とは単に死後の生があるということではなく、ひとつの行為はそれで完結せずそれによって次の行為が引き起こされて

36　後藤陽一、友枝龍太郎校注『日本思想大系30　熊沢蕃山』岩波書店、一九七一年
37　加藤尚武『死を迎える心構え』ＰＨＰ研究所、二〇一六年。
38　中村元東方研究所専任研究員（一九六一－）。

いくという行為の連鎖のことである。そのため私たちの生もゼロからいきなり始まったわけではなく、また死んで突然ゼロになってしまうこともないと考える。欲しいものを手に入れよう、嫌なものをなくそうとすることは、いつまでたっても終わりが来ないのであり、そのような行為の連鎖から抜け出すべきことが説かれたのである」と述べています。[39]

佐々木　それは輪廻を教説から取り除いているのと等価だと思います。輪廻という言葉を残しながら別の概念に置き換えているわけですから、それは私の考えている現代仏教のあるべき姿と結果としては同じことになっていくでしょう。

宮崎　また鈴木隆泰氏は、『ここにしかない原典最新研究による本当の仏教 第二巻』で「仏教にとって輪廻の観念は決して『本質的』ではありません。ただし、インドに誕生した仏教にとって輪廻の観念は『本来的』ではあった」[40]としていて、私もそれでよいのではないかと思います。ただこの本は、例えば「スッタニパータ」の全章を最古層の仏典であるかのように扱っていて、どうもタイトルで「原典最新研究」と謳っているわりに、近年の先行研究に対する精査が行き届いていないなあ、という印象を拭えません。

そういう欠点はありますが、この書で説かれている「瞬間瞬間の輪廻転生」という輪廻の捉え方は伝統的であると同時に、未然の「可能性の中心」を開示し得る魅力的なものなので、引いておきましょう。

「サンスカーラは〈自分〉を形成する潜在的力・形成作用です。同一不変の〈自分〉が種々のサンスカーラを発動するのではなく、種々のサンスカーラによって形成される〈自分〉が、〈瞬間[41]

瞬間の輪廻転生〉を繰り返しながらせめぎ合っているのです[42]」

佐々木　それもまた輪廻という言葉の意味を刹那《せつな》滅《めつ》性[43]に置き換えることで、本来の輪廻を取り除いていることになります。輪廻というのは、本来、刹那滅とは無関係で、あくまで五道あるいは六道の世界を想定し、業の力によって、その中で転生を繰り返す。それが輪廻なのであって、それを他の概念に置き換えるなら、それはやはり仏教からの輪廻思想の除去ということになります。

宮崎　さてこれらの説を踏まえ、中観や唯識の教説を参照しつつ、私がとりあえず仮設するのは「言語表現の三世」です。先程、言語こそが仮構世界の縁起性を担保していると論述しましたが、輪廻もまた言語の「種子性」を軸として再解釈、再設定が可能だと思うのです。

　言語は、自己の構成に必須の要素であるにも拘わらず、当初より、生まれる前から他者たちが形成したものとしてすでにあった。赤を「赤」と呼び、手を「手」と呼び、雲を「雲」と呼ぶのは、私が決めたことではもちろんなく、生まれる前の世間、つまり前世においてすでに決定していたことです。この「私」にとって生誕とは、決して自分自身に由来しない余所余所《よそよそ》しい言語の世界、ラカン[44]風にいえば「他者たちの語らい」の直中に投げ込まれることを意味します。「私」

39　吉村均『神と仏の倫理思想』北樹出版、二〇〇九年。
40　鈴木隆泰『ここにしかない原典最新研究による本当の仏教　第二巻』興山舎、二〇一六年
41　「行」（行為を生み出す意志作用をはじめとするさまざまな心的作用）のこと。
42　鈴木隆泰『ここにしかない原典最新研究による本当の仏教　第二巻』興山舎、二〇一六年。
43　ものごとが刹那、すなわち数百分の一秒の単位で生滅し続けているとする仏教の教説。
44　ジャック・ラカン（一九〇一－一九八一）フランスの哲学者、精神科医、精神分析家。

が投げ込まれた世間が現世であり、言語は本源的な被拘束性、つまり業なのです。

佐々木　はい。釈迦が言うところの五蘊などのあらゆる構成要素も含めて、全世界がそのような構造であると言うのなら、それは中観的三世となるでしょう。この視点から見て、宮崎さんが中観的立場に立っておられることに関しては、まったく納得がいきます。

修行と縁起

宮崎　先ほど、仏教の救済構造は「縁起を見て、苦を消す」ことだと言いましたが、縁起と修行の関係についてもう少し掘り下げましょう。いったい修行者は、どうやって縁起を見るのか、説明して下さい。

佐々木　それは瞑想です。数学者が数式を見つめながらじーっと瞑想し、その中で新たな構造へと自己の精神を組み換えていく、それと同じように、修行者も精神を集中して縁起を見るわけです。

宮崎　縁起の実相は、普通の日常感覚だけでは見えてこない。われわれの日常感覚は、自動的に好ましいものを欲してしまったり、また、物事を言語の枠組みの中で非常に固定的にとらえてしまったりする。そこで、瞑想によってそのような思い込みを完全に解除して、縁起の実相を見るということですね。

佐々木　そう。瞑想というのは、五感からのインプットを自分の意思の力でシャットアウトして、心が好き勝手な方向に自動的に流れてしまうのを食い止めるという、非常に特殊な精神作用です。それによって、普段は錯覚でものを見ているわれわれが、その錯覚を超えた形で、世界のありのままを見ることできるという働きです。

宮崎　ちょっとだけ敷衍すると、普段われわれが五感で捉えているデータは粗雑なので、五感を研ぎ澄ますことによって、もっと繊細なデータを取り入れて、それを分析的に見るのが瞑想です。と言っても、知によって分析するのではなく、感覚によって分析する。

主にヴィパッサナー瞑想（観）とサマタ瞑想（止）に大別されて、前者は自分の感情や感覚、企図の動きを極限まで細分し、無常の相、縁起の相を如実に観じる。後者は、日常的な心の揺動を静めて、一点に向かって集中力を高めていく瞑想です。

私がとくに興味深いと思うのは、初期仏教の瞑想のなかに、言語におけるシニフィアンとシニフィエ、つまり言語表現と指示対象とを分離する観法があること。これは生まれて以来刷り込まれてきた言語体制を解体する心の訓練です。そうして得られた智慧を「名色分離智《みょうしきぶんりち》」と呼ぶ。この実践面での指導では、ミャンマー上座説部仏教のマハーシ・サヤドー長老[45]による手解《てほど》きが非常に有益と思われます。[46]

45　ヴィパッサナー瞑想の世界的権威（一九〇四－一九八二）。
46　マハーシ・サヤドー、ウ・ウィジャナンダー・サヤドー訳『ヴィパッサナー瞑想［上級編］ミャンマーの瞑想―解脱へのプロセスを歩む修行者のための実践教本』サンガ、二〇一七年。

佐々木　のちのアビダルマになると、われわれは普段から常に大きな意味での精神集中状態にあって、特別に「さあ、やるぞ」と意思の力で精神集中すると細かいデータを見ることができるという二段構えになっていきます。

宮崎　いずれにせよ、ここで注意しなくてはならないのは、瞑想は方便、あくまでも手段に過ぎないということです。瞑想を本質だと見誤ると、「すべての言語作用が死滅した境地で、空なる実体と同一化した」などという、中期大乗以降の神秘主義に流れてしまうわけです。

佐々木　それこそキリスト教の修道士の捧げる祈りのように、瞑想が何か絶対的なものと触れ合う時間に変質してしまう。「忘我の境地＝真実の世界」と勘違いするから、「瞑想＝悟り」になってしまうんです。前に話した通り、これは釈迦本来の仏教とは異なります。

僕はいつも「瞑想は道具」だと言っているんです。使い方次第で、善にもなるし悪にもなる。たとえば包丁みたいなもので、美味しい料理を作ることもできるけど、人を殺すこともできる。実際、昔のインド社会では、瞑想のエネルギーで本当に人を呪い殺すことが可能だと考えられていました。

宮崎　オウム真理教[47]は、実際にその「包丁」を振り回して、無辜《むこ》を大勢殺害しました。

佐々木　そうです。釈迦は、瞑想という包丁を使って、「縁起を正しく見て、苦を消して安楽を手に入れる」という素晴らしい料理を作った。そのときのレシピが仏教なんです。麻原彰晃[48]のように、勝手にレシピをグズグズに崩してしまうと、とんでもない料理が出来上がる。

無明とは何か

宮崎　ところで、「縁起を正しく見る」とは、実際には何を意味するんでしょうか？

佐々木　最終的には、自分の中にある強い生存本能を見つめることだろうと思います。生存本能はわれわれに大きな力をもたらしてくれますが、同時に、すべての煩悩のおおもとでもある。それに気付くことが重要なんだと思います。

宮崎　根本煩悩。生存本能こそが無明なんですね。

佐々木　はい。その無明を自然に衰弱させていくようなところに、仏教の瞑想修行の一番の目的があると思います。

宮崎　でも、生存本能を衰弱させろと言われても、ほとんどの人にとっては「なんでそんなことをしなきゃならないの」と意味不明でしょうね。梵天勧請で釈迦が「どうせ一般の人にはわからない」と抵抗したのも無理もない（笑）。

ただし、無明をそのような根本煩悩と解釈するかどうかについては、議論があるところですよね。それこそ和辻哲郎と木村泰賢の間で、日本仏教学史に残る大論争がありました。

47　仏教系の新興宗教団体。一九九五年の地下鉄サリン事件など、多くのテロ事件に関与した。
48　オウム真理教の教祖〔本名：松本智津夫〕（一九五五－）。

佐々木　そう。宇井伯寿とその弟子の和辻哲郎は「無明とは単なる無知のこと」と解釈したわけですが、それに対して木村泰賢は「無明とは根本煩悩のこと」だと主張した。

宮崎　この論争は未だに決着がついていません。私は先にも述べたように、宇井・和辻の無知と、木村の盲目的な根源的生存欲、つまり根本煩悩というのは、相互依存するものと考えています。ただ彼らの論考を精査すると、現在理解されている争論の構造というのは、やや的を外しているのです。

例えば輪廻に関していえば、前に木村の三世両重説についての見解をみましたが、強く批判的でしたよね。和辻は和辻で「無我と輪廻の両立」の矛盾は指摘しますが、世俗、つまり凡夫の経験世界に輪廻があることを必ずしも否定していない。

佐々木　最近の宮下晴輝氏の論文[49]を見ても分かるように、この大論争の真の姿はまだ明らかにされていないように思います。それぞれの論者の立場と主張を、一次資料に基いてもう一度始めから見直していく作業が必要です。

善因善果か善因楽果か

宮崎　縁起について、一般的に「善因善果、悪因悪果」とか、「善因楽果、悪因苦果」とか言いますよね。これはどちらが正しいと思いますか？

佐々木　善果か、楽果か。この二つは、一見同じような意味に思えるかも知れないけど、じつは大きな違いがあります。

宮崎　そうですね。原典の語義とか、通説とかはひとまず措いて、私の持論をいえば、これは善因善果、悪因悪果でなければならない（笑）。もし仏教の倫理学なるものを構成することが可能なら、という仮定の上での話ですが。

佐々木　なるほど、あえてアビダルマとは反対のことをおっしゃるわけですね。アビダルマでは善因楽果と言って、たとえば人を助けるとか何か善いことをすると、自分にとって好ましい結果が生まれるというふうに考えます。一方、善因善果だと、善の結果がまた同じような善になるから、またその次の結果も善になる……とずーっと止まらずに善が連鎖していくことになってしまいます。

宮崎　逆に「悪因悪果」だとずっと悪の連鎖が続く。先の中部の「癡慧地経」ではありませんが、悪趣から悪趣へと経巡るばかりで抜け出せないことになってしまう。

佐々木　「善／悪」という言葉は、もともとサンスクリット語では「クシャラ／アクシャラ」と言って、倫理的な善し悪しを意味しています。それに対して、「楽／苦」というのは、「スッカ／ドゥッカ」と言って、こちらは、自分にとって好ましいものかどうか、という意味です。

宮崎　六道輪廻をみても、善行の結果として赴くのは善趣（スガティ）、つまり天の神や人のような好ましい境涯であり、悪行の結果として赴くのは地獄や餓鬼のような苦痛に満ちた悪趣（ドゥ

49　宮下晴輝「縁起説研究初期が残したもの」『佛教學セミナー』第一〇〇号、二〇一四年、三–二六頁。

ルガティ）ですから、「スッカ／ドゥッカ」の方が正しいのですが、あえてここに仏教における善悪問題を再検討したいのです。そもそも仏教には、カント[50]のいうような定言的、絶対的な善悪の観念は存在しません。むしろ、そのような善に対する執着や悪に対する執着は相対化し、最終的に破却しなければならない。

　では、なぜ行為規定として善行や悪行があるのか。仏教でいう善悪は、たとえ世俗においても行為と悟りとのあいだの距離によって計られる相対的な評価基準であろうと思われます。つまり距離が近ければ近いほど善と認められ、径庭が大きければ大きいほど悪と看做される。

　例えば在家向けの五戒に不飲酒戒《ふおんじゅかい》がありますが、なぜ酒を飲んではならないのか。社会的、倫理的にいけないからではなく、大酒を飲み、酩酊すれば、それだけ「悟りから遠ざかる」からです。

　他の不殺生、不偸盗《ちゅうとう》、不邪淫、不妄語も同じ。そこに世俗的倫理規範の意味はなく、あくまでもそれらが貪《とん》（貪り）、瞋《じん》（怒り）・癡《ち》（愚かしさ）の三毒煩悩を抑えることができなかったすえの行いであるから。その結果としてますます悟りへの道から離れてしまう。逆に、貪・瞋・癡を抑え、己を律していれば、「悟りに近づく」という善果が得られる。

佐々木　すごく面白い。これは、おそらくこの本の中でも、もっとも面白いところの一つでしょう。つまり、仏教でいう善い悪いとは何か、という話なんです。仏教の善には、「高次元の善」と「低次元の善」という、まったく意味が異なる二種類のものがある。で、「高次元の善」とは、悟るために役に立つ行為のことを指すわけです。

しかし、悟りというのはあくまで業の因果関係から抜け出すことを目的としていますから、原理的にこの「高次元の善」は、業の因果関係の中には含むことができなくなる。その高次元の善を行なったら、その結果は涅槃であって、それは業の世界における楽ではなく、「高次元の楽」ということになる。

宮崎　善悪超越《ちょうおつ》ですね。

佐々木　それに対して「低次元の善（あるいは悪）」というのが世の中にあって、これは善いにしろ悪いにしろ、必ず業の結果を生みますから「善が楽を生み、悪が苦を生む」という因果関係になる。善が楽を生んだらいいじゃないかと思うかもしれないけれども、それは「輪廻が続く」ということを意味します。だから、仏教の立場から言えば、どちらだろうが二つとも悪だということになる。

そうすると、私たちが普通に言うところの「善因楽果、悪因苦果」という対句は、あくまでこの低次元の因果則の中で使われるもので、仏教の目指す悟りのレベルでは、何因何果というような定則に入れることはできなくなってくるというわけですね。

宮崎　非常にクリアな説明ですが、しかし、その理路一本だと「低次元の善悪」の設定の根拠がどこにあるのか、わからなくなってしまいます。しかも果としての「低次元の苦楽」も悟りへの

50　イマヌエル・カント（一七二四－一八〇四）。ドイツの哲学者。

階梯と無縁ではありません。例えば、六道説を参照しても天界の神々や天人は確かに悟ってはいませんが、六道において悟りに最も近接しています。結局、悟りとの距離以外に仏教は善悪の別を定めることはできないのではないでしょうか。

佐々木　低次元の善悪の設定根拠は、日常世界での楽をもたらす行為が善で、苦をもたらす行為が悪です。しかし、その「楽な境涯」の中には、悟りに向かう高次の善を可能にするような状況、たとえば人や天として生まれて仏教に出会う、といった状況も含まれるので、低次元の善は、一部が高次元の善へと続いています。ですから、仏教に無縁の人の視点から見れば善悪の設定根拠は、結果が楽か苦か、ということであり、一方、同じ現象世界を仏道の視点から見れば、悟りとの距離だ、ということになります。

アングリマーラはなぜ悟れたのか

宮崎　ここで、アングリマーラの話をしておきたいと思います。第一章で名前だけ出てきましたが、アングリマーラは人殺しで、九十九人とも九百九十九人とも言われていますが、とにかく大量殺人を犯した後に釈迦と出会い、弟子となった男です。

佐々木　殺した人の指（アングリ）を切り取って、鬘（マーラー、首飾り）にしたからアングリマーラ（指鬘《しまん》）と呼ばれた、とても恐ろしい大量殺人鬼。じつはその裏には、師匠の妻にちょっかいを出したという濡れ衣を着せられて、その罰として師匠から人を殺すよう命じられたという悲しい話があるんだけど、事情はともあれ、彼がたくさんの人を殺めたのは間違いない。

宮崎　仏教の縁起の法則で考えれば、あれだけの業をつくってしまったら、もう何千回何万回生まれ変わっても悟れないような存在のはず。それなのに、アングリマーラはあっさりと悟ってしまうんです。これは仏教の業論を根本からひっくり返しかねない大問題です。

佐々木　そうです。百歩譲って悟りを得られるとしても、悟る前に、犯した罪に匹敵するだけの苦果を必ず受けなくてはならないはず。ところが、被害者の係累から石を投げられるぐらいの軽い苦しみしか受けずに、悟ってしまう。このアングリマーラは、初期仏教の喉に刺さった骨のような存在です。

宮崎　そこで、私はやっぱり仏教における善悪とは、世間（ローカ）においても、倫理的な善悪、社会的な善悪とは切り離されたものだという、先ほどの説を採りたいわけです。つまり、たとえ社会的、法的に許されない悪を犯しても、そのことをもって直ちに悟りの障害とはならないのではないかと。

佐々木　もし社会的な悪を犯したとしても、そこで業を生じさせていないなら、必ずしも悟りの邪魔にならないと考えるわけですね。

大乗仏教の業論になると、もっと話が進んでしまって、たとえ業が生じたとしても、「その業は変化するんだ」「消えることもあり得るんだ」となっていく。その例証として、アングリマーラの説話が利用される。

宮崎　アングリマーラに関してはいくつもの初期経典、大乗経典が主題としていますが、その

「正当化」の変遷をみると非常に興味深い。[51]

業報輪廻思想が確立途上にある時期の古層の経典、例えばアングリマーラが登場する経のなかで最も古い「テーラガーター」の記事は実にあっさりしています。それは、平岡聡氏によれば「『悪人アングリマーラは出家し、修行を積んで解脱すると、出家前の悪業の果報（苦果）を経験することなく死んだ』という程度のもの」でした。[52]ここには正当化の理屈がほとんど見当たりません。ところが、時代を経るに従ってアングリマーラの挿話を扱う経典の記事に「言い訳」が加増されてくる。濡れ衣を着せられて強要されただの、佐々木さんが仰《おっしゃ》られた、托鉢に出たら被害者の遺族から石を投げられただの、あるいは難産の妊婦を救っただのと。しかも、だんだん「言い訳」が大掛かりになっていくのです。おそらく仏教に業報輪廻思想がしっかり根を下ろしたため、経典の作り手としても論理の整合性を取らざるを得なくなったのでしょう。「喉に刺さった骨」を抜く必要性がはっきりと意識されるようになったのです。

例えばブッダゴーサの「ダンマパダ・アッタカター」に、アングリマーラが涅槃に入ったことに強い疑義を呈する比丘の姿がみられます（第百七十三偈に纏わる因縁話）。アングリマーラの話ほど業報思想と齟齬を来す顛末はなかったのです。

佐々木　私としては、このアングリマーラの話だけあまりに特異なので、この話を仏教の一般的主張にまで延長するのは難しいと思っています。

宮崎　大乗経典の「央掘魔羅経《おうくつまらきょう》」に至っては「アングリマーラの殺戮をはじめ、すべてが幻だった」というまさかの禁じ手が使われます（笑）。空思想と如来蔵思想を背景とする展開で、ここまでくるともはや「言い訳」の域を超えていますね。

「悟りワールド」と「輪廻ワールド」

宮崎　先ほど仏教における善悪を考えるとき、高次元と低次元に分けてみるという話が出ましたが、佐々木さんが書いたアビダルマの本[53]を読んでいると、じつは佐々木さんご自身がもともと世界を二階建てとして捉えているんだなということが、よくわかります。

そこで単純な二分法を仮定してみましょう。仏教における世俗、世間《ローカ》、凡夫の世界、無明に覆われた世界、和辻哲郎のいう「自然的立場」、善と悪の業に束縛される世界……こうしたものをひっくるめて「輪廻ワールド」と仮設します。他方で、真実義の世界、聖者の世界、業の相続から解き放たれた世界、無明が滅尽した世界……それらを総括して「悟りワールド」と仮設する。

通常の価値観でいう善悪というのは、超越的な神の意思やアプリオリな道徳的直感に根ざしています。しかし、仏教はそうした虚構をすべて排する。根拠を奪われた善悪の観念とは一体何な

51　稲荷日宣「經典の加増形態より見たる央掘摩羅經」『印度學佛教學研究』第七巻第二号、一九五九年、二二九－二三二頁。
52　平岡聡「アングリマーラの〈言い訳〉―不合理な現実の合理的理解」『佛教學セミナー』第八七号、二〇〇八年、一－二八頁。
53　佐々木閑『仏教は宇宙をどう見たか―アビダルマ仏教の科学的世界観』化学同人（DOJIN 選書）、二〇一三年。

のかというと、好悪や快苦や愛憎などと同様、単なる虚妄なる分別に過ぎないということに落着する。これが「輪廻ワールド」の構造です。快楽原則や功利原則だけが人々の行為に意味を与え、究極的には生存欲によって駆動される世界。釈迦のごとく目覚めたときはすべて消滅する夢幻の世界。

佐々木　その通りですね。

宮崎　ただ「夢から目覚めるためには、まず夢をみていなければならない」という逆説通り、釈迦も成道前は「輪廻ワールド」にあったわけです。そこで煩悩を抑え、無明を滅して「悟りワールド」に入った。仏教者とは、釈迦の成道の過程を思想や行為の規範とし、それに倣って自己を律していく者の謂であるとするならば、やはり仏教倫理における善悪とは、あくまで「悟りワールド」への距離に依拠していると解すべきかと。

佐々木　よくわかります。実際にアビダルマの中でも、その考え方は決して否定されているわけではありません。いわゆる世俗的な善を行うにしても、それを悟りへとつなげることはできるとされています。たとえば、もし私が「サンガにお布施をしておけば天に生まれ、その状態で悟りへの道に入ることができるだろう」と考えれば、その布施という世俗的な善は、最終的には悟りへとつながっていることになります。

だから、輪廻ワールドから出発して、悟りワールドを目指すということも可能です。アビダルマの階梯で言えば、凡夫というのはまだ全然悟りの世界に足を踏み入れてないんだけども、それでも加行《けぎょう》と呼ばれる準備段階を行うことによって、悟りワールドへジャンプする足がかりをつくることができる。

ただ気を付けなければならない問題は、この準備段階で「業」をつくってしまうとダメだということです。業というのは、心の中の「思《し》（チェータナー）」と呼ばれる特別な部分が強く反応し、針が極端に振れて生まれてしまうエネルギーです。世俗的な善を行うにしても、この「思」というものが反応しないようにしなければなりません。[54]

たとえばパーリ仏教でいいますと、「阿羅漢は世俗的な善い行いはしないんですか？」という質問に対して、「する」と言うんですよ。ただし、阿羅漢が善いことをするときには、凡夫とは違って、この「思」をカチッと止めた状態でするんです。業は一切生じない。

宮崎　「思」は重要だけど難しい概念。体得するのは大変です。思いというより意志に近い。まあ、あえて俗解すれば「地獄への道は善意で舗装されている」という箴言もあるように、善意に発した行為であっても、悪業を作り出さないとは限りませんからね。そもそも戦争だの、虐殺だの、テロだの、大いなる悪の多くが、正義や善の意志、あるいは道徳感情に突き動かされた結果であることを思えば、常識的にも腑に落ちるところですね。

佐々木　そういうこと。アビダルマも、業を生まない形で世俗的な善を行うことは、大いに勧めているんですけど、まあ、実際はなかなか難しい……。

54　アビダルマでは世界を七十五種類の法に分類し（七十五法）、「思」は「心所」の「大地」という部分に属する（一八六頁参照）。「七十五法」の詳しい説明は、佐々木閑『仏教は宇宙をどう見たか―アビダルマ仏教の科学的世界観』（化学同人（DOJIN選書）、二〇一三年）を参照。

図8 **七十五法**

無為法	虚空 択滅 非択滅		
有為法	色	眼・耳・鼻・舌・身、色・声・香・味・触、無表色	
	心（意・識）		
	心所	大地	受・想・思・触・欲・慧・念・作意・勝解・三摩地
		大善地	信・勤・捨・慚・愧・無貪・無瞋・不害・軽安・不放逸
		大煩悩地	無明・放逸・懈怠・不信・惛沈・掉挙
		大不善地	無慚・無愧
		小煩悩地	忿・覆・慳・嫉・悩・害・恨・諂・誑・憍
		不定地	悪作・睡眠・尋・伺・貪・瞋・慢・疑
	心不相応行	得・非得・衆同分・無想果・無想定・滅尽定・命根・生・住・異・滅・名身・句身・文身	

2. 苦

苦とは何か

宮崎 「一切皆苦」の苦はパーリ語でドゥッカといいますね。苦とは一般的には苦しみ、苦悩、痛苦、不快のことで、長いあいだ、私も概ね日常語の苦と重なる意味でこれを語ってきました。もちろんドゥッカは原語でも、楽、快さ、安楽を意味するスッカの対義語ですから苦しみでいいんですが、仏教で使われる意味とは齟齬があります。仏教のドゥッカは日本語の苦しみよりも意味が広くて、私達が通常苦悩、苦痛とは捉えないものをも内包します。

佐々木 たとえば仏伝の話を思い出していただければわかると思うんですが、釈迦は贅沢の限りを尽くした生活を送り、その時々で楽を感じることもあったはずですが、それでも本質的にはずーっと苦を感じていました。

宮崎 ワールポラ・ラーフラ[55]の『ブッダが説いたこと[56]』が岩波文庫に入りましたが、これはヨー

55 スリランカの学僧(一九〇七―一九九七)。
56 ワールポラ・ラーフラ、今枝由郎訳『ブッダが説いたこと』岩波文庫、二〇一六年。

ロッパで最も読まれた仏教概説書として知られています。ラーフラはこの書で、ドゥッカを中心に据えて仏教を説いています。ここでよくある誤解がきちんと解かれているので、まずそれを紹介しておきます。

「ブッダが、『人生には苦しみがある』と言うとき、彼はけっして人生における幸せを否定しているわけではない。逆にブッダは、俗人にとっても僧侶にとってもさまざまな精神的、物質的幸せがあることを認めている」「増支部経典の中には、家族生活の幸せや隠遁生活の幸せ、感覚的喜びによる幸せやその放棄による幸せ、執着による幸せや無執着による幸せといった、さまざまな肉体的、精神的幸せが列挙されている。しかしそれらはすべてドゥッカに含まれる」

あらゆる形態の幸せがすべてドゥッカである、というのです。となるとドゥッカに苦という訳語を当てるのは適切ではないということになる。さらにラーフラは進んで述べます。

「さらには、高度な瞑想によって得られる、普通の意味での苦しみの片鱗すらない、非常に純粋な精神的次元も、またまぎれもない幸せとされる次元も、心地よさあるいは不快さといった感覚を超越し、純粋に沈静した意識の次元も、すべてドゥッカに含まれる」

「中部経典の一つのスッタ〔経〕では、瞑想の精神的幸せを賞賛したあと、ブッダは、『それらは無常で、ドゥッカで、移ろうものである』と述べている。ここで注意しなければならないのは、ことさらドゥッカという用語が使われていることである。普通の意味での苦しみがあるからドゥッカなのではなく、『無常なるものはすべてドゥッカである』からドゥッカなのである」[57]

簡潔にいえば「楽・苦・不苦不楽」がすべてドゥッカである。ラーフラは経証として増支部や中部を挙げていますが、相応部六処篇の「受相応」の経にも「すべての感受が苦である」とありますね。直覚によっては把握し難く、やはり無常や縁起と密接に関わる抽象度の高い概念であることがわかります。アルボムッレ・スマナサーラ長老[58]も「生きていることの総体がドゥッカである」（取意）と述べています。

佐々木　まさに一切皆苦。すべては生老病死という「四苦」の上に成り立っている。一切皆苦の本質は、私たちが生命体であるというところにあります。「四苦」とは、つまり生命体であるがゆえに必然的に抱え込む苦であり、したがって「決してそこから逃れられない」ものであり、「誰にでも等しく襲いかかる」ものです。この「四苦」を上回る「楽」というものは、どこにもない。もし仮に生老病死の後に永遠の天国といった絶対的な楽の世界が待っているのなら、それによって生老病死は克服できます。それこそがまさにキリスト教やイスラム教のような一神教的世界観であり、阿弥陀信仰のような絶対的救済者の信仰なのですが、ブッダはそういう絶対的な楽はどこにもないと言った。生老病死を打ち負かす楽がこの世に存在しない以上、この世は一切皆苦に違いないのです。

宮崎　さっき触れた加藤尚武氏の仏教批判では「生には、つねに老・病・死という苦しみがある」という仏教の前提は明白な誤りであると難じられていました。「苦しみがあれば、必ず楽し

57　ワールポラ・ラーフラ、今枝由郎訳『ブッダが説いたこと』岩波文庫、二〇一六年。
58　スリランカ上座説部仏教長老、日本テーラワーダ仏教協会長老（一九四五－）。

みもあると言わなくてはならない」というのです。「生には、つねに喜びも苦しみもある。光だけでは何も見えない。光はつねに闇とともにある」「生のなかの闇（老・病・死）だけを切り抜いて、それを生の全体とすることは、言葉で切り分けたものを実在と見なす誤りである」という。[59]一読、ドゥッカの誤解ここに極まれりだなあ、と感じたので、苦を論ずるに当たり、のっけに断っておきました（笑）。

佐々木　もちろん、生きていれば楽もあるんです。ただ、楽は苦の相対的な表れに過ぎない。つまり、苦が少なければ楽、多ければ苦という、そういう相対的なものであって、ベースは必ず苦であると仏教は考えるわけです。

四苦八苦

宮崎　さて、そこをしっかり押さえて、とりあえず一般の入門書にも必ず説明されている「四苦八苦」からみていきましょう。

先に触れた通り「四苦」は「生老病死」。文字通り、生まれ生きること。老いること。病むこと。死ぬこと。かかる苦を解消することが仏教の最終的な課題だということは「四門出遊」のところで触れました。「老病死」が苦であることは直感的にわかりますが、「生」を最初に置くことで問題の深刻性が際立ちます。なお、この「生」を「生まれたこと」と解すると輪廻性が強調され、「生きること」とすると現世での実存苦の色が濃くなります。私はどちらの意味も含むと考えていますが。

佐々木　それ以外にも、「生」を新生児が母親の産道を通って来る時の苦しみだ、などといった解釈もあります。

宮崎　続いて「八苦」ですが、まずは「愛別離苦《あいべつりく》」。これは「愛したものと別れ離れる苦悩」と覚えるのがいいでしょう。キリスト教をはじめ他のほとんどの宗教や思想が「愛」を好ましいものと肯定し、尊び、果ては崇高なるものとして賞賛すらしますが、仏教では単なる煩悩。ドゥッカそのものです。ニカーヤでも「愛するものに会ってはならない」と繰り返し戒められています。なぜなら、どんなに愛を対象に注ごうとも、その対象は無常だから。やがては変質し、壊れる、あるいは過去に去ってしまうから。愛は永遠どころか、ほんの束の間の持続に過ぎない。だから「別れ、離れ」ざるを得ないのです。この愛の対象には自己も含むと私は解釈しています。ですから仏教者は自己を愛してはならないのです。

佐々木　愛別離苦の「愛」をどの程度のものと想定するかによって、この言葉の深みも変わってきます。日常的な意味で自分の欲しいもの、愛するものと考えても構いません。その場合は、たとえば愛する家族との別れとか、財の消滅といった現象がそれにあたります。しかし、この愛を根源的な自己への愛と解釈するなら、実際にはありもしない自己という存在が、老や病や死によって蝕まれていく苦しみを表しますから、結局は四苦に還元されることになります。こういう意

59　加藤尚武『死を迎える心構え』PHP研究所、二〇一六年。

味では、やはり苦の本質は四苦にあると見るべきでしょう。

宮崎　次は「怨憎会苦《おんぞうえく》」。これが「愛別離苦」と逆で「怨み憎むものと出会う苦悩」と覚えます。まあ文字通りですね。注意しなければならないのは、激しい怨みや憎しみがその主体である人に快さを与えるという点。激しい憎悪や憤怒に駆り立てられているとき、人はむしろ生の充実を実感します。盲目的な激情によって心身が満たされる。そして、そうした状況に生きる意味を見出したりもする。だから小説や映画のように、復讐に全人生を賭けることだってできるのです。けれどもそれは錯誤、錯乱でしかない。やはりニカーヤには「憎むものに会ってはならない」と戒められている。

佐々木　怨憎会苦の根源も、誤った自我の想定です。不変の自我を想定し、その存在に背反する現象を不快に感じ、憎悪する。それが怨憎会苦の本質でしょう。

宮崎　三つ目は「求不得苦《ぐふとくく》」。「求めても得ることができない苦悩」と覚える。これも文字通りですねえ。収入にまったく見合わない高級車を欲しがるとか、若返りの妙薬を求めるとか……。これについては面白い経験があります。私の知人に若いＩＴ長者がいるんです。まだ二十代半ばでおそらく百億近い資産を手にして、さらに利殖で財を増やしていった。こいつによれば「何だかんだいって、金で手に入らないものはない」のだそうです。

佐々木　それはそれで少しも構わないと思います。それが苦の原因にならないのであるならば、その方は仏教とは縁のないところで安楽に生きてくことのできる幸運な人だということになります。それにしても、ＩＴ長者ってすごいんですね。

宮崎　まあ、若気の至りとご寛恕ください（笑）。で、欲するすべてのものを入手した彼が己の人生に満足できているかといえば、少しもそうじゃない。彼曰く「欲しいものがなくなるってこんなに辛いことかと……。僕がいま一番欲しいのは『欲しいもの』なんです。心の底から『欲しい！』と熱望できるもの……」。

私は「若気の至りにも一分の理あり」と思いました。すでに持っているものを欲することはできません。ところがすべてを得て、欲しいものがなくなっても欲望自体は決して尽きない、ということです。「求不得苦」の最も純粋な形態……。

佐々木　その方がそういった苦しみを経験されたことは素晴らしいことだと思います。仏教を真面目に捉える最大の契機は、「苦の実感」です。苦しみを体験して、はじめてそこからの脱出を本気で願うようになる。そういう意味では、二十代で百億円手に入れたことは幸運ですが、それを苦しみと感じるような資質をもって生きておられることは、その何層倍もの幸運ですね。

宮崎　なるほど、確かにそうですね。さて最後の「五蘊盛苦《ごうんじょうく》」ですが、これは先の三つとは異なり直感的に把握するのが難しいドゥッカですね。

佐々木　はい。「五蘊」というのは、われわれ生き物をつくっている五つの基本的な要素のことです。すなわち、「色《しき》」「受《じゅ》」「想《そう》」「行《ぎょう》」「識《しき》」です。最初の色というのは肉体のことで、後の四つはすべて心的な要素です（一九四頁参照）。この五蘊で出来ているわれわれが、縁起の世界で生きていくということ、つまり要素の集合体にすぎない私たちが「確固とした自我を持つ存在だ」と錯覚しながら生きていく、それが苦しみだと考える。

図9 「五蘊」「十二処」「十八界」

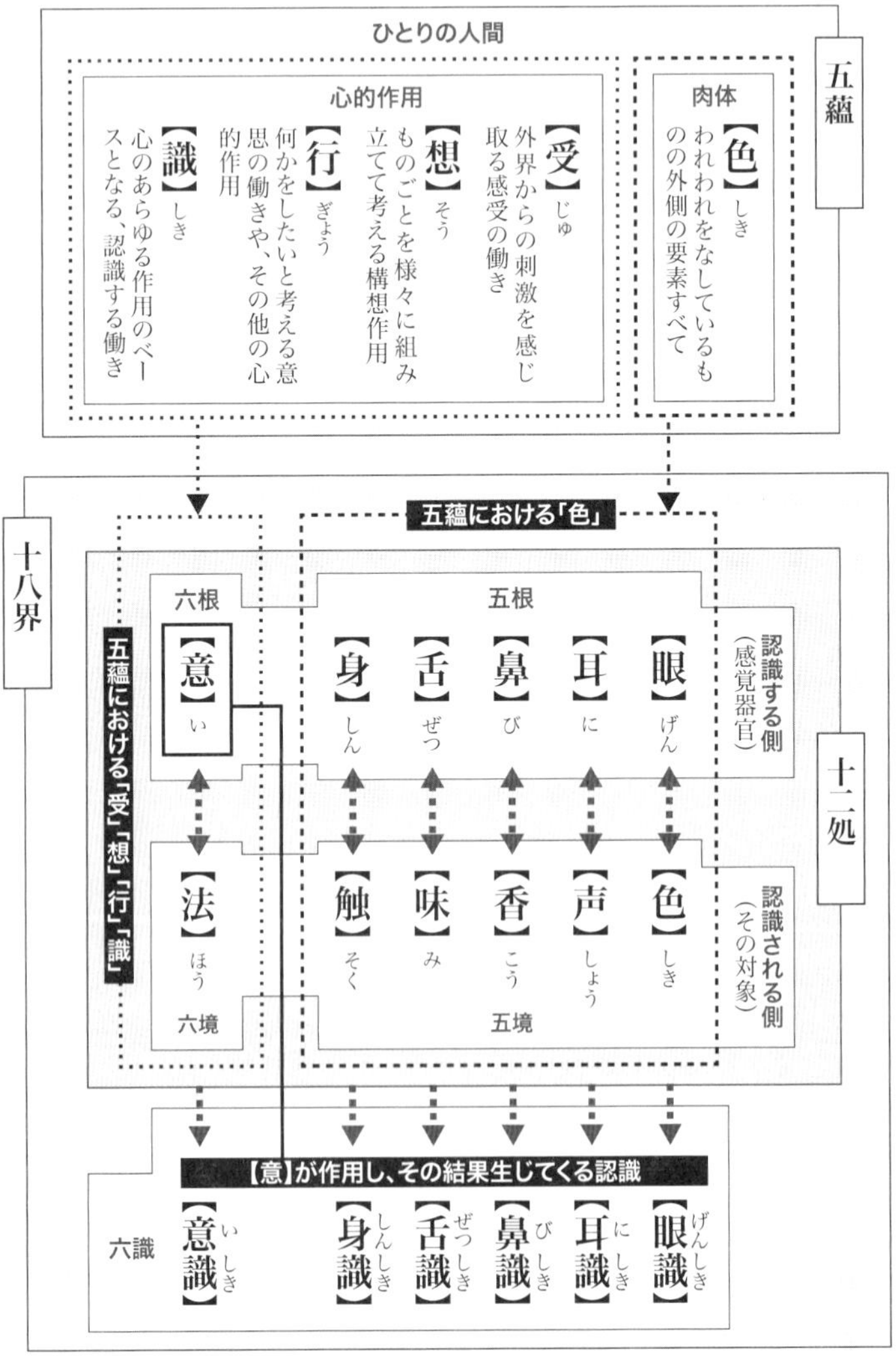

ひとりの人間
五蘊
心的作用
【受】《じゅ》
外界からの刺激を感じ取る感受の働き
【想】《そう》
ものごとを様々に組み立てて考える構想作用
【行】《ぎょう》
何かをしたいと考える意思の働きや、その他の心的作用
【識】《しき》
心のあらゆる作用のベースとなる、認識する働き
肉体
【色】《しき》
われわれをなしているものの外側の要素すべて
十八界
十二処
五蘊における「色」
五蘊における「受」「想」「行」「識」
六根
五根
【意】《い》
【身】《しん》
【舌】《ぜつ》
【鼻】《び》
【耳】《に》
【眼】《げん》
認識する側（感覚器官）
【法】《ほう》
【触】《そく》
【味】《み》
【香】《こう》
【声】《しょう》
【色】《しき》
認識される側（その対象）
六境
五境
【意】が作用し、その結果生じてくる認識
六識
【意識】《いしき》
【身識】《しんしき》
【舌識】《ぜつしき》
【鼻識】《びしき》
【耳識】《にしき》
【眼識】《げんしき》

しかし、四苦の方がやっぱり本質的です。八苦で加わった四つは、最終的には四苦に還元されていきますから。おそらくは、四苦をもう少し具体的に表現しようとして八苦にまで展開したのでしょう。

苦の三つの側面

宮崎　仏教の伝統的表現では、四苦八苦とは別に、「三苦」と呼ばれるドゥッカの三類型も提示してますね。まず「苦苦性《くくしょう》」。これは私達が通常の意味で感じる苦痛。苦という感受はドゥッカであるということです。次が「壊苦性《えくしょう》」。これはまさにいま楽と感じられていることも、ほどなく移ろい、壊れていくという意味で、無常の一側面を表しています。

佐々木　楽も苦の原因に過ぎず、またドゥッカなのです。だから先ほども言った通り「ベースは必ず苦」ということになります。「苦苦性」というのは、今まさに私が「ああ、苦しい、痛い、つらい」と感受しているその直接的な苦ということです。「壊苦性」とは、諸行無常の世界の中で私たちは本能的にいつまでも変わらない永遠の存在を想定したり、求めたりしている。しかしそれも無常の世で必ず崩壊し、永遠を求める望みはすべて絶たれていく。そのような状況をモデル化して考えた場合の苦しみ、それが壊苦性です。

宮崎　三つめが「行苦性《ぎょうくしょう》」。これは苦や楽という感受ではなくとも、すべての感受がドゥッカであることを示しています。この最後の「行苦」が根本なのですが、なかなか会得するのが難しい。

例えば、健康な肉体は何も感じていないがごとくに感じられます。痛みも疼きも痒みも感受しない。従って苦しみもなきがごとくに思える。といって別段、安楽でもない。心地よくも快くもない。この「不苦不楽」の状態がドゥッカだというのです。なぜなら、あたかもそれが不変のごとくに錯視されるから。静まり返った湖面は、一瞬、まるで静止してみえますが、すぐに波紋が広がり、波立つ。

佐々木　「行苦性」とは、この世の存在が刹那ごとに移ろいゆく、その有り様を意味します。われわれ生き物は、無明のせいでその移ろいゆく世界を正しく認識することができない。そして、そこにありもしない安定感を求めるのですが、それはすべてうたかたのように消え去っていく、その苦しみのことです。

宮崎　ワールポラ・ラーフラはドゥッカの三面を三苦とは違った仕方で説明しています。第一が「普通の意味での苦しみ」。第二が「ものごとの移ろいによる苦しみ」。この二つは三苦の「苦苦」「壊苦」に対応しているとみていいでしょう。しかし第三が「条件付けられた生起としての苦しみ」になっています。「条件付けられた生起」とは縁起のパラフレーズです。従って「縁起の苦しみ」ということとなる。これは非常に興味深い見解ですね。[60]

佐々木　ここでラーフラが言っている縁起とは、すなわち五蘊のことです。色、受、想、行、識という五蘊が我々を構成しており、その五蘊が無常なる存在であるという関係から、縁起はすなわち苦しみだということになるのです。ワールポラ・ラーフラという人は、仏教の本質をきわめて明確に捉えていた人だと思います。この「条件付けられた生起」という苦の説明は、説得性がありますね。

死に至る病の喩え

宮崎　例えば、私が末期のガンに罹っていることがわかって、余命を宣告されたとしましょう。末期ガンといっても死に至るまでにはプロセスがあります。酷い痛みや胴震いするほどの不快感に苛まれる日があれば、疼痛療法が功を奏して、苦痛を味わわなくてすむ日もある。痛む日に感受するのは「苦苦」。苦しさが和らぎ、食事や家族との会話などを楽しめた日に感受するのは「壊苦」。そしてずっと通奏低音のようにベースにある、ずっと死に向かっているのだという不安の感受が「行苦」……。

佐々木　そうです。末期ガンになった宮崎さんは、相対的な幸せを感じることはあっても、絶対的な幸せを感じることはできない。なぜかと言えば、そのガンは治らないということを知っているからです。でも、怖ろしい真実を言うと、ある意味では、みんな末期ガンなんですよ。寿命というものがあるわけですから。

宮崎　仰せの通りですね。一五八頁に掲げた、死の切迫性を厭う「スッタニパータ」の一節を思い出して欲しい。あるいは三二頁に掲げた増支部第三集三十八経の、この私もまた「死にゆくも

60　ワールポラ・ラーフラ、今枝由郎訳『ブッダが説いたこと』岩波文庫、二〇一六年。

のであり、同じく死を免れない」[61]という一節を思い出して欲しい。それなのに人というものは「他人が死んだのを見ては、〝死は私にはふさわしくない〟といって悩み、恥じ、嫌悪する」。何故なら、人は自分を変滅せざる実体、しかも認識主体というメタレヴェルにある実存と看做してしまうものだから。これは言語同様、第二の本能といってもよいほど生存に適合的な性向なのですが、同時に人を生存に束縛する。その結果、死の恐怖をはじめとする様々なドゥッカが生じるわけです。この構造に気づいたとき、釈迦は「命はあって当然という驕り」が消え失せたと述懐しています。

佐々木 でも、なぜそのことに多くの人が気付かないのかというと、私たちの生存防御本能で「忘れる」という機能があるからだろうと私は思うんです。もし忘れることが出来なかったら、日常茶飯事、すべての行住坐臥で死ぬことを考えながら生きていかなくちゃならない。でも、うまい具合にそれを忘れるから、生活が防御される。だから、普通の人は一切皆苦と聞いても、心に響かないんだろうと思います。

ところが、われわれは病気になったり年を取ったりします。そういう時に、それまで防御本能によって覆い隠されていた老病死の苦しみが浮かび上がってくる。中には、若くて元気いっぱいな頃から、病老死の恐怖を感じ取ってしまう人も出てくる。

宮崎 まさに私はそうでしたね。そういう絶対的な死の恐怖を、哲学者の永井均氏[62]が、『転校生とブラック・ジャック』[63]でこう表現しています。「このことを心の奥深くから実感したとき、永遠無限の世界にたったひとりでいるような孤独感と、気が遠くなるような恐怖心に襲われたのを覚えている。いまでも、ぼくの人生の実感は、そのとき感じたこととそう変わっていない」。そして永井氏は自分の分身のような、その話者にこうも語らせています。「そういう感覚を知らずに生きている人と一緒に生きているのだと思うと、非情なロボットに囲まれているようで、辛く怖い」。私の子供時代はずっとこんな感じでしたねぇ。

佐々木　そんな時の対処法を教えてくれるのが仏教なんです。私はいつも「仏教は病院だ」と言っているんですが、それは元気な時には必要ないんだけど、いざ苦に取りつかれたときに治療をしてくれる存在だから。そして、元気な人には病院は必要ないのかと言えばそんなことはないわけで、そこに病院がある、いざという時に駆け込むことができる、という安心感を健康な人にも提供してくれているんです。

宮崎　私は仏教輪廻説をめぐる座談会で、何故、仏教が輪廻を前提とすることに違和感が残るのか、と自問して、こう答えています。少し長くなりますが、私の仏教への「入院」の動機の核心部分なので引用しますね。

「それは輪廻という前提措定が、自分の根本的で切実な苦の在り様に対応していないから。私にとっては、死によってすべてが無に帰してしまう断滅の可能性、あるいはそれを生々しく実感し

61　鈴木隆泰『ここにしかない原典最新研究による本当の仏教　第一巻』興山舎、二〇一四年。
62　日本大学教授（一九五一－）。
63　永井均『転校生とブラック・ジャック―独在性をめぐるセミナー』岩波現代文庫、二〇一〇年。

てしまう断見への囚われ、その迷妄こそが苦の原因なのです。断滅への怖れ、不安、戦慄が、引き裂かれる生身に走る激痛よりも遥かに辛く、痛く感じるからこそ、そのリアリティを完膚なきまでに滅却しなければ心の平安を得ることができない。そうしなければ、この苦を抜き去ることができず、解放に向かわない。すなわち断滅論は終局的に否定されるべき対象なんです。しかしながら、その迷妄がどうしようもなくある、無知が造出した虚妄として存在する、ということが前提に置かれていなければ、それから発する苦も存在しないことになり、断滅に対する〝実存の苦しみ〟は仏教によっては解消されない、となってしまいます。

この理路は『もし輪廻が前提になっていなければ生死の苦もなく、それからの解脱もないことになる』と説く輪廻肯定論の論理構造とまったく同型です。そして私は、仏教が生死輪廻の〝苦〟には対処できても、断滅の苦には対処できないとは絶対に思わない。注目すべきは、輪廻由来だろうが、断滅由来だろうが、ブッダの教え示した迷妄から解放される方途は同一、という点です。輪廻に対する怖れや苦も、断滅に対する怖れや苦も、どちらも無明、つまり盲目的な生存欲が原因ですから、それらを解体する方法は一つなのです[64]」

佐々木　まったく同感です。我が身は断滅しかないという現実を受け止めながら、その断滅を恐怖しない自分を作るという作業は、釈迦の教えによって可能になる。私の場合、世界観としては仏教の言い方で言うなら断滅論者ですが、ただ、そのような在り方を「良し」として承認するのではなく、その自己消滅の恐ろしい苦から何とかして抜け出して、「苦のない消滅」を実現したいというのが願いです。そしてそれを可能にしてくれるのが、釈迦の仏教だと考えています。

以前、不可抗力的に絶望的な状況に置かれ、およそ二年間、ほとんど鬱状態で過ごしたことがあります。毎日死ぬことばかり考える日々でしたが、その一方で死によって完全消滅してしまう恐ろしさにも耐えられず、心身ともに憔悴しました。その期間、間違いなく釈迦の教えは私を支えてくれました。というよりも、その体験を通してはじめて釈迦の教えの意味が実感できたという感じです。ですから、宮崎さんの感覚には、まったく共感できます。

宮崎　そうでしたか。ちなみに断滅論、断見というのは、自分は死によって完全になくなってしまう、跡形もなく無に帰してしまうという見解のこと。これに対し、自分は死を超えて、このまま未来永劫、存在し続けるという見解を常住論、常見、あるいは永遠論といいますね。仏教は双方を邪見として退けるのです。

佐々木　古代インドにおいては当然のことでしょう。だからと言って、その時代の世界観を丸ごと受け容れなくても、仏教の有効性は変わらない。釈迦には叱られるかも知れませんが、現代人が仏教を支えとして生きる道はそれしかないと思っています。

宮崎　さて、その座談会が掲載された雑誌の同じ号に、ミャンマーで出家し、テーラワーダ仏教を修められたウ・コーサッラ長老こと西澤卓美氏[65]がこのように述べられています。「仏教で邪見といわれる断滅論や永遠論は共に我見を元に成り立っているといわれています。死んだら終わり

64　座談会「『輪廻』とは、何か?」『サンガジャパン vol.21』サンガ、二〇一五年、六一-三七頁。
65　ヴィパッサナー瞑想指導者（一九六六-）。

だと思っていたとしても今私というものがあると思っているのです[66]」。その通りです。ですから断滅の苦を滅尽するには、「今私がある」という我見を徹底的に解体できる、仏教という病院に対治を求めるしかないと、青年期に達して駆け込んだわけです。

一切皆楽と常楽我浄

宮崎　先ほど申し上げた通り、私には一切皆苦という世界観がとてもしっくり来るわけですが、まったく逆の考え方もあります。

佐々木　たとえば、キリスト教の世界観は本質的に一切皆楽です。いま自分が苦しんでいるのは神にいろいろ試されているだけであって、すべてを神に委ねれば救済されることが確定しているわけですから、これほど幸せな世界はない。だからその世界に没入できる人は絶対的に幸せでしょう。しかしながら、仏教の場合は、救済者はいない、つまり「見捨てられている」という感覚がある。

宮崎　ただ、世界が本質的な不全性を抱えているという認識は、グノーシス主義[67]などの古代ヨーロッパ思想にもあるし、ひょっとすると一部のキリスト教、ユダヤ教の中にもあるかも知れない。それを救済するために、その世界を創り出した神がいるというような外部性を設定する。たとえばグノーシス主義だと、この世界は悪神によって創られたものだから本質的な不全性を抱えていて、私たちは苦しんでいる。私たちは本来の完全な世界から、この不完全な世界へと頽落してしまったと考えるわけです。だから、本来の完全な世界へ帰還することが救済であり目的なんだ、となるのです。

佐々木　ところが仏教の場合、戻る場所がない。われわれは完全に放り出されているわけです。これは非常に厳しい世界観ですよね。まさに一切皆苦。

宮崎　でも、大乗仏教になると、ここも変わってしまって「常楽我浄《じょうらくがじょう》」なんて言い出す。原始仏教が否定したものを、ぜんぶ肯定項に反転させてしまう。

佐々木　「身受心法《しんじゅしんぽう》・浄楽常我《じょうらくじょうが》」とも言いますね。本来ならば、体は汚い、感受作用はすべて苦、心は無常であり、法は無我というのが釈迦の教えだったのに、大乗の一派がすべて正反対にひっくり返してしまいました。

宮崎　この考え方は如来蔵思想からですね。さっきのグノーシス主義とちょっと似ていて、本来的にわれわれは心の奥底に如来を蔵していると考えるわけ。それで心を覆っているいろいろなゴミ屑を全部取り除けば、本来的な如来としての本質が浮かび上がってくるという。でも、そうなると、もうこれは完全に「無我」というものを否定してますよね。しかも、「常」だから、「無常」も否定している。

佐々木　そう。「一切皆苦」を反転させ、「無我」「無常」もひっくり返す。もちろんこれは、「俗

66　西澤卓美「輪廻、業、無我」『サンガジャパン vol.21』サンガ、二〇一五年、一〇二－一二六頁。

67　紀元一世紀から二世紀のギリシャ文化圏における宗教運動の一派。徹底した霊肉二元論をとる。

世のありさまは確かに無我で無常だが、その、われわれの心の奥底にある如来についてだけは、有我で常で、そして浄らかで楽なのだ」という主張ですが、そういった釈迦の教えにない要素を土台に据えたことで、実質上、仏教の基本的な世界観を白黒反転させて、まったく別の世界観をつくってしまったわけです。

3. 無我

無我とは何か

宮崎　さて、ここからは「無我」について話をしたいと思います。いま私が実在している、自分が「在る」という観念が「我見《がけん》」です。いま「在る」限りは、ずっと、この先も私は永続するに違いない、永遠に存在し続けなくては不条理だ、という観念が「我執《がしゅう》」です。この邪見と執着から渇愛が生じ、渇愛によって輪廻が起動される、というのが伝承されている教義ですね。従って解脱するには有我《うが》の見を滅ぼし、我への執着を断ずる必要がある。

しかし、いうは易いが、「自分が実は『無い』」ということを実感として心身に定着させるのは並大抵のことではありません。そもそも、何かを思惟したり、何か実感したりするのは、他ならぬ自己ではないのか。では無我を実感する主体は一体誰なのか、などと疑雲が立ち込めるわけです。

佐々木　この仏教が言う「無我である私」という状況は、「複雑系」のイメージが良く合うと思いますね。先にも触れましたが、複雑系というのは、本質となるコアはないのだけれど、さまざまな要素の集合体として、一つの体系が出来上がっている。しかも、その要素の間に特別な接続関係が成り立っているために、単なる集合体ではなくて、特定の機能を持つ集合体として作用するわけです。私たちの存在が、まさに仏教でいう五蘊という構成要素の集合体であって、それが機能をもって存在しているということです。もちろん、その五蘊の関係性の中に、「私という独立した実体存在がある」という感覚を生じさせる機能も含まれているわけです。

その集合体としての私が、機能として思惟とか、あるいは物事を実感するという作用を行うわけですけれども、しかしそれはあくまで作用に過ぎないのであって、その作用を一元的にコントロールしている中心存在としての我はないということですね。

宮崎　仏教は世俗の人々にも手掛かりが摑めるように、いくつかの理論モデルを提供しています。もっともそういう理屈は所詮、言葉で構築されたものなのでヒントに過ぎません。やがて戯論《けろん》として破棄されるべき筏《いかだ》なのです。

としっかり留保を付けて、ミャンマーの小部経典に収められている「ミリンダ王の問い」の「車の喩え」をみてみましょう。

「ミリンダ王の問い（ミリンダ・パンハ）」は仏典扱いされていますが、仏説ではありません。紀元前二世紀中頃、インド西北部を支配したギリシャ人の王ミリンダとインド人のナーガセーナ長老の対論の模様を描いたものです。ナーガセーナは説一切有部系の碩学ではなかったかと推定されています。[68]

ともあれ、この物語は無我という概念を非常に分かりやすい形で示してくれているので、少し長くなりますが、私の〝抄訳〟で読者の皆さんにも読んでいただきたいと思います。

自我は実体としては存在せず、諸条件によって生起した仮象に過ぎない。即ち無我である、と説くナーガセーナ長老に対し、彼の説明に疑問を抱くミリンダ王は問い質《ただ》します。

仏教は自我を否定するという。ならば、布施をして僧侶の暮らしを支える者たちは一体誰なのか。修行に励む僧侶とは何者なのか。五戒を破り、重罪を犯すのは一体誰か。涅槃の境地に赴くのは？　殺生をして地獄に堕ちるのは？

そもそもナーガセーナとは、一体何か。頭髪がナーガセーナなのか。体毛がナーガセーナか。爪がそうか。

長老は、いずれにもかぶりを振るのみです。

王はさらに詰問します。ならば歯か。皮膚か。筋肉か。骨か。臓器か。血液か。汗か。脂か。脳か……。あるいは物質的な姿形（五蘊の「色」）がそうなのか。感受作用（同「受」）がそうなのか。表象作用（同「想」）がそうか。形成作用（同「行」）がそうか。識別作用（同「識」）がそうか。それらの総和がナーガセーナか、はたまた、それらとは別にあるものがナーガセーナなのか、と。

長老はそれらを悉く退けます。王はついに業を煮やして叫ぶ。

「ならば、ここにおわすナーガセーナ長老とは何なのですか！　あなたは『ナーガセーナ』は存在しないと詭弁を弄し、私を謀《たばか》っておいでだ！」

そこで、長老は静かに反問する。

ところで王よ。あなたはここへどうやっておいでになりました。徒歩にて来られたか、と。

「いいえ、車にて来ました」と王は答える。

「王よ、もし車でおいでになったというのであれば、その車が何であるかをいま告げてください」

今度は、長老が畳み掛けるように、問いはじめる。

轅《ながえ》が車か。車軸が車か。車輪がそうか。車体がそうか。車棒がそうか。軛《くびき》がそうか。輻《や》がそうなのか。鞭がそうなのか。あるいは、それらの総和が車なのか。はたまた、それらとは別にあるものが車なのか、と。

ミリンダ王はその悉くを否定する他ありません。

ナーガセーナはさらに問い募る。

「王は、最前『車にて来た』とおっしゃいました。その車とは何なのですか。あなたは『車は存在しない』といって、私を謀ろうとなさっておられるのか。さあ、お答えください。車とは何ぞ！」

ミリンダ王はしばし黙考し、やがて悟る。

68　森祖道、浪花宣明『ミリンダ王―仏教に帰依したギリシャ人』清水書院、一九九八年。

「ナーガセーナ師よ。車とは、轅、車軸、車輪……のそれぞれに縁《よ》った関係性において、はじめて起こる名称や仮名や呼称や通称であります」

ナーガセーナはこの答えを嘉《よみ》しつつ、次のように述べる。

「よくぞ申されました。王は車の何たるかを正確に説き示された。それと同様に『ナーガセーナ』とは、頭髪、体毛、爪、歯、皮膚、筋肉……のそれぞれに縁った関係性において、はじめて起こる名称や仮名や呼称や通称であります。然れども真実の相においては『私』なる実体は存在しないのです」

佐々木　ここで言っているのは、われわれ人間もこれと同じで、頭髪、体毛、爪、歯、皮、肉……など様々な物質的要素と、さらに精神をかたち作る様々な心的要素が集まって「私」という仮の存在が生み出されているだけだということです。それらがバラバラに分解されたなら、「私」という存在はその瞬間に消滅する。それが「私」というものの正体だと釈迦は考えたのです。

有身見という根本煩悩

宮崎　この無我の教えが、なぜ仏教において決定的に重要なのか。仏教は、事象を客観的に記述する哲学や心理学ではありません。存在論でも認識論でもない。まして道徳哲学や倫理学などとも基本的に無縁です。自我の存立構造を実証的に解明しようとする神経科学や脳科学は、もちろん現時点において仏教の参考にはなりますが、仏教と科学では目的が異なる。

仏教の課題はもっと切迫したもので、無我を説くのも、それなしには苦を解除できないという確信に裏付けられている。

これまでも縷説《るせつ》してきたように、死への苦しみ、死の恐怖をはじめとする様々な苦が、我見、我執によって、換言すれば「私はずっと生存しなければならない」「永遠に存在していたい」という欲望によって発生しているからです。本当にざっくりいってしまえば、存在しなくなることへの怖れは、そもそも現在も存在などしていないと真実を悟ることで消える。

佐々木　さらに言えば、自分が実在しないなら、自分の所有物もまた存在しなくなるし、自分の回りに広がっている自分中心の世界も消える。そうやって、次々と実在を消すことによって、自動的に多くの苦も消えていく、というのが仏教の基本的な考え方です。

むしろ大切なのは、自分に実体がないという思いよりも、その実体のない自分というものを設定し、それを中心にして自分に都合の良い世界というものを生み出しているところにあるのです。

宮崎　自分の所有物があるという錯誤は「我所見《がしょけん》」と呼ばれ、「我見」とセットで否定されることが多い。それから有我論とほとんど同一の煩悩で「有身見《うしんけん》」というのがありますね。ちなみに、さっきから「我見」とか、「我所見」とか、「有身見」などと「見」の付いた言葉を使っていますが、「見」はサンスクリットで「ドリシュティ（dṛṣṭi）」、パーリ語では「ディッティ（diṭṭhi）」で、この語は何の断りもなく悪しき見解とか、偏見といったネガティヴな意味を帯びていることがあるので要注意です。例えば「空見（シューンニャタ・ドリシュティ）」は、空に関する正しい見解のことではなく、空の悪解、もっといえば空を固定観念として捉え、空という言葉を振り回し、空に執着することをいいます。龍樹によれば付ける薬のない病です。[69]

「有身見」はサンスクリットで「サトカーヤ・ドリシュティ」。音写して「薩迦耶見《さつかやけん》」ともいう。一言でいえば先ほど佐々木さんに説明していただき、「ミリンダ王の問い」にも出てきた色、受、想、行、識、つまり五蘊を自己と錯視することです。「身」という語があるので、身体だけのことを指すと誤解されがちですが、「心」も含まれます。ただ注意しておかなければならないのは、この場合の「心」は、西洋の世界認識が前提とするような物質に対置される精神の謂ではありません。むしろ「心」は機能とか、器官とかに近い。

佐々木　有身見は、煩悩の中でも一番根底にある根本煩悩の一つです。やはり「私という実在がここにいるではないか」という思いがどうしても残ってしまう。有身見とは、言ってみれば、諸行無常の我が身を、いつまでも変わることなく存続する恒常的存在だと錯覚すること。したがって、そこに老病死が襲い掛かってくれば、とてつもない苦が生まれます。これは非常に本質的な苦しみですね。

宮崎　先刻、もし末期ガンになったら……という話をしましたが、病気等で自己の心身が損なわれる事態を経験すると、いかに自分が有身見に囚われているかが実感できますね。

この不抜の実感を引き抜くために、中観派の大論師がイメージトレーニングの方法を教えています。シャーンティデーヴァ[70]は主著「入菩薩行論《にゅうぼさつぎょうろん》」の第八章で、次のように示唆している。大西薫氏[71]の訳がわかりやすいので以下、論文より引用しますが、所々、訳語にサンスクリットの原語が添えてあるので、そこは割愛します。

「手など〔の六肢〕は身体の一部であることによって大切にされる。どうして身体的存在〔である他者〕も、世界の一部であることによって、同じように大切にされないのか」「身体は自己ではないのに、経験の反復によって自己であるという意識が自分の身体に対して生じる。それと同様に、自己であるという意識を実践の反復によって他者にまで拡げることがどうしてできないのか[72]」

また同章にはこうもある。

「慣れにより、他者〔である父母〕の精液と血の滴を〔私の〕ものではないのに、私であると思っているように」「そのように他者のからだをも自分であると、なぜ把握しないのか。自分のからだを他者においても、そのようにすることは難しくない」「あたかも、無我であるこのからだに慣れにより自分という心が生じたように、他の有情に対しても、慣れによって、自分という心をなぜ生じないのか[73]」

佐々木 無我を会得するのは難しいけれど、仏教ではとても重要なこと。釈迦もあらゆるところ

69 『中論』第十三章第八偈。
70 インド仏教中観派の僧侶（六五〇－七〇〇頃とされるが未確定）。
71 龍谷大学仏教研究所客員研究員。
72 大西薫「『入菩薩行論』における自己と他者」『印度學佛教學研究』第四八巻第一号、一九九九年、一六四－一六七頁。
73 ゲシェー・ソナム・ギャルツェン・ゴンタ、西村香訳註『チベット仏教・菩薩行を生きる―精読・シャーンティデーヴァ『入菩薩行論』』チベット仏教普及協会、二〇〇九年。

で、その煩悩のことを「アハンカーラ」「ママカーラ」と言って、無我の会得の重要性を説いています。「アハン」は「私」、「ママ」は「私のもの」という意味で、我執、我所執が一番の根本的な煩悩になるんだと。

アートマンは存在するか

宮崎　釈迦にしても、テーラワーダにしても、大乗の中観派にしても、中核的な課題として無我の教え、無我の修習の必要性を説いているのに、仏教内部にいつの間にか有我論が蔓延《はびこ》ってしまう。我（アートマン）という言葉こそ使わないものの、補特伽羅《ふとがら》（プドガラ）なるものを人格主体として立てたり、あるいは識（ヴィジュニャーナ）を、霊だの我だのに見立てる錯誤が跡を絶ちません。

佐々木　やはりバラモン教の「梵我一如」思想が、それだけ強く当時のインド社会に根付いていたということでしょう。ブラフマン（梵：宇宙的な実体）とアートマン（個我：個人的な実体）という「不変の実体」が存在することが、バラモン教の世界観の大前提でしたから。彼らはたとえ人が死んで肉体が消滅しても、アートマンは存在しつづけると考えていたわけです。

しかし、釈迦は無我を説くことによって、アートマンはない、私という存在が消滅した後に残る永遠不滅の実体などない、とはっきり否定したわけです。

宮崎　ある仏教の通俗的な概説書を読んでいたら、識とは霊魂のことだと断言されていて閉口しました（笑）。

佐々木　たしかに識は、カチッとした確固たる実体という感じで、もう限りなくアートマンに近いように思います。肉体と切り離してもいつまでも実在できるイメージです。

宮崎　ただ、識の大本の意味というのは「対象を区別して認識すること」なんですよね。私の仏教理解に引き付けて訳せば「言語的認識」のこと（笑）。ですから、その識を我の本体だの、霊魂だの、輪廻の主体だのと看做《みな》してしまう邪見を釈迦はしっかりと匡《ただ》していますね。中部第三十八経「大愛尽経《だいあいじんきょう》」です。漁師の子のサーティという比丘がブッダと次のような問答を交わしました。片山一良氏の訳で読んでみましょう。

「『私は世尊がこのように法を説かれたと理解いたします。すなわち、〈この識は流転し、輪廻し、同一不変である〉』と。

『サーティよ、その識とは何ですか』

『尊師よ、それは語るもの、感受するものであり、それぞれの処においてもろもろの善悪業の果報を受けるものです』

『愚人よ、そなたはいったい誰のために私がそのように法を説いたと理解するのですか。愚人よ、私は多くの根拠をもって、縁より生じる識について述べてきたではありませんか。〈縁がなければ、識の生起はない〉と。

しかし、愚人よ、そなたは自分の誤った把握によってわれわれを誹謗し、また自分をも傷つけ、多くの罪を作り出しています。愚人よ、それはそなたにとって長く不利益になり、苦になるはずです』と。[74]」

手厳しい叱責（笑）。識は縁によって生ずるものに過ぎず、従って、実体性はない。アートマンでも、霊魂でもない、ということです。縁とは何かといえば、縁起のところで経証を挙げた名《みょう》色《しき》（ナーマ・ルーパ）、つまり名称と形態、概念的分別と事物の結合こそが識を生じさせる。そして識は名色を生じさせる……。

犢子部《とくしぶ》[75]が説いたという補特伽羅はどうですか？

佐々木 補特伽羅もほとんどアートマンと同じ個別的な存在です。心的な作用を指していますから、識と比べると、もう少し柔らかくて可変的なイメージがありますが……。いずれにせよ、肉体の外に取り出せるという存在ですから、アートマン的な概念です。本来の釈迦の仏教から考えると、これもおかしい。

宮崎 識といえば、唯識派の説く阿頼耶識《あらやしき》（アーラヤ・ヴィジュニャーナ）はいかがでしょうか？

佐々木 唯識は、たとえどんなことがあっても阿頼耶識は絶対に次につながっていくと考えるわけですから、概念としては限りなくアートマンに近づいているように見えますね。

無我説か非我説か

宮崎 無我説ではなく、非我説だという話がありますね。最初期の仏教は「我がない」ことを説いているのではなく、「いま我だと看做しているものは真の我ではない」と説いているという。

佐々木　つまり、アートマンはどこかにあるんだけど、いまわれわれがそうだと思っているものはアートマンではありませんよ、という考え方。

宮崎　中村元がこの説を提唱し、門下生を中心に東京大学系の研究者たちに浸透していきました。桂紹隆氏が指摘されていますが、[76]『インド思想史』[77]という東京大学出版会から一九八二年に出た古い教科書には、「ブッダの根本教説のひとつとされる『無我』の教えについていえば、それは無主体とか無霊魂ということではなかった。無我の『我』とはウパニシャッド[78]の哲学に説く絶対原理であるアートマンのことである。ブッダはアートマンの絶対性を自己自身のものと誤認してはならないとして、執《と》われの自我を捨て、我執なき本来の自己を実現すべきであると説いた」とあります。これが典型的な非我論、本質的にはアートマンの存在を認める真我論、ですね。この教科書の著者は筆頭の早島鏡正[79]をはじめ中村元門下です。

実は私も学生時代、インド哲学の概論の授業でこれが教科書として指定されていて、当該箇所を一読したときには強い違和感を覚えました。

佐々木　「本来の自己を実現する」というところですね。たしかに一番古いとされる「スッタニ

74　片山一良訳『パーリ仏典　第一期2／中部（マッジマニカーヤ）根本五十経篇Ⅱ』大蔵出版、一九九八年。
75　部派仏教の一つ。上座説部系の説一切有部から分派したとも言われているが詳細は不明。
76　桂紹隆「第40回光華講座　仏教の二つの流れ―自我と無我」『真宗文化』第二一号、二〇一二年、一―三九頁。
77　早島鏡正、高崎直道、原実、前田専学『インド思想史』東京大学出版会、一九八二年。
78　サンスクリットで書かれたヴェーダの奥義書。
79　東京大学教授（一九二二―二〇〇〇）。

パータ」において、無我説が明確な形で唱えられているわけではないから、中村説を受け入れる余地はありません。かと言って、決して非我が積極的に唱えられているわけでもない。

それ以降の初期仏教は、アートマンはないという考え方で一貫していますから、やはり釈迦は無我を説いたんだと思います。もし釈迦が無我ではなく非我を説いたのだとしたら、後になって誰かがそれを百八十度転換して無我にしたということになりますが、そのようなことを示す証拠は何もありません。中村をはじめとしたその系列の学者たちは、「自我は実在するはずだ」という自分たちの願望で無理な説を押し通しているように思えます。

宮崎　非我説については、浪花宣明《なにわせんみょう》氏によって批判的検討が加えられてますね。浪花氏は中村元の弟子筋なのに異を唱えた。その批判的視点は次の一節に集約されていると思います。

「『非我』説が『我でないものに対して我であると思って、執着するな』という教えであるなら、それはごく自然な教えと言えるであろう。ただ『非我説』が『真実の我を実現する』教えであるというなら、疑問が生じる。では実現されるべき真実の我とは何か。それは倫理的道徳的に完成された我ではないはずである。なぜなら仏教は単なる倫理体系ではないから——中村博士はそのことをブッダは『倫理学者ではなかった』と表現している。しかしそれに対する答えらしきものを原始経典のどこにも見出すことができない[80]」

佐々木　この浪花氏の主張は、とても重要だと思っています。他にも中村説を認めていない研究者は大勢いて、趨勢は反・中村説に向かっているように見えます。

宮崎　相応部有偈篇には、夜叉女がむずかるわが子プナッバスを黙らせて、ブッダの修行僧向けの説法に耳を澄ます場面があります。この「プナッバス」については原典を引用しておきましょう。「わたし」夜叉女が胸中を吐露します。

「尊師は説かれた、——『ニルヴァーナとは、一切の束縛から解き放たれることである』と。わたしはこの教えを非常に愛好しています。

世にわが子は愛しい。世にわが夫は愛しい。だが、わたしにとっては、この真理を求めることが、さらに愛しいのです。子も夫も、愛しいものですが、苦しみから解脱させてはくれませんから」[81]

これらの挿話には、世間の係累や絆やしがらみから遠く離れた地点に独り佇立《ちょりつ》する単独者の姿がある。明らかに仏教的な「自我の目覚め」、「この私」のスタンドアローンな実存性が描かれています。まず「この私」でなければ、「この私」であることを自覚できなければ、法門に入ることは叶わぬ、といおうとしているのです。

「自己を拠り所とせよ」「自灯明」といった言葉はそういう意味においてある。けれども、自己が肯定されているのではなく、その「この私」とは苦の自覚主体なのです。だから、それは飽くまで仮設、川を渡るための筏に過ぎません。やがて最終段階において、その自己は捨てられるのです。「この私」は遺却されるのです。道元禅師[82]の道破したごとく「自己をならふといふは、自

80 浪花宣明「原始仏教の無我説」『長崎法潤博士古稀記念論集 仏教とジャイナ教』平楽寺書店、二〇〇五年。
81 中村元訳『ブッダ悪魔との対話―サンユッタ・ニカーヤⅡ』岩波文庫、一九八六年。
82 日本における曹洞宗の開祖（一二〇〇－一二五三）。

己をわするるなり。自己をわするるといふは、万法に証せらるるなり」[83]ということ。

輪廻の主体は何か

宮崎　ただ、アートマンがないとすると、輪廻の主体や自業自得の法則の当体とは一体何か。仏教はこの問題を抱え込んでしまった。

佐々木　みんなそう言って、無我説と輪廻説は矛盾していると言うんですが、じつは私はそこにまったく矛盾を感じないんですよ。仏教は要素集合体論ですから、要素が集合して、それで一つの「私」を形成していると考えているわけです。その要素が集合したり雲散霧消したりする現象のことを無我と言い表しているだけで、それらの要素を集合させるエネルギーが輪廻して来世に伝わっていくと考えることに違和感はない。

宮崎　龍樹を宗祖とする中観派はその要素の実在性も否定するので厄介ですが（笑）、少し説明してみましょう。無我輪廻説というのは、無我と輪廻は矛盾するどころか、無我だからこそ輪廻があるとする説です。どういうことかというと、主体、当体、「この私」などと仮設されたものは実体的でも固定的でもなく、この一刹那も留まらず変化し続けている。縁起し続けている。昨日の自分は今日の自分と同一でない。しかし完全に異なってもいない。明日の自分は今日の自分と同一ではないが、完全に異なってもいない。この流動は誕生も死も関わりなく、ライフタイムを超えてずっと続く。こうして輪廻が成り立つのだとする。

先にみた鈴木隆泰氏の「瞬間瞬間の輪廻転生」説（一七〇頁参照）はこの伝統的な輪廻観をベースにしていると思われます。

佐々木　でも、それではやっぱり納得できない？

宮崎　そうですね。たとえば、もし同一性のある主体がないなら、自業自得の原則は成り立つのかという疑問が出てきます。そもそも自他という区別も成立しないから、自業他得でも他業自得でもかまわないじゃないか、という話になってしまいます。無我輪廻説だと、おそらくかまわないのではないかと思われます。持続しているものはあるが、無我なのでそれに自も他もない、ということですから。

佐々木　先ほどの私の考え方だと、要素を集合させるエネルギーの中に自らの業が含みこまれて輪廻していくことになりますから、自業自得は成り立ちます。もちろん、私たちは過去世のことは思い出せませんから、その連続性を意識することはありません。でも、いつか天に生まれ変われば、その時は過去世をすべて思い出す力を得られますから、過去世にさかのぼって自業自得のつながりをずーっと見ていくことが出来る。このような視点で見れば、仏教の無我説と輪廻説は整合性をもって両立しうると思います。

宮崎　うーん。ただそれは世俗のあり方における「無我」ですよね。定形的、実体的「我」ではなく、要素の集まりのエネルギーだとか、業の潜勢力の刹那的相続だとか、どれも同じですが、

83　鏡島元隆監修、水野弥穂子訳注『道元禅師全集　原文対照現代語訳　第一巻　正法眼蔵1』春秋社、二〇〇二年。

要は非定形の、流動的「我」が想定されています。それでもなお疑問が残るのは、これらは世俗のあり方を記述したものであるはず、という点。それはいい。世俗の凡夫には輪廻があるというだけのことですから、伝統教説にも違背しません。

しかし悟った者、ブッダが観ずるのは、その流動的「我」すらも仮初めの、錯視された主体性に過ぎないということですよね。それらはすべて煩悩のもたらした虚構であると悟る、いわば「勝義の無我」[84]です。この「勝義の無我」は、輪廻とは共存し得ない。なぜなら、ブッダであれ、阿羅漢であれ、聖者にはもはや後有《ごう》はないからです。彼らにおいて輪廻はない。

とすれば、二通りの無我があることになります。「世俗の無我」と「勝義の無我」と。しかし、前者は本当に「無我」といえるのか。不定形で、流動的であるとしても、これは「有我」ではないのか。

佐々木　真理の目から見ればそうですが、いくら天に生まれたと言っても、まだ輪廻ワールドにいるわけだから、自分が要素の集合体に過ぎないなんて気づかずに、「これが私だ」と思い込んでその過去を見てるわけ。だから、私は輪廻する主体がないとかそういう話は、あくまで私たちの感覚で考えているだけなんじゃないかって気がするんですよ。「何が輪廻するのか」と問うことがすでに錯誤なのであって、問うなら、「輪廻とはいかなる現象か」と問うべきなのです。

宮崎　とするとやはり、事実上、二種の無我を想定されているということですね。

自己責任と廻向

宮崎 「はたして無我において自己責任は成り立つのか？」という問題について考えましょう。

佐々木 さきほども話したように、社会的な意味での個人の責任などというものは、仏教は一切考えないんです。仏教は、社会のあり方をあれこれ考えるために存在しているのではなく、あくまで個人の苦を解消するためだけに存在する。

哲学的には、あくまで仏教の世界は自業自得で、自らの行いによって生じた業は背負わなければなりませんから、業をつくる者には、悟りが遠のくという苦果があるというだけ。

宮崎 それはその通りですが、大乗的な考えだと、すべてのものが縁起でつながれているので、自分でなした行為であってもそれは他人がなした行為であり、他人がなした行為であってもそれは自分がなした行為である……とか。これだと自業自得は成り立ちません。

佐々木 それはあくまで大乗的な考え方ですね。釈迦が考えた自業自得という業の法則性が、明らかに改変されています。そこには、自己責任制の方向性をまったく変えてしまう、「廻向《えこう》」という新しい概念が導入されているのです。この廻向の導入こそが、大乗仏教の根源なのです。

宮崎 「自分のなした善行を他にも差し向け、自他ともに悟りを目指す」という廻向の考え方か

84 世俗・世間の判断を超えた究極の真理。

ら、利他を強調する大乗仏教、そして阿弥陀頼みの他力本願の思想などが生まれてくる。その裏で、釈迦が考えた業の自己責任性はどんどん相対化され、変質してしまったというわけですね。

佐々木　そうです。学生のころ、梶山雄一先生から「大乗の本質は空であり、それは廻向を可能にする新しい思想の導入なんだ」と何遍も聞かされました。今になってみると、とてもポイントを突いていると思いますね。

宮崎　現代の大乗仏教には、理想社会をつくるために社会にコミットしようとする動きもあるようですが、それは仏教の目的を履き違えていると私は思います。改めて強調しておきますが、理想社会をつくるのではなく、どんな理想社会が実現したとしても必ず残る苦というものを説くのが仏教のはずです。

佐々木　その通り。「仏教にもとづく理想社会」などということを言い出すと、世間の人々に仏教的な生き方を強制するなんてことになりかねない。仏教は社会の中でどうにもならなくなった人を引き受ける「病院」なのであって、それを超えて仏教的な生き方を社会に勧めたりしては絶対にいけない。「皆さんも出家しましょう。みんなで無我の境地で生きましょう」なんて言ったら、社会を破壊することになりかねない。

4. 無常

無常とは何か

宮崎　ここまで仏教の教理の基本である「縁起」「苦」「無我」を評説してきましたが、これら三つの法《ダルマ》が互いに交叉し、連関し、共鳴していることが何となく伝わったのではないかと思います。最後の鍵概念《キー・コンセプト》は「無常」。やや先取的になりますが、予め前三者との連関を明示しておくと、諸行は縁起しているから無常なのであり、無常だから苦が生じるのであり、無我であることを認めれば無常を受け止められる。無常を中心に据えて考察すれば、四者は概略、こういう関係にあります。

佐々木　無常とは、「すべては移ろう」ということです。万物は時々刻々と変化していき、永遠不滅のものはどこにもない。それがこの世界の真実だということです。『平家物語』でもお馴染みの「諸行無常」ですね。

縁起のところで話した通り、この世のあらゆる物事は因果関係の網の目でつながっていて、互いに影響を及ぼし合いながら不断に変化し続けています。私も、そして私を取り囲むまわりの世界も、すべては因果の網でつながった無常転変の存在に過ぎないのです。

宮崎　ダイヤモンドであれ、鋼であれ、プルトニウムであれ、憲法であれ、通貨であれ、愛であれ、「この私」であれ、生じた事物は必ず朽ちる。作られたものは必ず壊れる。それどころか諸事物は一瞬の静止も間断も滞留もなしに流動し続けています。ところがその変化の相は、通常の人間の知覚によっては感知できません。

さらにそこに言語の網が覆い被さり、変滅し続ける事物をあたかも固定的、個別な実体に見せ掛けているので、その分、私達の苦も深くなるというわけですね。

佐々木 そこで、あらかじめ無常という真理を受け入れておけば、いざという時に寿命・地位・財産・名誉などに執着することもなくなるし、普段から今の一瞬一瞬を大切にして生きようという気になれる。

宮崎 禅語でいう「前後際断」ですね。一瞬一瞬というのは「在る」んですかね。仏教では「刹《せつ》那生滅《なしょうめつ》」などといいますが。あるいはその空間的対応物として「極微《ごくみ》」が想定されたこともある。

佐々木 はい。極微というのは、いわゆる原子です。仏教最初期には「物質は地《ち》・水《すい》・火《か》・風《ふう》という四種の要素からできている」という素朴な元素論しかなかったのですが、アビダルマ、特に説一切有部のアビダルマになると、すべての物質は何種類かの基本粒子の組み合わせで出来ているという、精緻な原子論が展開されるようになりました。極微論の詳細については、ここではとても説明しきれないので、興味がある人は、先に触れた拙著『仏教は宇宙をどう見たか』を読んで下さい。

無常という視点から極微論を見るなら、そういった原子の集まりからなる物質世界全体が、刹那と呼ばれるきわめて短い時間単位で次々と生まれ変わっているというところがポイントになります。ここでは、一つの実体が少しずつスムーズに形態を変えながら変容していくのではなく、一刹那ごとに、今ある存在はすべて消え、よく似てはいるものの、まったく別の存在が出現すると考えるんです。

宮崎　中観派は不可分な実在としての極微も刹那も認めません。

佐々木　中観派は、そもそも要素の存在を認めないわけですから、その要素が「現れて、消える」といった現象を認められるはずがない。刹那滅を架空の表れだとするのも当然でしょうね。

三世実有——未来から過去に流れる時間

宮崎　仏教の時間論全体をここで十分に評説することは困難ですが、われわれの常識とは懸け離れた、面白い部分を紹介しましょう。私達は何となく、時間とは過去から現在へ、そして現在から未来に向かって「流れる」ものだと思い做していますよね。一直線上に過去→現在→未来と並んでいるイメージ。でも、これはよく考えてみるとあまり根拠のない想定です。例えば部派仏教の説一切有部の時間論、「三世実有《さんぜじつう》」説では、時間は未来から現在を経て過去に流れるのです。

佐々木　その通りです。近代的な時間観の枠組みをいったん外さないと、仏教の時間論は実感としてなかなか理解できません。

宮崎　例えば車を運転して道路を走行しているイメージ。車のいる地点が現在で、前方には未だ達せざる景色が拡がっている。これが未来です。車が進むにつれ、未来の時間が現在となり、やがて後方の過去に過ぎ去り、みえなくなってしまう。まさに未来から過去へと流れている。運転者はフロントガラス越しにある程度は未来がみえますが、遠方になるとよくわからない。また現在のハンドル操作によって、前方からやってくる時間の景色が変わってしまいます。しかし時間は、現実の自動車とは違って、止まったり、降りたりはできない。この喩えで重要なのは、車の前景も、現景も、後景もすべて同時に存在しているということ。過去、現在、未来の三世が実在しているという説だから三世実有という。

有名な「映写機の喩え」による説明も面白いですね。

佐々木 そう。興味深いことに、この三世実有説を映写機の喩えで説明した人が、日本の東と西に一人ずついるんです。一人は東京帝国大学の木村泰賢で、こちらの方がずっと早い。後で大谷大学の舟橋一哉がそれを言った。お互いにまったく知らなかったようで、東の学者は木村が言ったものと思っていて、西の学者は舟橋が最初だと思い込んでいた。

宮崎 じつはこの二人の説明の仕方は微妙に異なっているんですけどね。

佐々木 そう。どっちが正しいかと言うと、これは明らかに木村が正しい。どういうことか、映写機の喩えの話をしながら説明していきましょう。

映写機は、上下二つの大きなリールと、その中間に置かれた映写用のランプからなっています（二二七頁参照）。上のリールには、今から上映されるフィルムが巻かれており、それが下のリールにどんどん巻き取られていく。フィルムがランプの前を通り過ぎるとき、一コマずつスクリーンに映写されるという仕組みです。

上のリールにあるフィルムは「存在はするが、まだ作用はしていない状態」、つまり未来ということになります。下のリールに巻かれたフィルムは「存在はするが、もう作用できない状態」、

図10「映写機の喩え」

図10-a

【舟橋一哉版】

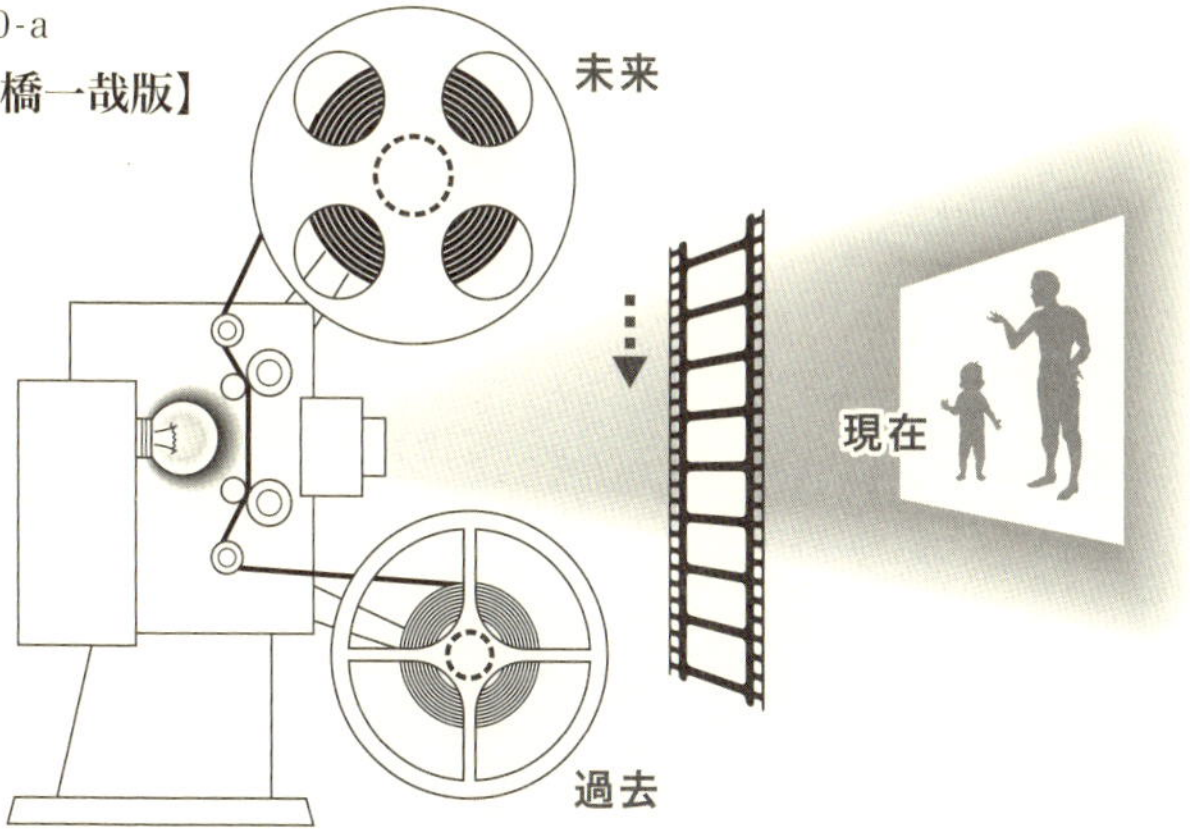

図10-b

【木村泰賢版】

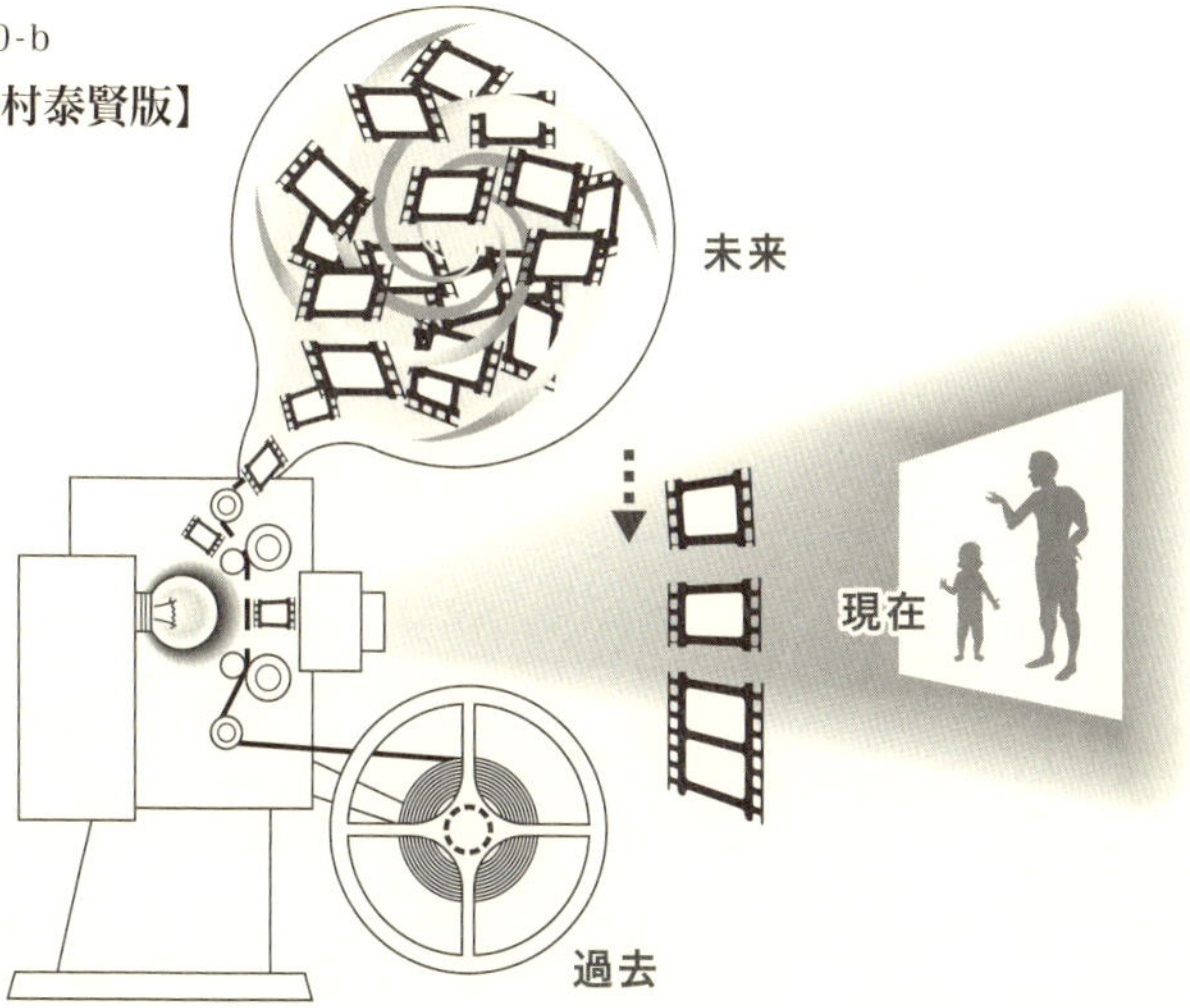

つまり過去。フィルムがランプの前を通過する瞬間が、すなわち現在ということになります。ちなみに映画の場合、コマの進む速さは一秒間に二十四コマ、つまり一コマが約〇・〇四秒ということになりますが、じつはこれが「倶舎論」で言うところの「一刹那」とほぼ同じ長さ。映画と現実世界が、まったく同じような錯覚原理によって見えているというのも面白いところです。

舟橋は、未来のリールから過去のリールに巻き取られていくという、普通の映写機の喩えで説明したわけです。ところが、木村はもう少し厳密に考えていて、未来はものが起こってくる順番がまだ決まっていないのだから、リールに巻かれているのはおかしいと言って、未来は一コマ一コマばらばらの状態で袋の中に入っていると考えた。

宮崎　舟橋がいうように、もし未来がリールに巻きとられているとすれば、もう未来は決まっているということになり、キリスト教の予定説に似たものになってしまう。しかし未来はもっと不確実なものだろうと。

佐々木　そうです。だから未来のコマの順番は決まっていないのです。ただ、未来のコマもすでに実体として存在していることに注意してください。そして過去のコマも、もちろん現在のコマも、実体として存在しています。これが三世実有の時間論です。

宮崎　ここで問題になるのは、未来のリールから送り出されるコマの順番を決める要因とは何かということ。

佐々木　それは現在の私の行いが生んだ業であり、過去に積み重ねてきた業のエネルギーです。さらに、先ほど話した六因五果四縁の複雑な網の目の因果則も関係してきて、一つのコマをビシッと決めるんです。つまり、未来は一種の「予約制」ということですね。

宮崎　そうすると、過去と未来の相互関係によって決定するということになりますね。十二支縁起の一因一果の継時的連鎖とは異なる。

佐々木　そう。先にもお話しした通り、十二支縁起と四縁説は仏典においてもまったく違う場所で論じられていて、互いの整合性はないのです。

宮崎　ところで、三世実有説は、私の「自動車と風景」の喩えでも、映写機の喩えでも同じですが、時間の流れを空間内の運動、もしくは空間内の物体の移動に転換しているんですよね。梶山雄一も「有部は時間を空間化することによって、過去と未来の二物の間の因果関係を、空間に同時的に存在する二物の作用という関係として説明したのである」と指摘しています。[85] ここでの時間の空間化の操作は取りも直さず時間の概念化に他ならず、本来分別できない時間を概念として分別してしまっています。これは虚妄であり、戯論ではないのか。つまり仏説に反しているのではないか。龍樹が、難解とされる「中論」の「三時門破」で批判したのは、本質的にこの点だと思うのです。

佐々木　その通りです。ただ、説一切有部が時間を空間化することによって概念化したとは思いません。有部が空間化したのは、「過去・現在・未来」という三種の存在形態だけで、それが時間なのではありません。有部は、時間という独立した存在を認めないのです。存在が未来から現

85　梶山雄一「業報論の超越」『梶山雄一著作集第八巻　業報と輪廻／仏教と現代との接点』春秋社、二〇一一年。

在、現在から過去と変移する状況を仮の概念として時間と呼んでいるに過ぎない。さらに重要なことは、未来のコマの中には、現在へ移行する可能性を失って、未来に留まることが定められているものもあるということです。そういったコマは本質的に時間とは無関係の存在として実在している。ですから、「映写機の全体が時間を概念化して表示するものだ」とは言えません。むしろ、「諸行無常を実在論の立場から表出したもの」と言うべきでしょう。そういう意味では、仏説に反しているといった批判も当たりません。有部は「未来もちゃんと実在する」と考え、現在の私たちの行為が業を生むと、その信号を受信して未来のフィルムのコマに「予約マーク」が付いていくと考えた。予約マークの力は絶対で、「いつか」「必ず」「まったく予想できない形で」報いとなって表れるという特性を持つという。これを仏教用語で「異熟《いじゅく》」と言います。

宮崎　ですから龍樹は、有部の「過去・現在・未来」、三時の実在論を批判し、その不成立を論証しているわけです。まあどちらが仏説に適ったものかは見方によるでしょう（笑）。

普通はわれわれが、業の相続という視点から時間を記述するとすれば、過去のコマで生起した業が現在のコマに影響を与え、現在のコマで生じた業が未来のコマに影響を及ぼし、という具合に逐次的な因果の連鎖を考えますよね。事実、三世実有説を批判した別のグループ、たとえば経《きょう》部《ぶ》は、「いま」を軸としたもっと縁起的な時間論を展開しています。

有部はなぜ、過去にも未来にもコマが独立的に実在する、というような無理な想定をしたのでしょう？

佐々木　それは当時のインド人の認識として、「われわれが認識できるものは実在する」と考えていたからでしょう。いま私がやったことが将来の地獄落ちを決めてしまった、というふうに思ったら、もう地獄落ちという状態は存在するしかない。まだ現れていないけれど、いつか現れるだろうというのではなく、もうすでに地獄落ちという状態がどこかにあるんだ、というふうに考えたんだろうと思いますね。

宮崎　だから、時間を「流れ」とみるのではなく、一コマ単位で実在するという発想をしたんだろうと。

佐々木　はい。先にも言ったように、時間は実在ではなく、その一コマが現在にポンっと入ったときに、われわれは「あっ、時間が流れたんだ」というふうに捉えるわけです。つまり時間は、時間という実体がスムーズに流れていくのではなく、コマが未来から現在、現在から過去へと移動する、その変移現象を表しているに過ぎないというのです。

時間の経過は直接把握できるか

宮崎　仏説で無常が基本として説かれる理由は、人間が、実際の時間の流れを把握できないからだと思うのです。時間の流れは不可知ではないけれども、生来の本能、あるいは言語を根源とする後天的な慣習によって形成された感覚や思考によって覆い隠されている。仏教は、その「直覚(intuition)」を否定するために無常を説く。従って無常は本当は概念ではありません。もし概念ならば、同一性や不変性、不易性などの対照的概念が前提となりますが、同一や不変、不易はこの世界にそもそもないのです。ないのに、無常を直接知覚することも、そのまま理解することも困難な人間は、過去、未来、現在の三時、三世の設定をはじめとして、言語によって時間を概念化して把握しようとする。偽りの、静止的な時間を捏造するわけです。

佐々木　すべてが無常であり、その中に対立項としての不変存在などどこにもないというのが諸行無常の真の意味です。もちろん、この諸行と呼ばれる存在の他に、無為という概念が立てられ、それは不変であると主張されることもありますが、そもそも有為と無為は同一次元でこの世に存在しているものではない。先ほどの映写機の例で言うならば、無為は映写機とはまったく無関係な外部存在であると考えられます。私たち自身は映写機のフィルムの中に存在しているわけですから、丸ごと無常の世界に住んでいるのです。

宮崎　上座説部のスマナサーラ長老はこういう難しいことを、いとも簡単にサラッといってのけます。

「人間には比較対照する思考の癖があるのです。それで世間の人は、『変わる』を発見するために『変わらない』を作ります」[86]

これは現代の哲学者の、仏教の無常についての典型的な誤解を予め封じる説法にもなっています。典型的な誤解とは、たとえば永井均氏の次のような発言です。「（仏教では）無常ということがしばしば説かれ、この世のすべてのものは生滅・変化して同一にとどまることがない、などと言われる。しかし、そもそも生滅や変化は何かが同一にとどまることを前提にして成り立つ概念である。たとえば運動（空間的位置の変化）であれば空間の同一性、不変性が前提となる、というように。この世のすべてのものが無常であるなどという教説はそもそも意味をなさない」[87]。同一性も不変性も、そしてその対照物としての無常性も分別された、即ち言語によって分節化された概念である限りは虚妄に過ぎません。戯論ですね。そして戯論こそが「直覚」を生み出し、そのように虚構された「直覚」が「意味」を生み出す。これこそがブッダが説いた名色と識の相互作用の結果なのです。そうした虚妄分別の、概念設定の外部に出ることなくして無常は理解できない。でもその外部は直接、語ることはできない。不可説に近い。

経部と唯識派

宮崎 説一切有部は、過去にも、現在にも、そして未来にも実体があると考える。それは刹那に消滅するような実体に過ぎませんが、それでも実体説に立っているわけです。しかし、やがてこの三世実有説を否定する宗派が出てきます。

説一切有部から分派した経部が、三世実有に対して、「現在有体《げんざいうたい》・過未無体《かみむたい》」と説いた。つまり、過去や未来は実体がなく、実体があるのは現在だけよ、と言うわけです。

佐々木 これは今の私たちの時間概念と非常に近いものであって、現在しか実在しないと考える。

---

86 スマナサーラ『無常の見方――「聖なる真理」と「私」の幸福』サンガ新書、二〇〇九年。
87 永井均、藤田一照、山下良道『〈仏教3・0〉を哲学する』春秋社、二〇一六年。

では、未来はどうやってできるのかと言うと、それは現在がベースになって、次の瞬間が出てくるというだけ。

宮崎　ある意味、一因一果の教説に戻ったわけですね。

佐々木　だから、経部という名前がついたんでしょうね。論（アビダルマ）を重視する説一切有部の本流に対して、経（スートラ）を判断基準にしたわけです。ただ一因一果と言うこともできない。無数の因の作用の結果として、次の刹那に一つの現在が現れてくるわけですから、そういう視点から見れば、構図は三世実有説と同じです。

宮崎　現在しか実体がないとなると、業はどうやって遠い未来に果を結ぶんでしょうか？

佐々木　そこが経部の面白いところで、今で言うところの複雑系のカオス理論のようなことを考えるんです。いま私がした行為によって生じた業が、私という複雑系に微少な変化を与える。それは次の刹那に微少な変移として引き継がれていく。そして、ある時たまたま特定の条件がそろった瞬間に、突然「天に生まれました」「地獄に落ちました」といったドラスティックな結果を生み出すと言うのです。まさに、アマゾンを舞う一匹の蝶の羽ばたきが、遠く離れたところで嵐を巻き起こすというバタフライ効果のような感じ。このようなメカニズムを「倶舎論」では「相《そう》続転変差別《ぞくてんぺんしゃべつ》」と呼んでいます。

宮崎　「倶舎論」を書いた世親は、説一切有部や経部の論者だったとされていますが、最終的には唯識派の理論的支柱として、また新たな時間論を提唱するようになりますね。

佐々木　はい。唯識派の場合は、過去や未来だけではなく、現在もまた実体がないと言うんです。

じゃあ、何もかも実体を持たないのかというとそうではなく、それらを生み出すベースとなる阿《あ》頼耶識《らやしき》という本当の実体があると言うわけです。阿頼耶識が、過去・現在・未来を一種のバーチャル映像のように映し出していて、それを認識している自分でさえも阿頼耶識から生み出される一つの映像に過ぎない。

宮崎　つまり、阿頼耶識はパーフェクトな映写機のようなもの。識の外界には実体がないというのが「唯識無境」の考え方です。これはバークリー[88]などの独我論、唯心論に非常に近い。

佐々木　ただ最近、唯識研究の人は、「本来、唯識の基本文献である『瑜伽師地論《ゆがしじろん》』は『認識している主体／認識されている対象』というものが存在しないと言っているだけで、外界が存在しないとは言っていない」と言うようになりましたね。要するに、外界にも実体はあるんだけど、われわれが言葉で捉えようとしているものと、実際の実体との間には齟齬があると言っているに過ぎないということらしいのですが、それだとアビダルマの段階からみんな言っていることで……。

宮崎　あえて唯識派を名乗る意味がなくなっちゃう。でも〝他心〟の存在を否定しているラトナキールティなんて明らかに独我論者だと思うけどなあ。

88　ジョージ・バークリー（一六八五－一七五三）。アイルランドの哲学者・聖職者。

龍樹の「空」の理論

宮崎　さて、これまでダンマについていろいろ論じてきましたが、基本的に私と佐々木さんの考え方の間に、大きな違いはなかったように思います。

しかし、「空」をめぐる解釈については、それぞれまったく異なる意見を持っていますね。最後に「空」の理論で有名な、龍樹の中観派について、ちょっとだけ触れておきましょうか。

佐々木　わかりました。まず龍樹について説明すると、釈迦の死後から七百年余り後、二世紀後半から三世紀前半にかけてインドで活躍した、大乗仏教における最初にして最大の哲学者です。その著書「中論」によって創始された中観派は、唯識派と並び、その後の大乗仏教の流れを決定的に変えました。チベット仏教・密教系はもとより、禅宗や日本の浄土系などにも多大な影響を及ぼしています。

宮崎　さらに言えば、龍樹の洗練された論理の批判的形式性は現代の西洋哲学とも相性が良く、ポストモダンをはじめとする哲学者たちの間でも、その認識論や言語論がよく話題にされています。

佐々木　中観派の特徴は、「般若経」で強調された「空」の概念をさらに徹底させ、あらゆる実体（自性《じしょう》）を否定し、すべての存在は無自性であると説いたことです。

宮崎　すでにこの対談でも折に触れて紹介してきた通り、龍樹はすべての存在は言語によって捉えられる限り相依的で、実体はないと考えました。

たとえば先ほどの時間論について、中観派はどのように考えるのか？　お察しの通り、中観派も唯識派と同じように、過去も現在も未来もすべて虚妄であり、実体がないと考えました。ただ時の流動、運動はある。けれど人間はそれらを自然的には把握できない。

佐々木　ただ唯識派と大きく違うのは、中観派は阿頼耶識のような実体的なものは設定しない。そうではなく、六因五果四縁説のもとになるようなすべての要素自体が、端から存在しないと言うわけです。何も存在しないのであれば、六因五果四縁だろうが十二支縁起だろうが、すべての縁起のつながりは消滅します。

そうなると、結局どうなるのか？　つまりは言葉では説明できないけれども、ただ世界が存在しているということだけは間違いない。そういう世界をただ感じ取るしかないんだというような、非常にアクロバティックな議論になっていく。

宮崎　それを言葉でなんとか説明しようとすると、必然的に「これでもない、あれでもない」という否定神学的な語り口になってくるわけです。しかし中観は否定神学ではありません。

佐々木　説一切有部が「ある」「実在する」と強く主張してきたことに対するアンチテーゼとして、中観派は「そんなものはない」とはっきり否定したわけです。

この中観派の考え方については、宮崎さんはまだまだ語りたいことがたくさんあると思いますが、対談本でこれ以上込み入った話をするのは難しいので、この先はぜひご自身の本としてまとまった形で展開していただければと思います。今回は紙幅の都合もあるので、法についての議論はこのくらいにしておいて、次は三法の最後、「僧」について語りましょう。

第三章　僧――ブッダはいかに教団を運営したか

サンガと律

宮崎　最後の章は三宝のうちの三つ目、僧《サンガ》。出家者が生活を共にして、修行や研鑽に打ち込み、ときとして議論を展開していくのがサンガです。これをメインテーマとして、精舎、寺院などについても考えてみましょう。

本書の冒頭でも述べたように、三宝、すなわち仏、法、僧の一つである僧を一個人のことと捉えて、「お坊さま」のことと思い込んでいる向きもあるようですが。

佐々木　だから三宝の一つが僧だと言うと、「やっぱりお坊さんは大切にしなさいってことか」なんて誤解されてしまいます。

僧の原語は「サンガ（僧伽）」と言って、もともとは「集団」という意味です。個々人のお坊さんを指しているのではなく、正確に言うと、「四人以上のお坊さんが、独自の規則を守りながら、修行のための集団生活を営む組織」を指しています。

宮崎　四人以上の比丘（男性出家修行者）、比丘尼（女性出家修行者）さえいれば、世界中のどこであっても、その場はもうサンガと呼べるんですよね。

佐々木　そうです。四人以上のお坊さんが集まって、適当な場所で「結界」の手続きに則って領域を定め、そこで集団生活を送れば、それがサンガになります。もちろん、ただ遊んで暮らしているだけではダメで、独自の規則を守りながら修行生活を送らなければなりません。

宮崎　その独自の規則が「律蔵」ですね。佐々木さんは初期仏教のサンガとそれを統制するための法律集である「律蔵」の専門家でもいらっしゃる。「律蔵」は普通、簡略に「律」とも呼ばれるので、本書でもこのあとはそれに従って「律」という呼称を使いましょう。しかし、なぜサンガの組織原理やガヴァナンスのためのルールなんかに興味を持たれたのですか。律なんて、仏伝部分などを除くと読んでいてもあまり面白くないような気がしますが。珍しい専攻だったのでは？

佐々木　はい。私が仏教学の世界に入ったのは三十年以上前ですが、当時は律を専門にしている人なんて誰もいませんでした。周りの人も、「工学部から移ってきた変わり者が、道楽半分でやっているんだろう」と思っていたようです。あの頃私が頼りに出来たのは、平川彰先生と佐藤密雄先生[1]の著作ぐらいという状況でした。

宮崎　平川氏の律研究が嚆矢かなあ。でも近年ではかなり研究者も増えてきたようですね。

佐々木　たしかに昔に比べれば律をやる人が多くなりました。先日も、珍しいことに律をテーマにした学会が中国で開催されました。でも、現状では、律を単なる僧団規則の資料として捉え、「ここに、こんな面白い規則があります」というような、内容の紹介レベルの発表が多いですね。律を釈迦の重要な思想体系の一つと見なし、そこから仏教全体の枠組みを捉え直そうというような意識は、まだあまり見られないですね。

私の考えでは、律というのは「仏教のDNA」。つまり、仏教誕生の時から、少しずつ付け加えられたり改造されたりしながらも、その大枠は変わらないまま、ずっと一本の糸で連綿とつながってきた存在なんです。生物学でDNAを調べて生物進化の過程を探るのと同じように、律の変遷を調べると、仏教の歴史展開の過程が見えてくる。そこが律研究の面白いところで、また学問的にも意味があるところだと思っています。ですから、律研究というのは単なる法律の研究なのではなく、それ自体が仏教史研究になっているわけです。

宮崎　けれど、日本の仏教にはお寺はありますが、サンガに当たるものは見当たらないですねえ。禅宗の永平寺[2]などにはちょっとそれっぽいところもありますが。受戒の制度はありますが、律は見当たらない。日本仏教を見る限りにおいては、律も、それを用いて運営されるサンガも存在しない。この日本仏教の特殊性が、日本にいると理解できないんですね。

1　大正大学教授（一九〇一－二〇〇〇）。
2　福井県にある曹洞宗の寺院。大本山。一二四四年、道元によって開創された。

佐々木　そこがやりにくいところです。サンガや律の意義を説くと、「じゃあ、日本の仏教はどうなるの？」という質問が必ず返ってくる。「サンガを持たない日本の仏教は、きわめて特殊な、変形した仏教なのです」としか言いようがありません。
仏教の定義は仏・法・僧であり、仏教の本質は、単に思想哲学の系譜だけではなく、サンガを中心とした人間活動とリンクしたところにあるということを、日本の仏教関係者にもちゃんと理解してほしいところです。「日本仏教は律などという些末な規則に縛られていないから深みがある」といった愚かなことを言う日本の僧侶も見かけますが、結局は自分たちの俗的な生活を正当化するための詭弁ですね。

サンガは本当に必要なのか

宮崎　ちょっと不躾《ぶしつけ》でラディカルな問い立てを許してください。サンガや律は本当に仏教にとって必要不可欠なのでしょうか？　最古層の経典には、サンガは単独の修行者によるかりそめの共同体として描かれていますが、古層以降になると在家と一体になった大きな仏弟子組織のイメージが濃くなります。善行の功徳や生天のような明らかに在家向けの、「教団経営」を意識した説法が頻出するようになるのも古層、新層になってからです。また、先にも経証として挙げた長部所収「大般涅槃経」の「師に握拳なし」に続くブッダの言葉――「向上につとめた人は『わたくしは修行僧のなかまを導くであろう』とか、あるいは『修行僧のなかまはわたくしに頼っている』とか思うことがない」――をみる限り、ブッダが死後のサンガの維持を本当に望ましいと思っていたかどうか、どうもはっきりしないんですよね。[3]

佐々木　そうかも知れませんが、その「大般涅槃経」というお経そのものがブッダ亡き後のサンガの運営を基本テーマとして創られた経典ですから、やはりサンガの必要性は大前提だったのだと思います。たしかにサンガや律がなくても、悟りは得られます。実際に釈迦はサンガがなくても悟れましたし、それ以外にも、沙弥《しゃみ》（比丘になる前の見習い）の段階で悟りを得たなんて話もあります。その意味では、サンガは必須条件ではないでしょう。ただし、悟りのための極めて有効な組織であることは間違いありません。たとえば、科学の発見は原理的には誰にも頼らずたった一人で成し遂げることも可能ですが、やはり科学界という一つの組織があってはじめて誰にでもその道が開かれるのと同じようなものでしょう。

宮崎　ひょっとすると、そのような問題意識から後代の大乗仏教において「居士《こじ》仏教」（在家の信者による仏教）が生まれたのかもしれませんね。「維摩経」において、主人公の維摩（ヴィマラキールティ）は在家の仏弟子だったのですが進境著しく、名立たるブッダの高弟や菩薩たちを悉く説破してしまう。とうとう文殊《もんじゅ》菩薩《ぼさつ》が、多数の他の菩薩や仏弟子たち、神々や人々が見守るなか、維摩と問答を交わす。ここで著名な、雷のごとき「維摩の一黙」が出ます。維摩は一切の二項対立を超越した「不二《ふに》法門」への入り方を訊かれ、言説ではなく、沈黙という態度によって示

3　中村元訳『ブッダ最後の旅―大パリニッバーナ経』岩波文庫、一九八〇年。

した、というわけです。

佐々木　「不二法門」は有名ですが、「維摩経」というのは実際は非常に意地の悪いお経です。釈迦の弟子たちを徹底的に笑いものにし、貶めることで、自分たちの優位性を主張しようという極めて傲慢な思考によって創られた経典で、末尾の「不二法門」はまさにその傲慢さの極致とも考えられます。

宮崎　「維摩経」にはいろいろと思想的問題もあるのですが、とにかくこの維摩が「居士」の代表格とされてきた。在家のままで、仏弟子のなかで「智慧第一」といわれた舎利弗も、菩薩たちすらも敵わぬほどの高度な悟りを得たというのですからまあ無理もない（笑）。

佐々木　本当のところ、仏教にはサンガを作らずに、各個人がバラバラで修行するという選択肢もあったと思います。それでも悟りには到達できるわけですから。

おそらく当時のインドの沙門宗教にはそういう宗団もいっぱいあったでしょう。ただ、歴史的に見れば、そのような沙門宗教はみんな消滅してしまったということです。

宮崎　残らなかったものの存在を確認するのは大変難しい。外道として仏典に登場するため名前だけは知られている沙門宗教でも、実態がはっきりしないものが多い。そういう場合、往々にして経典など纏まった文書も伝持されていないので、僅かな二次的な史料を頼りに推定するのがやっとです。仏教はサンガという集団を形成し、組織的に法統を護持したので、辛うじて現在まで教えが伝えられた。

佐々木　そうです。それが果たして良いことであったかどうかは、また別問題ですけどね。個人個人の幸福と言う観点から見れば、消えてしまった宗教の方が良い面があったという可能性はある。それはもうわかりません。

組織化の功罪

宮崎　これは仏教に限った話ではありませんが、組織はその維持や発展が自己目的と化したとき、思想を変質させ、人を堕落させます。内部に官僚制度ができあがってしまう。カトリックや共産党なんかが典型的ですが、残念ながら仏教も例外ではない。日本の宗門はいうに及ばず、スリランカやミャンマーのテーラワーダ教団ですら、本来のサンガの形態はフラットなネットワーク型の組織だったはずなのに、いつの間にかヒエラルキーができてしまった。スリランカの一部の宗派には、先に言及した通り、そのヒエラルキーの成員構成にカーストが反映されるまでになってしまった。

佐々木　だから、テーラワーダ仏教は自分たちは釈迦の仏教を純粋な形で受け継いでいると言うけれども、実際はそうではない。

やっぱりその分水嶺は、五世紀にインドからスリランカに渡った仏教学者ブッダゴーサだと私は思います。ブッダゴーサ以前の註釈文献を読むと、何々長老はこう言ってるけれども、何々長老はこう言ってると、いろんな意見が乱立してる状況が読めます。しかし、ブッダゴーサ以後はブッダゴーサに沿っているかどうか、その一点で正邪が決められていくようになるんですね。

五世紀あたりのスリランカは、政治が乱れていて宗派間の対立が激化していましたから、さっき宮崎さんがおっしゃったように組織防衛の必要性から、そうなってしまったんじゃないかと思います。

宮崎　まあその権威があったからこそ、パーリ三蔵という正典《カノン》が制定され、伝持され、研究も進んだわけですけどねえ。ブッダゴーサによるニカーヤの「アッタカター（註釈書）」が大きな権威を持ち、さらにそれら註釈書の註釈書、「ティーカー（復註書）」が作られ、さらにティーカーに対する註釈書「アヌティーカー（復々註書）」までが作成される。こうしてブッダゴーサを中心に経典解釈の権威性のヒエラルキーができてゆく。

佐々木　はい。おもしろいことに、パーリ語の仏教世界では、ニカーヤの註釈文献がどんどんつくられていって、それが権威を持ってくるわけですが、北伝仏教のほうを見ますと、註釈文献というのはあまりつくられていない。でもその代わりに、経典本体の方がどんどん改変・増広されていく。同じ現象は律にも起こっていて、南伝仏教では律に対して独自の註釈書が作られるのですが、北伝仏教では註釈の文言が律そのものに組み込まれていって、律自体がどんどん膨れていくという傾向があります。

北の方が、経典本体に手を入れられるぐらい自由度があったんでしょうね。だから大乗仏教なんていう特異な仏教が出てきたのかも知れない。これに対して南伝の仏教では、本来かなりフレキシブルであった聖典理解が途中で急激に固定化し、それが後に、「我々のテーラワーダの仏教は、釈迦直結の、一切の変更をこうむっていない仏教だ」という〝歴史原理主義〟を生み出すのでしょう。

宮崎　正典が確定している。つまりキリスト教の新約聖書・旧約聖書と同じように、正典の権威が絶対的で、そこから漏れると「外典」扱いということです。前述したように「ミリンダ王の問い」はミャンマー以外では三蔵に入っていません。ブッダゴーサがその価値を評価したので準三蔵の扱いを受けてはいますが、正典ではない。

正典と外典、偽典との線を厳格に引くのはいいんですが、そこから「ニカーヤの記載は、たとえ相互に思想的、論理的に両立不能な矛盾をきたしていたとしても、すべて真説、聖言として受け容れなければならない」という、まさに硬直的な経典観が出てくる。後代に作が入れられたのではないか、というような疑念は封じられる。挙句に、その矛盾を丸め込むために、釈迦が戒めた非合理性が密かに導入されるという教理の頽落も一部ではみられます。

佐々木　南伝仏教ではある段階、おそらくはブッダゴーサの時代までは、正典が改変されるという自由度を持っていたのに、その後完全に権威化して改変が不可能な状況に変わりました。ところがその改変不可能な現在の状況を釈迦の時代にまでさかのぼらせて、「南伝仏教の正典は釈迦の時代から一切変更されていない純粋単一な釈迦の真説だ」などという誤った歴史観が出てくるわけです。

宮崎　「大般涅槃経」には、誰かが「これは尊師から目の当たりに聞いた直説だ」と主張している事柄であっても、対照や吟味なしに鵜呑みにしてはならないという釈迦の言葉がある。ましてほとんどの阿含・ニカーヤは古層、新層に属し、釈迦の死後、百年、二百年経ってから作成、編纂されたものと推されますから、対照や吟味なしには読むことはできないはずです。

硬直化といえば、じつは律には改正の機能がないんですよね？

佐々木　そうです。だから、形式上は二千五百年前の規則でも絶対に変更することができないんです。しかし実際には、律の規則を拡大解釈するための便法を書き加えたり、あるいは、うまく辻褄《つじつま》を合わせながら規則を変更したりした。そういう痕跡が至るところに残っているので、それを研究することで律の変遷史が見えてくる。そこが律研究の本道です。しかしともかく、建前としては、「律は釈迦以来、まったく変わっていない」ということになっており、その前提のもとで仏教サンガは二千五百年という異例の長い期間にわたり、曲がりなりにもサステナブルな組織として生き延びて来たという側面もある。

宮崎　改正機能があった方がよかったのか、なかった方がよかったのか……。

佐々木　じつは釈迦も「小小戒」、つまり小さい戒ならば廃止してもいいと言っているんです。それが現われるのは、「大般涅槃経」にみえるブッダの遺言ですね。「アーナンダよ。修行僧の集いは、わたしが亡くなったのちには、もしも欲するならば、瑣細な、小さな戒律箇条は、これを廃止してもよい」と記してある。ところが、どれが小小戒なのか、そしてどのような手続きで変えればいいのか、全然決めていなかった。だから、釈迦の死後、みんなどうしたらいいのかわからくなり、弟子の大迦葉《だいかしょう》が「もういっそそのこと全部変えないことにしよう」と決めてしまったという経緯があります。[4] もちろん実際にはいろいろな方策で規則は変えられてきているんですけどね。

文化維持装置としてのサンガ

宮崎　もちろん、私達が二千数百年も前の経典や規範、論書をほんの数十年前に書かれたもののごとく読むことができるのは、仏教サンガがこれらのテクストを単に保蔵するだけでなく、註釈を施し、研究を深め、その内容を実践してきたからです。そういう意味では、この私達の本も、仏教史の滔々たる法統の一コマの形成に寄与しているともいえる（笑）。

佐々木　私はサンガのようなシステムとしての知的財産が、文化を生み出していく最大の原動力になるんじゃないかと思いますね。サンガの修行者たちはいわゆる世俗的な労働はまったくしないけれど、そういう意味では大きな仕事をしている。

宮崎　キリスト教の修道院もそういう機能を帯びていたみたいですね。ウンベルト・エーコ[5]原作をショーン・コネリー[6]主演で映画化した『薔薇の名前』（一九八六年）で、連続殺人の舞台となった中世北イタリアの修道院の文書館は、実はキリスト教圏最大の図書館という設定でした。この僧院はキリスト教関係の文書ばかりではなく、東方の異教の書物、古代ギリシャの典籍などが秘蔵されている知の殿堂だった。

4　中村元訳『ブッダ最後の旅―大パリニッバーナ経』岩波文庫、一九八〇年。
5　イタリアの作家（一九三二－二〇一六）。
6　スコットランド出身の映画俳優（一九三〇－）。

佐々木　そうです。いわゆる反キリスト教的なものまで保存されていた。

宮崎　ここに密かに所蔵されているというアリストテレスの[7]『詩学』第二部が殺人の動機の形成に深く関わるという趣向ですが、面白いのはやはり図書館です。文献の蒐集、写本作成で名高いオーストリアのメルク修道院がモデルになっていますが、もちろんフィクションですからエーコの潤色も少なからずあると思います。しかし、知の保蔵の役割を、当時は宗教施設が担っていたという設定は実に興味深い。

佐々木　サンガの存在意味というのは、その方面からも大いに評価されるべきだと思いますね。もし古代ギリシャ・エジプトの数学や科学を保存する人がいなかったら、中世の暗黒時代以降に、人類はそれを復活させることができなかったかも知れない。

宮崎　まあ、でも考えてみれば無常を説く仏教のサンガが、文献の保存や、教団の維持に長けていたというのは、なんだか皮肉な話ですけどね（笑）。

佐々木　仏教がいう無常とは、無常をよしとする考えではなく、無常という法則性を前提として世界観を構築せよ、ということです。サンガも、できれば永続してほしいけれども、無常だからいつかは消滅せざるを得ないという前提なんですね。

なぜ日本仏教にサンガがないのか

宮崎　どうして日本にはお寺はあっても、サンガがないのでしょうか？

佐々木　それは日本が仏教を導入した歴史的経緯を考えればわかります。仏教伝来は六世紀の半ば頃ですが、当時の朝廷は、仏教をあくまで政治の一環、外交の道具として導入しました。朝廷の為政者たちは、日本の民衆がどんどん仏教徒になって心の安らぎを見出して欲しいなんて、本心ではまったく考えていなかったんです。

宮崎　当時としては先進的な中国や朝鮮の文物を取り入れるための手段の一つとして仏教があった。だから仏教の招来は国家事業として行われたし、その果実は上層階級の独占物となりました。そして僧侶はいわばテクノクラートだった。

佐々木　それに、いくら聖徳太子が「篤く三宝を敬え」と言ったところで、現実的な問題として、仏と法はともかく、僧を輸入するのはとても難しかったわけです。少なくとも四人の受戒した生身の僧侶を連れて来る必要がありますが、当時の航海はまさに命がけ。わざわざ危険を冒して後進国・日本まで来てもらうのは、そう簡単なことではありません。しかも、実際には四人では不十分なのであって、「受戒儀式を執行するためには最低十人の僧侶がいなければならない」と律で決められているので、受戒儀式を執行して日本で僧侶を自家生産するためには、最低十人の僧侶を連れてこなければならず、しかもその中には律に精通している専門家を入れておかなくてはなりませんから、ますますハードルは高くなります。

7　古代ギリシャの哲学者（前三八四－前三二二）。

奈良時代になると、幾重もの困難なハードルを越えて、ついに唐随一の名僧・鑑真《がんじん》[8]を招来することに成功します。たしか弟子も含めて十五人ぐらいで来たはずです。

宮崎　しかし外交や統治のために仏教を役立てるというのが招来の主な理由ですから、朝廷サイドは、悟りのための出家者共同体には何の関心もなかった。

佐々木　関心がないと言うよりも、そもそも朝廷にとって僧侶とは国のために働く公務員でしたから、サンガなどという国家から独立した自治組織を認めるわけにはいかなかった。だから形だけはサンガを認めましたが、その運営規定である律の導入を認めないことで、事実上、サンガを骨抜きにしたんです。

宮崎　自治権を認めず、国法に従わせたわけですね。本来はサンガが世俗の法に縛られるなどあり得ない話です。後代、花園天皇[9]が臨済の宗峰妙超《しゅうほうみょうちょう》[10]と初めて会見した折、「仏法不思議、王法と対坐す」と切り出し、機先を制そうとしたという逸話が伝えられていますが、いやいや仏法が王法と対等ではいかんだろう、と仏教者として思ってしまいます（笑）。

佐々木　だから妙超もすかさず「王法不思議、仏法と対坐す」とやりかえした（笑）。

それはともかく、わざわざ唐から渡ってきた鑑真は日本で律宗を立ち上げ、当時の上皇をはじめ多くの人に授戒を施しました。しかし、それらの授戒はすっかり形骸化されたもので、実際に日本でサンガが広がることはありませんでした。

宮崎　そもそも戒律が仏教の基本要素であることを思えば、わざわざ律宗という宗派を作らなければならないこと自体が異常事態なわけです。

佐々木　そうです。鑑真はあれだけ苦労して来日を果たしたのに、所詮はお飾りに過ぎない存在になってしまったのです。

平安時代に入ると、さらに露骨な仏教の政治制度化が進み、「年分度者《ねんぶんどしゃ》」と言って、朝廷が一年に何人受戒させるかを決めて、受戒したものを国家公務員として扱いました。僧侶たちは朝廷から不自由のない生活を保障される代わりに、朝廷のために働いたのです。もはやサンガの理念など跡形もない。

宮崎　先にも論及したように、当時の受戒は上級国家公務員の認証みたいなもので、僧侶は官僚に近い立場だった。仏教は個の救済を目的とする実践思想ではなく、国家運営の円滑化を目的とする実務の装置でした。曲がりなりにも、本来の仏教のあり方に近づくのは鎌倉仏教の興起を待たねばなりません。

佐々木　日本はサンガを持たない唯一の仏教国になってしまったのです。

幻のサンガ復興運動

佐々木　じつは平安期にも律宗の中でサンガを本来の姿に変えようという動きがあったんです。

8　南山律宗の高僧（六八八－七六三）。揚州・大明寺で律を講じていたが、渡日し、日本律宗の開祖となる。
9　鎌倉時代の九十五代天皇（一二九七－一三四八）。禅宗に傾倒した。
10　臨済宗の僧侶（一二八二－一三三八）。京都の大徳寺を開山。

しかし、最澄[11]・空海[12]らによって日本に持ち込まれた密教が勢いを増すなか、サンガ復興の動きが外へ広がることはありませんでした（二五五頁参照）。

そもそも日本仏教には最初からサンガがなかったので、サンガに基づく仏教なんてモデルも知らないわけです。もし出発点でサンガを認めていれば、その後どんなに堕落していったとしても、どこかで原点に回帰しようという動きが出てきたかも知れません。でも、知らないものに戻ることはできません。

宮崎 そういうなかでは、平安末期に奥州藤原氏が平泉《ひらいずみ》の地に築いた都市には可能性があったかもしれない。平泉は中尊寺《ちゅうそんじ》を中核とする仏教都市として描かれることが多いのですが、いわば「国家仏教」の本拠地、京都と異なり、民衆の救済や「怨親平等《おんしんびょうどう》」の理念が生かされていたようです。

奥州藤原氏が四代で滅びず、さらに百年ほど仏教都市として発展していったとすれば、全国から自覚的かつ自立的な僧が集まり、やがてサンガを形成したのではないか、と妄想します（笑）。

佐々木 可能性はあったかも知れませんね。やはり本気で仏教の悟りを目指そうとする人たちにとって、サンガのような純度の高い場所で修行生活を送るというのは、とても魅力的なはずですから。

---

11 日本の天台宗の開祖（七六七－八二二）。
12 真言宗の開祖（七七四－八三五）。

図11 **日本の仏教の流れ**

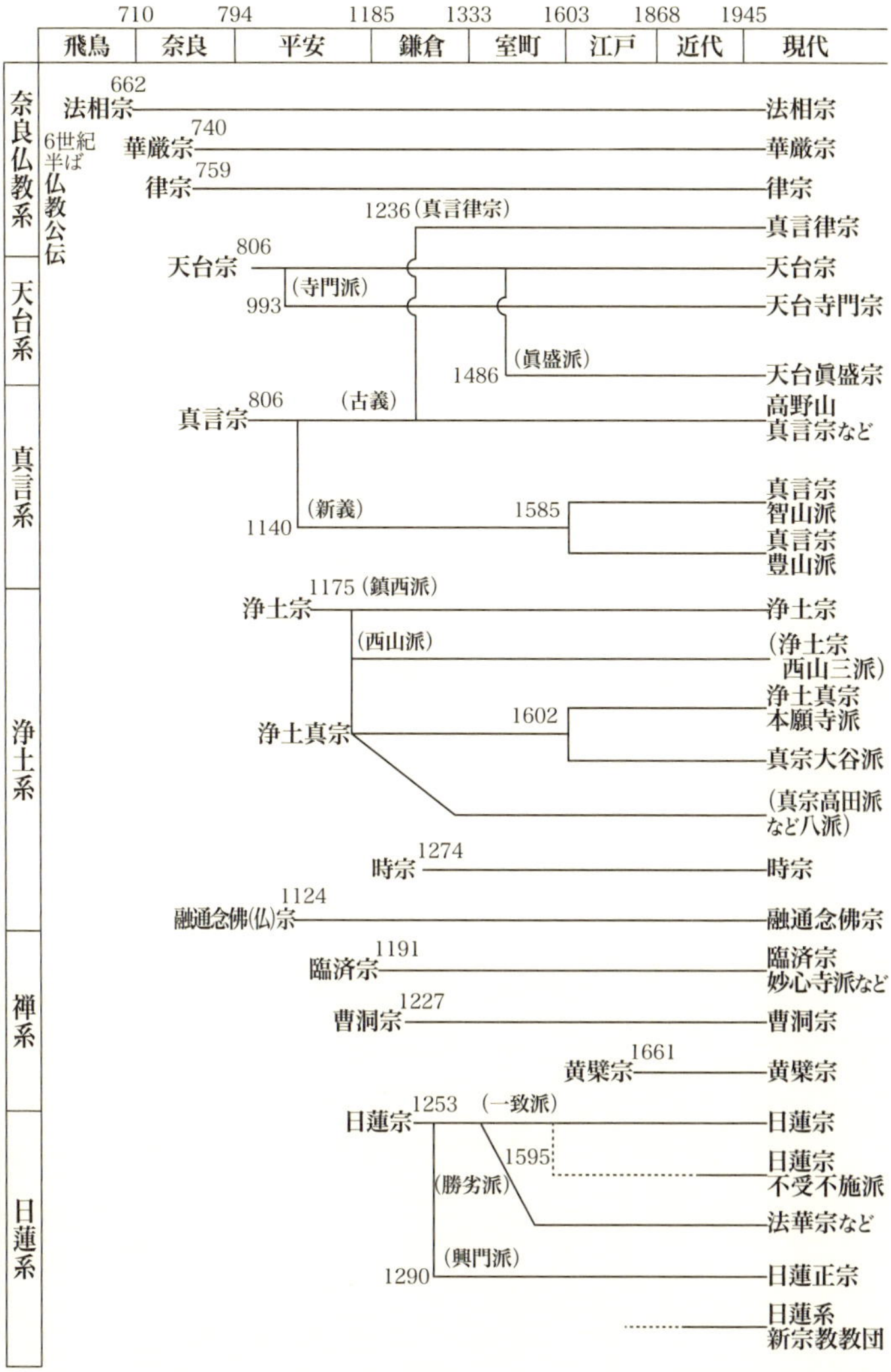

文化庁編『宗教年鑑』（平成27年版）掲載の図をもとに作成

宮崎　鎌倉中期になると、それまでの仏教に飽き足らなくなった宗教的天才たち、法然[13]、親鸞、一遍[14]、日蓮[15]、栄西[16]、道元が次々と現れ、日本仏教の新しいステージを開きます。

佐々木　ただ、残念ながら「時すでに遅し」だった。日本の場合、もうサンガも律もない仏教がすっかり定着してしまっていたから、新たな仏教を作ろうとする彼らの脳裏に、サンガや律を復興させようなんて発想は端からなかった。鎌倉仏教は、すべて律なき仏教として民衆に広がっていきます。

宮崎　でも、例えば禅宗なんかには、比較的律に近い生活規範が存在しますよね。

佐々木　清規《しんぎ》ですね。ただ、清規と律を比較した場合、大きな違いが一つあって、それは清規の中には組織の自治権を保障する規則がないということです。

宮崎　なるほど、そうですね。

佐々木　清規というのは、じつは律の一番終わりの方の部分に似ているんです。特に罰則も設定されていないような軽微な行儀作法のところ。つまり、清規は日々の暮らしを規定する行儀作法なんです。律の最初の方で規定されている、サンガの独立性を保障するような重みのある法律は、最初から取り入れられなかったか、あるいは全部捨てられたんじゃないかと思いますね。

宮崎　繰り返しになりますが、曹洞宗の永平寺に行って、お坊さんたちと話したり、彼らの暮らし振りを観察したりすると、「ああ、ここはサンガだなぁ」って実感しますけどね。

佐々木　それは私も同感です。少なくとも、独身の男性・女性がそれぞれ分かれて集団生活を送り、毎日決められた規則に従って修行をしているという点で、禅宗の僧堂は日本に残る数少ないサンガ的な空間とは言えるでしょう。

オウム真理教と律

宮崎　結局、禅宗を除けば、日本の仏教系新興宗教で、サンガらしきものをつくったのはオウム真理教だけだったという……（笑）。

佐々木　本当にそう。皮肉なことです。誤解を恐れずに言えば、オウム真理教がもし麻原のような人物ではなく、もっと謙虚な人をリーダーに持ち、律のような規則を導入して正しく教団を運営することができていたら、日本では独自の、非常に面白い出家教団が生まれた可能性はあったかも知れない。

宮崎　日本の仏教系新興宗教は、みんな「本当の仏教」を謳っているんだから、本来は仏法僧を一セット持ってなきゃいけないはず。タイやスリランカなどアジアの国々でも、いくつか仏教系新興宗教がありますが、彼らもちゃんとサンガを作ります。それなのに、なぜか日本の仏教系新興宗教は、大概在家集団なんですよ。あれは不思議ですよね。

13 浄土宗の開祖（一一三三－一二一二）。
14 時宗の開祖（一二三九－一二八九）。
15 日蓮宗（法華宗）の開祖（一二二二－一二八二）。
16 日本の臨済宗の開祖（一一四一－一二一五）。

佐々木　それに対し、オウム真理教は曲がりなりにも出家教団というものを実現したから、たくさんの人の気持ちを引き付けてしまったんです。俗世とは一線を画した修行空間というのは、本来の仏教が持つ大きな魅力の一つですから。

もちろん、仏教とオウム真理教とではサンガの運営方法が根本的に異なるんですが。オウムには律がなく、代わりに麻原彰晃という個人が恣意的に規則を決めていました。たとえば、麻原がゴキブリを殺してはいけないと言ったもんだから、サティアン（オウム真理教の宗教施設）の中はゴキブリだらけだった。一応、「不殺生」ということらしいけど。

宮崎　それなのに、人は殺してもいいという。

佐々木　そう。客観的なルールがないから、個人の歪みがそのまま教団の歪みとして現れて来る。この辺りの事情は、拙著『「律」に学ぶ生き方の智慧』で詳しく書いたので、興味がある人はそちらを読んでみて下さい。

最大のポイントは、第一章でも話しましたが、釈迦はサンガを「お布施に依存」して生きる集団として設計したのに対し、麻原は「富を収奪」して生きる道を選んだことです。運営の方法が、百八十度違う。

宮崎　私は教義もだいぶ違ってると思いますけどね（笑）。オウムの教義は基本的に実体論であり真我論です。空も無我も説かれない。チベット仏教指導者のお墨付きを振り回しながら、チベットの正統教理である中観哲学を取り入れた形跡は皆無。むしろバラモン教のサーンキヤ学派やヨーガ学派の影響が濃厚です。[17]

佐々木　終末論も入っていますね。いわゆるハルマゲドン。あれは麻原独自の思想なのかな？

宮崎　でも、岡野潔氏[18]の研究だと、部派仏教の一派である正量《しょうりょう》部も終末論を持っていたらしいですよ[19]。「大いなる帰滅の物語」というのが正量部の文献にあって、生き物がすべて死滅し、衆生世界の散壊が完成する。この絶滅の時代を経て、すべての衆生が苦しみの境涯を脱し、二禅天以上の天界に上生する……って、完璧な終末論だ（笑）。

佐々木　「マハーサンヴァルタニーカター」ね。ただしそれは、あくまで、繰り返される宇宙生滅の中の一サイクル内における終末という意味です。正量部は、その一サイクル内の終末に対して異常に強い危機感を持っていたようです。しかし麻原がそういう特殊な資料を利用したとも思えません。

六本の律の謎

宮崎　それでは律の具体的な内容を見ていきましょうか。まず、ごく初歩的なところを確認して

17　いずれもインドの六派哲学に数えられ、サーンキヤ学派は精神と物質の二元論を唱え、ヨーガ学派は身心の訓練による解脱を説いた。
18　九州大学教授（一九五九－）。
19　たとえば岡野潔「インド仏教正量部における終末観」『哲学年報』六二輯、九州大学大学院人文科学研究院、二〇〇三年、八一－一一一頁など。

おきましょう。仏教信者の守るべき規律を一般的には「戒律」といって、戒と律を分けて使ったり、考えたりはしませんね。しかし実際には戒と律は別のものを意味しているという。仏教において戒と律の違いとは何ですか？

佐々木 戒は、在家だろうが出家だろうが、仏教徒であれば誰もが守らなければならない一種の「心がけ」。一方、律は、出家した僧侶だけが守らなければならない規則で、これはサンガ運営のために定められた法律です。

戒は道徳のようなものですから、とくに罰則規定は設けられていません。在家や沙弥が戒を犯した場合でも、仏教サンガからの罰はありません。一方、律は厳然たる法律ですから、これを犯した場合は、その罪の重さに応じて、細かい罰則が定められています。

ただし、いずれの場合も、あくまで仏教内部のルールであり、世俗の法律とはまったく無関係です。たとえば、僧侶が殺人を犯せば、「殺生するな」という戒を破ったことによって自己のあり方が堕落し、「人を殺した比丘は出家世界から永久追放にする」という律の規定によって全サンガから追い出され、さらにそこに世俗の法による処罰が加えられる、ということになります。

宮崎 在家向けの戒としては「五戒」が有名。これを基本として、出家に近づくにつれて、戒の数が増えていく。

佐々木 そうです。在家の信者は普段は「五戒」を守り、月に六日ある六斎日《ろくさいにち》（精進日）には、それに上乗せして「八斎戒」という戒を守る。沙弥になると「十戒」を守る。そして、出家してサンガの正式なメンバー（比丘・比丘尼）になると、今度はそれらの戒とは別に律という法律に

図12 **「五戒」「八斎戒」「十戒」**

五戒	1. 一生の間、殺生を離れる。 2. 一生の間、盗みを離れる。 3. 一生の間、不正な性行為(つまり浮気)を離れる。 4. 一生の間、嘘をつくことを離れる。 5. 一生の間、飲酒を離れる。
八斎戒	1. 殺生をせず、生き物に対する慈愛の心を持って過ごす。 2. 盗みをしない。 3. 性行為を行わない。 4. 嘘をつかない。 5. 酒を飲まない。 6. 食事は午前中に一回だけで我慢する。 7. 歌舞音曲を楽しまず、化粧や装飾品で身を飾らない。 8. 大きなベッドや高いベッドを使わず、直に床に寝るか小さなベッドで寝る。
十戒	1. 殺生しない。 2. 盗まない。 3. 性行為を行わない。 4. 嘘をつかない。 5. 酒を飲まない。 6. 一日一食を守り、午後は食事をとらない。 7. 歌舞音曲を鑑賞しない。 8. 装飾品を身につけず、化粧をしない。 9. 高いベッドや大きなベッドを使わない。 10. 金銀を受け取らない。

も縛られるという仕組みになっています（二六一頁参照）。

宮崎　律の内容は部派によって違うのですか？

佐々木　現在は六種類の律が残っています。

1.「パーリ律」
2.「四分律《しぶんりつ》」
3.「五分律《ごぶんりつ》」
4.「十誦律《じゅうじゅりつ》」
5.「根本説一切有部律《こんぽんせついっさいうぶりつ》」
6.「摩訶僧祇律《まかそうぎりつ》」

基本的にどれも似通っていますが、中にはかなり毛色の違うものもあります。「パーリ律」「四分律」なんかは、もっとも古い形を残していると考えられていて、内容もだいたい同じ。「五分律」というのは、ちょっとダイジェスト版みたいで短くなっている。で、ちょっと毛色の違う謎の律というのが、「十誦律」と「根本説一切有部律」。この二本は、同じ「説一切有部（有部）」という部派で使っていたはずなんですが、大きく違った内容になっているんです。

宮崎　そこで同じ有部でも、「根本説一切有部律」を伝持した一派と「十誦律」を伝持した一派とは異なる部派ではないか、と推定されるようになった。その区分に従って「根本説一切有部」

と「説一切有部」とを別個の部派とする見方もありますね。

佐々木　あります。でも最近は、「根本」という形容句は「説一切有部」ではなく「律」にかかるということで、「根本の有部律」と「（普通の）有部律」というような分け方で考えますから、どちらも説一切有部の中で使われていたはずだと。何らかの事情によって律が二本になったと思われますが、これはいまの仏教学でもホットな謎の一つです。

宮崎　「根本」という語を指標に部派を分けることについては榎本文雄氏[20]から異論が提出されてますね[21]。この榎本説に対し八尾史氏[22]が反論したりして[23]、確かにホットな論所となっている（笑）。

佐々木　「根本説一切有部律」はチベット仏教が使っているので、チベット語訳が全部そろっているのが大きなアドバンテージです。漢文の読めない西洋の研究者も、チベット語なら比較的簡単に習得することができる。だから西洋の研究者もアクセスしやすく、論文がいっぱい出るんですね。

宮崎　日本でも、八尾氏が二〇一三年に「根本説一切有部律薬事」のチベット語訳完本からの世

20　大阪大学教授（一九五四－）。
21　榎本文雄「『根本説一切有部』と『説一切有部』」『印度學佛教學研究』第四七巻第一号、一九九八年、一一一－一一九頁。
22　早稲田大学助教（一九八一－）。
23　八尾史「『根本説一切有部』という名称について」『印度學佛教學研究』第五五巻第二号、二〇〇七年、一三二－一三五頁。

界初の完訳を上梓されました。[24] 大型本なのにたった五千七百円という破格の定価！　梵蔵漢現存テクスト対照表まで付いていてこれはお値打ちです（笑）。

佐々木　じつは「根本説一切有部律」と「十誦律」の関係については、私が二〇一七年、謎を解く鍵を見つけて論文で発表しました。[25] これからまた大きな進展があるかもしれません。

なぜ性行為は禁止なのか

宮崎　律はどんな構成になっているんでしょうか？

佐々木　律は大きく二つの部分に分かれていて、前半は「なになにしてはならない」という禁止事項の条文とその説明が並んでいます。この部分を「波羅提木叉《はらだいもくしゃ》・経分別《きょうふんべつ》」と言います。後半は「なになにしなければならない」というサンガの運営マニュアルになっていて、たとえば受戒の作法などについて、事細かに規定しています。この部分は「犍度《けんど》」と言います。

宮崎　前半ではどんな行為が禁止されているのですか？

佐々木　全部でおよそ二百〜三百の禁止事項がありますが、中でもとりわけ重罪とされている項目が四つあります。この四つの罪は波羅夷《はらい》と呼ばれ、律の一番冒頭に示されています。もしこれを犯せば、サンガから永久追放になります。

宮崎　で、その四波羅夷の筆頭に挙げられているのが「淫戒」。つまり「性行為の禁止」です（笑）。

佐々木　そうなんです。すべての規則の一番冒頭に来るのが性行為の問題で、そこでこれがとても詳細に説明されるものですから、はじめて律を読んだ人は「なんて品のない本だ」と思うわけです。そのせいで、律はゲテモノ扱いされてしまうことが多くて、苦労しています。律文献の中には、「律を読みながら笑ってはいけない」という規則があるぐらい、一見、変な内容のものが多い。

宮崎　私はかねてより、仏教に限らず、多くの宗教がなぜ性行為を禁じたか、という点について持論がありましてね。

明け透けにいえば、セックスは宗教のライバルだからだ、と思うのです。性行為によって得られるエクスタシーは、宗教的法悦や忘我の状態に非常に近いものがある。逆に密教になると、性的エクスタシーを悟りに利用するようになります。チベットの時輪父母仏立像《じりんぶもぶつりゅうぞう》[26]などはそれを象徴するものでしょう。

仏教一般は、性的快楽による安直な忘我は、むしろ真の無我に至ることへの障碍になるとして、戒で抑制し、律で禁止したのだと思います。

佐々木　よくわかります。瞑想修行を主とする仏教からすれば、セクシャルな快感というのは、

24　八尾史訳注『根本説一切有部律薬事』連合出版、二〇一三年。
25　佐々木閑「学処解説の違いから見た有部系律蔵の系統分類」『印度學佛教學研究』第六五巻第二号、二〇一七年、二三〇－二三七頁。
26　男性尊格が配偶者と性的に結合した状態を描いたヤブユムと呼ばれる像の一種。

それこそ今まで積み重ねてきた努力をすべて台無しにしてしまうぐらい、もっとも心身を惑乱させる邪魔ものなんです。セックスの快楽が、仏教に限らず、多くの宗教において「敵」とされているのも、むべなるかなでしょう。

律はどのようにして作られたか

宮崎　佐々木さんは、律は随犯随制で作られたと言ってらっしゃいます。要するに、あらかじめ一つの体系として構築された制定法ではなく、いろいろな判例を積み重ねていくことによって構築されたと。これは現代法の用語でいえば判例法に似ている。

佐々木　はい。実際に何か問題が起きたときに、当事者たちが釈迦のもとに行って、「こんなことがあったのですが、どうでしょう」と訊くわけです。それに対して、釈迦が審問して、一定の判定を下す。それがルール化されていったものが律になったのです。まあ、釈迦が全部考えたというのは建前で、実際は釈迦の死後も事あるごとに新しいルールが付け加えられ、また改造されていったわけですが。

宮崎　律はどんどん成文化されていきますから、そこが判例法とは違う。

佐々木　そうです。経分別を見ると、どうしてそのような規則が作られたかという説明がちゃんと書いてあります。たとえば、先ほどの性行為を禁じた波羅夷第一条は、次のような経緯があったとされています。

釈迦の弟子にスディンナという僧侶がいました。彼の実家は大金持ちで、両親は息子に僧侶をやめて実家の商売を継いでもらいたいと考えていた。ある日、スディンナが托鉢でたまたま実家に立ち寄ったところ、父母から「還俗して家を継いでほしい」と頼み込まれます。スディンナが断ると、両親は「じゃあ、せめて子どもを作って、跡継ぎを残してくれ」と言って、スディンナの元の奥さんを連れて来ます。仕方がないので、スディンナは元の奥さんと交わり、子どもを作ったと。

宮崎　うーん、難しい案件ですね。で、釈迦の裁定は？

佐々木　釈迦は「二度とそのようなことが起こってはならない」と考えて、性行為を禁じる波羅夷第一条を作りました。ただし、スディンナは無罪です。なぜなら、その時点ではまだ波羅夷第一条はできていなかったからです。律が非常に合理的だと思うのは、このように初めてのケースは必ず無罪にすること。二回目から有罪になる。

宮崎　なるほど。まだ律が制定されていない段階で起こった事案は、当該律が制定、施行された後、それを遡って裁くことはできない、という論理ですね。近代刑法でいう「罪刑法定主義」および「法の不遡及」の原則と同じだ。

佐々木　それともう一つ、現代の法律論に絡めて言えば、律は完全な「動機主義」だということ。「結果主義」ではありません。「どういうつもりでやったか」という動機が、罪の軽重にかかわってくる。

宮崎　「パーリ律」には、何とか性的快楽を得ようとする愚かな弟子たちの姿がみえます。獣姦、屍姦、近親姦と非道の限りを尽くす（笑）。然るにどんな酷い事例であっても、釈迦の判断の基準は一つで「快楽を求めて行為に及び、行為によって快楽を味わったか否か」なんですね。徹底的な「意思主義」に立つのです。従って、意思を持ったことが認定されれば直ちに所払い、僧団追放となる。さらに故意の有無という事前の意思のみならず、行為中に快楽を得たかどうかも問題となる。

佐々木　そう。もしまったく犯意がなかったとしたら、無罪になります。たとえば人殺しの事例で言えば、あるとき工事現場で手がすべってレンガが落ちて、下の人に当たって死んでしまうという事件が起きました。その人は自分の手で人を殺したじゃないかと責められるんだけど、釈迦は「殺意がないので無罪」と判定します。

宮崎　過失致死は無罪。

許される殺人はあるのか

宮崎　波羅夷の第二条は「窃盗の禁止」です。

佐々木　これは、警察沙汰になるような高価なものを盗んだ場合は波羅夷罪で永久追放になるという規則。しかし、たとえば隣に座っている人のお菓子を食べちゃったなどの軽微なケースは、もっと罪は軽くなって、たとえば「ごめんなさい」と謝罪をすれば許されるという場合もあります。

宮崎　第三条が「殺人の禁止」。

佐々木　もちろん永久追放です。直接手を下さなくても、殺人教唆をしたらアウト。「人を殺しておいて、永久追放だけで済むなんて、ずいぶん軽い罰だな」と思うかも知れませんが、律の中では波羅夷罪による永久追放が一番重い処分なのです。永久追放になり僧侶の身分を剝奪《はくだつ》された人が、その後社会の法律によってどう裁かれるかはサンガの関わらないところです。たとえば人を殺してサンガから追放となり、さらに国法によって裁かれて死刑になるといったケースもありうるわけです。

宮崎　サンガは国家機関ではありませんから、刑罰権は行使できない。会社内で社員による殺人事件が起こっても、企業に処罰の権限がないのと同じ。懲戒解雇ならできますが。

佐々木　殺人がいけないのは当り前です。しかし、じつは仏教はなかなか殺人と縁が切れません。

宮崎　日本でもチベットでも権力との関わりのなかで僧侶よる調伏護摩、つまり呪殺が認められた。チベットで十一世紀頃活躍した翻訳官ドルジェタクは調伏法に長けていて、数えきれない人を呪殺したとされています。ときには一気に何百人も調伏したこともあったそうです[27]。

佐々木　人を呪い殺すのは、明らかに波羅夷罪に相当します。律の中にも、お坊さんが墓場で呪

27　羽田野伯猷「チベット人の仏教受容について──Rwa 翻訳官と Vajrabhairavatantra の《度脱》をめぐって」『チベット・インド学集成　第一巻』法蔵館、一九八六年、正木晃『増補　性と呪殺の密教──怪僧ドルジェタクの闇と光』ちくま学芸文庫、二〇一六年。

文を唱えてゾンビをよみがえらせ、そのゾンビを操って人を殺したという話が載っています。もちろんこれは有罪。

宮崎　現代の刑法では呪殺は裁き得ません。不能犯となります。そういう意味では律はやはり徹底した意思主義を採っているといえますね。

その一方で、大乗仏教や密教にはこうした犯罪の事例が数多くみられ、しかもそれが合法とされている。どうも殺生についてのハードルが低いのではないか。

佐々木　それは、サンガを統制するための律の権威よりも、教義の方が優先されるようになったからでしょう。律は、殺人はもちろん、一切の暴力的な行為、さらには粗暴な言葉を発することさえ、すべて禁じています。だから外国では僧兵なんてありえない。かなり前のことですが、ミャンマーでの反政府デモの現場で、真ん中を赤い衣を着たお坊さんたちが静々と歩いていて、その周りを在家の信者が取り囲んで、その人たちだけでシュプレヒコールを上げていました。

宮崎　ただ現在のミャンマーの情勢はかなり深刻で、アシン・ウィラトゥ[28]という上座説部の僧侶が仏教徒を煽動し、イスラム系少数民族ロヒンギャ族を迫害している。このウィラトゥというのは、インターネットでその言行を調べる限り仏教者の風上にも置けない人物なのですが、腹立たしいことに姿はテーラワーダの僧形を取っている。彼は自らの活動を「九六九運動」と称していますが、これは三宝を意味しており、最初の「九」はブッダの九徳、「六」はダンマの六徳、最後の「九」はサンガの九徳に因むのだそうです。ウィラトゥ側は「イスラム教徒から身を守るためで、あくまで自衛だ」と排除や暴力を正当化しているようですが、その抗弁を最大限認めたとしても、いやしくも仏教徒が「目には目を、歯には歯を」みたいな手段で対抗していいわけはない。報道によればウィラトゥは殺人教唆にも及んでいると。

佐々木　殺人教唆は、明らかに波羅夷罪です。サンガから永久追放しなくてはなりません。いかなる理由があろうとも、殺人を引き起こす言動は許されないのです。

宮崎　ドルジェタクの事例をみると、大乗仏教の倫理的弱点がみえてきます。彼は呪殺を次のように正当化したそうです。「度脱、すなわち呪殺の行為は、利他行《りたぎょう》である。救済しがたい粗野な衆生を利益《りやく》する、まさに仏の大慈悲である。勝義《しょうぎ》においては、殺すということもなければ、殺されるということもない。幻化《げんけ》による幻化の殺はありえないのと同じである」[29]

まず呪殺は度脱であり、すなわち利他行であることが強調される。いわば「慈悲による殺し＝慈悲殺」なのです。ドルジェタクはターゲットを殺害した後、文殊菩薩の下に引導するとしていたそうです。まさに悪しき、度し難い衆生を慈悲によって善導してやったのだ、というわけ。

佐々木　それはかつてオウム真理教において殺人肯定のために説かれていた「ポアの論理」と寸分も違わない。

宮崎　そうです。さらにそれに加えてドルジェタクは空思想まで殺人の正当化に利用したことがわかります。先の引用文の「勝義においては」以下がまさにそれ。慈悲や空といった、大乗仏教

28　ミャンマー上座説部仏教の僧侶（一九六八－）。
29　正木晃『増補　性と呪殺の密教―怪僧ドルジェタクの闇と光』ちくま学芸文庫、二〇一六年。

を特徴づける理法がここでは逆手に取られている。

ラカン派精神分析学をベースとする思想家のスラヴォイ・ジジェク[30]はこの大乗仏教の弱点を的確に突いています。『事件！』という著作で彼はこう述べている。

「もし適度で良い行為（仏教の修行の出発点である基本的道徳）によって過度の執着を棄てることができるのだとしたら、涅槃に達したとき、痕跡を残さないように、もっと非道な悪を実行できるのではなかろうか。離れたところでそれを実行するのだから。まさにこの能力こそが、真の菩薩（bodhisattva）の認識のしるしなのではないか[31]」

佐々木　えっ、どういうことですか。ジジェクのいっている意味がわかりません。

宮崎　要するにドルジェタクと同じことです。勝義においては悪も善もない。殺すという行為もなければ、殺されるという行為もない。同じ理屈は、親鸞が「教行信証」に延々と引用したことでも知られる「大乗涅槃経」の阿闍世王《あじゃせおう》説話[32]にもみえます。だからジジェクは「真の菩薩は非道な悪をも実行できるのではないか」と推したわけです。

佐々木　なるほど、「離れたところで実行する」というのは、空の立場で行なうという意味ですね。

「ブッダの殺人」はなぜ伝えられたのか

宮崎　先ほど論じた、殺人をも救済とみなす「慈悲殺」の論理なんですが、その原型を探ると、実はブッダの前生譚に遡ることできます。少し前に紹介した八尾氏の訳註による『根本説一切有部律薬事』で「数百人にも及ぶ貿易商の一団の溺死を阻むため、前世のブッダが、船底に穴を開けて沈没させようとする賊を船上で殺した」等の前生譚が語られています。また初期大乗経典の「大乗方便経」にも酷似した挿話が記されてあります。

佐々木　でも、その話は「パーリ律」などには入っていませんけどね。やはり「根本説一切有部律」は、ベースは古いのでしょうが、時代ごとに次々と新しい情報が付加されて、いろんな思想の混在物になっている。たとえば、大乗経典の「理趣経《りしゅ》」にも「皆を助けるためなら多少犯罪的な行為をしてもいい」というような内容が書いてある箇所がありますが、そのような思想の流れが入り込んでいるのじゃないかと思います。

宮崎　ダライ・ラマ十四世はこの伝承について「殺人が許容される唯一の場合」とし、「五九九人が殺されることを防げるなら、その命を救うため、五九九人を殺す者が積む悪しきカルマを避けるため、一人を殺すことが絶対に悪だとは言い切れない」と説示しています。[33] 但し、引用文中の「五九九人」という数字は「四九九人」の間違いでしょう。どの段階でのミスなのかはわかり

30　スロベニアの哲学者（一九四九－）。
31　スラヴォイ・ジジェク、鈴木晶訳『事件！――哲学とは何か』河出ブックス、二〇一五年。
32　釈迦と同時代のマガダ国で起きた、父王ビンビサーラとその息子アジャータシャトル（阿闍世）の愛憎悲劇。複数の仏典に登場する有名な説話。
33　ダライ・ラマ『ダライ・ラマ「死の謎」を説く』角川ソフィア文庫、二〇〇八年。

ませんが。

それはともかく、ダライ・ラマのこの解釈は「大乗方便経」の記述を引き継いだもので、あからさまな功利主義に立つ生命観、カルマ観といえます。

佐々木　きわめて残念な見解です。これを言い出すと仏教思想が政治化していってしまって、誰一人不幸にすることなく、すべての人を安楽に導くという仏教本来の理念が崩れるんですね。

宮崎　なぜ「釈迦の殺人行為」は大乗にいたるまで伝承されてきたのか。これを問うことは、そもそも釈迦の前生譚とは教理としてどういう意味を持つのか、という根源的な問いにも繋がると思います。私の仏教者としての現時点での解釈はこうです。

釈迦は「あなた」を知っている。どんな「あなた」でも知っている。たとえ「あなた」が酷く愚かで、どうしようもない過ちを何度も犯し、人まで殺めるに至ったとしても、その「あなた」をよく知っている。単に知識としてではなく、身を以て知り尽くしている。なぜなら、過去世において釈迦も、救いようのない愚者だったことがあるから。冷血な殺人者でさえあったから。だから「あなた」の痛みも、苦しみも、悲しみも、怒りも、嘆きも全部わかっている……。だからこそ「あなた」は救われ得るのだ。「すべての人」が安楽に導かれ得るのだ。すべての「あなた」が苦から解放され得る……と。ブッダが無数の様々な生を経巡ってきたとされる伝承に込められたメッセージは、ここにあるのではないでしょうか。

悟りは証明できるか

佐々木　波羅夷第四条は、「悟っていないのに悟ったふりをしてはならない」という規則。なぜこれが永久追放の罪に値するのかと言えば、お布施の問題が絡んでくるからです。前にも話しましたが、インドでは立派な人にお布施をした方が、果報が多いと信じられていますから、阿羅漢になればお布施がたくさん集まるようになる。つまり、阿羅漢のふりをすることは、在家の布施を詐取するに等しい悪行なのです。

宮崎　社会学者の橋爪大三郎氏[34]によると、仏教とは「悟りを訊《たず》ねあう言語ゲーム」だそうです。[35]悟りがアプリオリにあるのではなく、「訊ねあう」ことで悟りのリアリティが担保されるという。

これには一理あって、悟ったかどうかを客観的に判定するのはなかなか困難です。そもそも悟りの境地は言説を超えているわけですから、悟りがいかなるものかを言葉で端的に指し示すことはできない。となれば、悟ったか否かは「訊ねあう」ことを幾度も繰り返すなかでしか判明し得ないことになる。

橋爪氏と言えば、「ゴータマ・ブッダが、輪廻や解脱をまともに信じていたという証拠はどこ

34　東京工業大学教授（一九四八―）。
35　橋爪大三郎『仏教の言説戦略』勁草書房、一九八六年。

にもない[36]」「仏教は言ってみれば、唯物論です[37]」などと仏教学者を唖然とさせる放言を連発し[38]、その知識や言説の信頼を大いに失しましたが、この論文をものにした頃、一九八〇年代半ば辺りはずっとマシで、なかなか鋭かった。

佐々木　ああ、橋爪氏の『ゆかいな仏教』という対談本は問題が多かったですね。質問者の大澤真幸氏の方は、最近の仏教学もかなりフォローしている形跡が見られますが、肝心の回答者である橋爪氏の方が、八〇年代の仏教学の知識で止まったまま、その後あまり勉強していないように見受けられます。

宮崎　橋爪氏は、ゴータマ・ブッダの教えは「勇気をもって、人間として正しく生きていきましょう」に尽きる、などという妄言まで宣っています。仏教が「人間として正しく生きる」という俗世の観念を否定するところから始まったという、根本さえ理解していないらしい。

それはさておき、話を元に戻すと、この第四条の罪は直接的な被害者がいないので、本人が周囲に吹聴したり、大言壮語したりしない限り、摘発が難しいですね。

佐々木　じつはこの条文には特別な条件が付いていまして、「悟っていないのに悟ったと嘘をつきました」と本人が自白したときに限り、罪となるのです。つまりこれは本人の嘘が問題なのではなく、サンガの中に悟ったと嘘をつくメンバーがいるということを、周りの在家信者に知られてしまうことが罪の本質だということなのです。この条文はあくまで意図的に嘘をついた者にだけ科せられるもので、本当に自分が悟ったと思い込んでしまい、後から勘違いだったことが分かった場合は、波羅夷罪にはなりません。これは「増上慢《ぞうじょうまん》」と言って、自信過剰だったというだけ。

決して良いことではありませんが、波羅夷罪には問われない。

宮崎　これで比丘の四波羅夷の評釈が終わりました。

佐々木　はい。整理すると、第一条が「性行為の禁止」、第二条が「窃盗の禁止」、第三条が「殺人の禁止」、第四条が「悟ったふりの禁止」。律ではこの四つが、もっとも重い犯罪行為と考えられています。

これら四条に共通するのは、サンガをサポートしてくれる在家信者の目から見て、きわめて悪辣に映る行為だということです。律の規則というものは、サンガが支援者たちから批判され、後ろ指を指されないようにすることを目的として制定されているということが明確に出ています。

大乗仏教の起源の謎

宮崎　この章の冒頭で、律は「仏教のＤＮＡ」であると伺いました。生物の進化過程がＤＮＡを探ることで解明できるように、律の変遷を調べれば、仏教の変遷、発展の過程がみえてくるはずだというお話でしたね。

36　橋爪大三郎、大澤真幸『ゆかいな仏教』サンガ新書、二〇一三年。
37　橋爪大三郎、大澤真幸『ふしぎなキリスト教』講談社現代新書、二〇一一年。
38　釈迦の輪廻思想については、本書一五四頁を参照。また、仏教は古代インドにも見られた唯物論を「順世外道」としてはっきりと斥けている。

ということは、大乗仏教という、原始仏教や初期仏教とはかなり方向の異なる新しい仏教が生まれた原因や発生機序も、律を調べれば推定できますか。

佐々木　はい。私はそう考えています。

宮崎　佐々木さんは、律の「破僧」（サンガを分裂させるという犯罪行為）をめぐるルール変更が、大乗仏教の起源となったという実証に基づく新説を打ち立てられた。『インド仏教変移論』[39]という学術書にまとめられていますが、手短に概説していただけますか。

佐々木　わかりました。その前に、大乗仏教の起源について、他にどのような説があるのかを見ておきましょう。

まず非常に有名な説で、平川彰先生が唱えた仏塔信仰起源説というものがありました。要するに、仏の遺骨を祀る仏舎利塔（ストゥーパ）を中心に集まっていた熱心な在家信者の中から、出家しなくても悟りに到達できるとする大乗仏教が創られたという説です。これは二十年ぐらい前までは、かなり有力な学説だったのですが、現在の仏教学の世界ではほぼ否定されています。次の世代のさまざまな学者がそれぞれの領域で反証を挙げてきたのですが、平川説の矛盾を直接指摘して、その論理構造の欠陥を明らかにしたのは、じつは私の論文です[40]。私は平川先生を先達として心底尊敬しているのですが、その先生の説を否定する役回りが自らに回ってきたというのも、不思議なご縁だと思っています。

宮崎　すでに二十年も前に否定されている平川氏の仏塔信仰起源説、在家起源説は、先に触れた橋爪・大澤両氏の共著『ゆかいな仏教』であたかも定説であるがごとく語られています。何でもいいんですが、社会学などという、かなり適当な学域の研究者でも、一応学者なんだから、他領域に口を出すときは最低限の先行研究を調査してから容喙《ようかい》したらどうか、と一読怒りを禁じ得ませんでした。

しかしそういういい加減な内容の解説書だけではなく、学校の教科書でも大乗仏教の起源が平川説で説明されていたりします。世間においてはしぶとく生き延びている（笑）。

佐々木　学問の世界においては、もう平川説を正しいと考えている人はほとんどいないでしょう。ただ何も全否定する必要はなくて、たしかに一部の大乗の流れでは仏塔を崇拝していたわけですから、情報としては平川説の八割、九割は今でも非常に重要だと思います。

で、平川説が崩れた後、やっぱり大乗仏教は在家信者からではなく、サンガの中から生まれたはずだということになるんですが、その方向が全然まとまらない。日本の仏教学者は宗門出身者が多いですから、私からすると、どうしても自らが信仰する宗派を正当化する方向にバイアスがかかってしまうように見えるんですね。つまり、何とか釈迦の仏教と自らの信仰する大乗仏教が直接リンクしたもの、一体化したものであると言いたがる傾向があるような……。

宮崎　日本印度学仏教学会で佐々木さんと論争となった下田正弘氏[41]もそうなのですか？

39　佐々木閑『インド仏教変移論—なぜ仏教は多様化したのか』大蔵出版、二〇〇〇年。
40　佐々木閑「大乗仏教在家起源説の問題点」『花園大学文学部研究紀要』第二七号、一九九五年、二九－六二頁（この論文はその後、『インド仏教変移論—なぜ仏教は多様化したのか』大蔵出版、二〇〇〇年に再録されている）。
41　東京大学教授（一九五七－）。

佐々木　はい。下田さんは私の親友でとてもいい人だから、そんな激烈な論争にはなっていないんですが。

宮崎　いやいや若手研究者が大変だったといってましたよ（笑）。

佐々木　そうかなぁ。ただ、私は日本の仏教学を、宗学ではなく、客観的で正当な学問に引き戻すために、意味があると思ってやっています。

宮崎　下田氏は『涅槃経の研究』[42]という大冊で知られています。

佐々木　あの研究は、私は素晴らしいと思っています。部派教団の中からどうやって大乗経典が出てきたかという一つのモデルを、非常に明確に示しています。要するに、本来の釈迦の仏教とは違った考え方をもった「法師」と呼ばれる人たちが涅槃経に独自の註釈をつけて、そこから大乗の涅槃経が創り出されたという非常に合理的な話です。だから、当時は下田さんも釈迦の仏教と大乗仏教は本質的に異なるものだと考えていたわけです。

ところが、二〇一一年に下田さんが発表した論文「経典を創出する――大乗世界の出現」[43]では、要するに「大乗仏教は釈迦の仏教の延長として自然に現れた。両者に本質的な思想の違いはない」という説を採るようになってしまった。いわば、これまでの自説を否定するような内容で、私から見るとまるで自ら宝物を捨ててしまうようでもったいないと思うのです。

宮崎　ふーむ、そうですか。私は元々、下田氏はそういう立場の研究者かと思っていました。

佐々木　大乗仏教は、本来の初期仏教を大きく改変することでできた、新たな宗教運動であるということは、これはもう曲げられない事実だと思います。それでも、下田さんや日本の仏教学者の中には、どうしても大乗仏教は釈迦の仏教の直流であると言いたいという思いがある。

宮崎　ただ、大乗仏教というのは、いままで論じあってきたように実にいい加減なカテゴリーです。上座説部のように正典《カノン》が制定されていないし、何を救済するのか、どこを目指すのかも一定ではない。修法にしても、ただひたすら仏の名を称えればよいというものから、仏を表す梵字をみつめて瞑想するものまでバラエティに富んでいる。はっきりいえば、何一つ宗教的価値を共有できないのではないかと思えるほど懸け離れた宗派や学派が、大乗の名の下に十把一絡げになっています。

部派仏教にも対立はありましたが、これほど多様性はなかった（笑）。密教まで大乗仏教の範疇に入れると、定向性のある運動として記述するよりも、定義不能の混沌として記述した方がたぶん正確です。

佐々木　じつは大乗仏教の定義はその「方向性」を明示することだと考えています。個々の大乗思想を個別に定義しても意味はない。そうではなくて、それらの間をつなぐ歴史的方向性を一義的に示すことが大乗仏教の定義だと考えています。そういう意味で、私は二〇一七年に『集中講義　大乗仏教』[44]という本を出したのです。

42　下田正弘『涅槃経の研究―大乗経典の研究方法試論』春秋社、一九九七年。
43　高崎直道監修『大乗仏教の誕生（シリーズ大乗仏教2）』所収、春秋社、二〇一一年。
44　佐々木閑『別冊NHK100分de名著　集中講義　大乗仏教　こうしてブッダの教えは変容した』NHK出版、二〇一七年。

宮崎　アナーキーなまでの多様性に開かれていますから、釈迦のオリジナルの仏教に比較的近い立場の宗派、学派もあるでしょう。例えば中観派はそうだと私は考えています。少なくとも連続性と断絶性の二面が看取できる。しかし、そうはいっても大きな差異はあるのです。それが何であるかは、私のいままでの話から予想が付くでしょうが、「言語という問題」の設定です。あるいは諸事物の実体視という「言語の罠」を回避するための方法の確立です。「生死即涅槃」とか、「煩悩即菩提」とかは、言語が作りだした分別の虚妄、概念設定の虚妄を破摧するために導入された道具立てに過ぎません。概念設定こそが諸事物の実体視を促進し、確定する決め手である以上、私達は煩悩を断じ、無明を滅尽するために概念設定の外に出るしかない。しかし言語を離れて「思考」するのは何と困難であることか！　概念設定を止滅するのは何と困難であることか！　ブッダが梵天勧請に際し、自分の得た真理は、深遠にして微妙であり、しかも思考の領域ではないので、衆生の理解は届かない、と布教を謝絶した意味がわかるような気がします。

佐々木　梵天勧請というエピソードは、真理の深遠さというよりは、釈迦の見つけた真理が、人間という、自己増大の本能をベースにして生きる生物にとって、いかに理解困難なものであるかを示すエピソードだと思います。そこにはまだ言語の問題は起こっておらず、そこに焦点を当てたのは龍樹独自の志向だと思っています。

宮崎　龍樹は仏教における伝統説のなかに「言語の罠」を、あるいは伝統説に欠けているラストピースとして「言語という問題」を発見した。もちろん最古層の経典においても、上座説部の教理においても、この問題が看過されてきたわけではありません。この論所についても、これまで何度か経証を挙げながら解釈を示してきました。もしかすると彼は改変を施したつもりはさらさらなく、補完しただけ、と思っていたのかもしれません。

しかし、この発見は龍樹の大乗仏教のオリジナリティであって、殊更「釈迦の仏教」との同一性を主張しなくてもよいはずです。

まして浄土教や密教の方々がかなり無理をしてまで、どうしてブッダにオリジンを求めるのか、私にはよくわからない。

佐々木　なぜか釈迦がつくった仏教にあらかじめ大乗仏教が内蔵されていたなどという話になっていく。そうやって、ブッダとの直接関係を無理に設定することで、大乗仏教の正統性を裏付けようという思考です。

宮崎　まあ、教理を抽象的に捉えればそういう仮説も成り立つかもしれません。前にも紹介したように、「スッタニパータ」の最古層の章などにはすでに大乗仏教の様々な要素の萌芽が認められるという説もあります。私などは非常に惹かれる「お話」ですが（笑）。

思想史をやっているとたまに出くわしますが、古い抽象的な文言で綴られたテクストに、後代の様々な思想の祖型が先駆的に書き込まれているようにみえる場合がある。けれど、仮にそれを作業仮説として定立できても、学問というからは継受関係や影響関係を厳密に実証できなければ単なる「お話」で終わりです。

テーラワーダの原理主義化

佐々木　じつをいうと、この「仏教学の宗学化」は、大乗仏教だけの問題ではなく、テーラワーダでも同じようなことが起こっています。日本には現在、スリランカやミャンマーからテーラワーダ仏教が入ってきて、多くの人たちの興味をひき、信者の数も多くなっています。それはそれでとても良い事だと思っているのですが、やはり「仏教学の宗学化」という問題が起こりつつあります。

宮崎　日本テーラワーダ仏教協会のスマナサーラ長老には「宗学化」の意図など露ほどもないと思いますが、例えば先般、仏教雑誌『サンガジャパン』で佐々木さんを批判していた藤本晃氏[45]の論考[46]にはそうした兆候が看て取れますか？

佐々木　藤本氏は、若い時はそれなりに学術的な方法で仏教学を学んでいて、パーリ語文献に関する良い研究も発表していたのですが、最近は完全なテーラワーダ信者に変わってしまって、その立場で仏教史を語っています。つまり「テーラワーダだけが釈迦の教えを完璧なかたちで説いている仏教であり、それ以外は皆、本筋を逸脱した劣等な仏教だ」という視点です。テーラワーダ仏教が教義の土台として用いているパーリ語の聖典だけが完璧な真理の書であり、それ以外の仏教流派が伝えてきた情報は無意味な虚偽の集積に過ぎないとみなすのです。信仰のレベルでこれを言う分には理解もできるのですが、問題は彼が、この視点を歴史の解釈にまで拡張しようとしている点です。
これは言ってみれば、生物の歴史を解明するために生物学者たちが動物形態学や古生物学、DNAに基づく遺伝進化学などの客観的情報を駆使して理論を構築してきた現代において、「歴史の真実は聖書の中にしか存在しない。そこに書かれていることが唯一の歴史の真実であり、それ以外の情報源は皆信用できない虚偽だ」と主張しているようなものです。

宮崎　まあ、原理主義の要素を感じさせますね。

佐々木　藤本氏はテーラワーダの歴史原理主義者と呼ぶべき人物です。これは私の本分である仏教学にとってきわめて憂慮すべき状況なので、以下、少々学問的に厳しく突き詰めた話をしたいと思いますが、ご寛恕ください。

宮崎　プロの仏教学者が、学問の真剣勝負の土俵に上がって話すというわけですね。

佐々木　藤本氏の基本的思考法をまとめると次のようになります。これは私が憶測したものではなく、彼自身が表明している「思考の前提」です。

（一）釈迦の教えは、テーラワーダが用いているパーリ語聖典にのみ純粋なかたちで保持されている。それ以外の仏教資料の情報は全く信用できない。たとえば中央アジアなどで発見さ

45　浄土真宗誓教寺住職（一九六二－）。
46　藤本晃「日本仏教は仏教なのか？」『サンガジャパン　vol.26』サンガ、二〇一七年、三〇〇－三五三頁。

れる、サンスクリット語などのインド語で書かれた資料、中国でインド語から漢文に翻訳された漢訳資料、あるいはチベットでインド語からチベット語に翻訳されたチベット訳資料などはパーリ語聖典とは比較にならない劣等な情報源である。

（二）仏教は歴史の中で様々に枝分かれしていったが、それは、正統で純粋なテーラワーダ仏教を守ろうとする、心清らかで嘘をつかないテーラワーダ派の僧侶たちと、そこから逸脱し排斥された心悪しき邪悪な僧侶たちの分裂の歴史である。したがって、仏教の本当の歴史は、パーリ語聖典の中にだけ、完全に正しいかたちで保持されている。

（三）したがって仏教の歴史とはすなわち、パーリ語聖典に書かれている仏教の歴史なのであり、それ以外の情報を用いて組み立てられた説は、パーリ語聖典に基づいていないという理由で否定されねばならない。

藤本氏のこういった基本前提の根拠は、自身がテーラワーダの信者であるというそれだけであって、他に客観的裏付けはなにもありません。

宮崎　私はテーラワーダ仏教の信者がそう信じるのは自由だと思いますけどね。パーリ聖典が極めて重要であることは事実ですし。ただ、前から述べている通り、パーリ聖典のすべてが正しく、含まれる経典間に矛盾がないとするのは間違いです。成立年代に新古があるし、矛盾や不整合も多いし、明らかな後世の広増もある。

佐々木　学問として仏教を研究しているまっとうな仏教学者たちは、「パーリ語聖典だけが正しい」なんて言われたら、「そんなばかな話があるか」と言います。もちろん私もその一人です。実際、現在のスリランカやミャンマーで信奉されているテーラワーダ仏教は、長い仏教の歴史の中で枝分かれした仏教諸派の中の一分派にすぎず、これと同じレベルで、あるいはそれ以上の勢力を持って仏教を伝えていた派は他にも沢山ありました。たとえば説一切有部などは北西インドで巨大な勢力を持ち、仏教を哲学として大成した部派です。最近の辛嶋静志《せいし》氏[47]の研究によれば、この説一切有部は、頑強に大乗仏教化に抵抗した、伝統保持の部派であったとされていますが、これは私が従来考えていた状況にぴたりと符合します。[48]これらの部派はそれぞれが自分たちの正当性を主張して論争していました。テーラワーダ仏教もその一派にすぎません。ただ、インドでは仏教が滅亡したため、こういったインド本土の仏教部派はすべて壊滅し、インドの外に拠点を持っていたテーラワーダは運良く生き残ったということです。

そしてそういった、テーラワーダと肩を並べる他の部派の資料は、膨大な量がインド語、漢文、チベット語などのさまざまな言語で今も残っています。したがって当然ながら、仏教の歴史は、こういった多岐にわたる情報源を適切に、論理的に組み合わせて初めて見えてくるのです。もちろんパーリ語資料も重要な情報源ではありますが、それだけを百パーセント信用し、他の資料は無視する、などという方法が正しいはずはありません。藤本氏の論にはそのような問題点がある

47 創価大学国際仏教学高等研究所教授（一九五七－）。
48 「誰創造了大乘經典—大衆部與方等經典」『佛光學報』新三巻第一期、二〇一七年、一－八六頁。

ので、将来、なんらかのかたちで批判文を示すつもりです。

宮崎　うーん、佐々木さんの仰る通りなら、確かに、困ったものですね。

再度申し上げますが、スマナサーラ長老はそのような硬直的な立場は採っておられないと思うので、テーラワーダに対しては佐々木さんほどの危機感は私にはありません。ただ大乗仏教サイド、日本における伝統宗門サイドからの反論なり、反批判なりがほとんど聞こえてこないのはなぜかな、と怪しむことはあります。むしろ大乗仏教の方に、宗論の教学錬成上の価値を認めず、ただ黙殺するという傲慢な姿勢を感じないわけではない……。

藤本晃氏の言説が含む問題点

佐々木　今回、良い巡り合わせで藤本氏が私の学説を、テーラワーダ歴史原理主義の立場で批判してきましたので、それに答えるというかたちで、「仏教の歴史とはなにか」という問題に言及したいと思います。旧来の日本仏教諸派には、「自分たちの都合に合わせて現実をねじ曲げて見る」という姿勢が多々見られましたが、日本のテーラワーダ仏教も今後同じ道を辿るのか、それとも客観的歴史の上に自分たちの立場を位置づけて見ることのできる、理性的宗教として歩んでいくのか、その分かれ目がここにあると思います。このあと、幾分専門的な話をしばらく続けますが、仏教学の前線で研究をするということは、日々こういった場に身を置くということなのだ、という点を理解していただくために敢えて「頑固な仏教学者」として語ります。その点、お許しください。

宮崎　わかりました。うかがいましょう。

佐々木　藤本氏は大乗仏教を正統な仏教として認めません。その理由は、「大乗仏教は、本来の釈迦の仏教をそのまま伝えるテーラワーダ仏教と比較した場合、明らかに大きく変容しているからだ」というものです。これはこれである意味正しいと思います。

しかしその一方で、この論法によって、自分が信奉しているテーラワーダ仏教が正統な仏教であると主張するためには、現在のテーラワーダ仏教が、釈迦の時代から全く変わることなく続いているという前提が必要です。もしこの前提が崩れて、テーラワーダ仏教も歴史の中で変容してきたという事実を認めてしまうと、自分が大乗仏教を批判している、その論法がそのまま自分に戻って来て、自分で自分の首を絞めることになります。「変容しているから真の仏教ではないというなら、テーラワーダだって真の仏教とは言えなくなるではないか」という批判に応えられなくなるのです。「テーラワーダは、釈迦の時代から一切変更されることなく、純粋形のままで続いてきた」というのが、藤本氏の言説を支える必須の前提なのです。

宮崎　しかし実際の歴史がそのようなものでないことは、これまでの仏教研究が明らかにしています。釈迦の時代から現在のテーラワーダに至る歴史研究は、大乗ほどの断絶ではないにしろ、テーラワーダも様々に変容してきていることを示しています。

佐々木　その通りです。それでもテーラワーダの純一性を主張しようとするなら、どうしても歴史をねじ曲げて解釈するしかない。都合の悪い情報には目をつぶり、テーラワーダの純一性を示すのに都合の良い情報だけを選別して紹介し、それによって自説の正当性を裏付けるという方法です。

宮崎　具体的にはどういうことをするのですか。

佐々木　藤本氏にとって私の研究は大変やっかいな邪魔物に見えていると思います。なぜなら、私が目的としているのが文献資料を用いた初期仏教の変遷史解明だからです。つまり、釈迦以来、どのような歴史的変遷を経て、現在のテーラワーダや、あるいは説一切有部などの種々の仏教教派が成立してきたのかを実証的に明らかにしていこうという研究です。「テーラワーダは釈迦以来、なにも変容していない」という前提に立って大乗仏教を批判し、自分の立場を擁護してきた藤本氏にとって、「仏教は釈迦以来、このような歴史的変遷を経て今に至った」ということを学問的に解明されると、その土台が全部崩れてしまうのです。そこで用いられるのが先に言った、情報の意図的操作です。

藤本氏の論にはその手法が多数用いられていますが、ここでそれを一々挙げる余裕はありません。将来の批判文で詳しく言うつもりです。

宮崎　折角ですから、一つ二つ教えてください。

佐々木　そうですか。たとえば、藤本氏は「ブッダが亡くなって約百年後に起こった第二結集という事件がきっかけで、仏教は多数の部派に分かれた。そしてその中、テーラワーダだけが純粋な仏教を守った」と主張しています。これは「島史《とうし》」というテーラワーダに伝わる仏教歴史書の言葉を藤本氏がそのまま引用して言っているのですが、実はその同じテーラワーダの権威ある聖典で、しかも「島史」より古い「パーリ律」ではそのようなことを言っていません。「パーリ律」では、第二結集が起こり、それによって一旦は亀裂の入った仏教界が再び統一された、としか言っておらず、分派の話も、テーラワーダが本筋を守ったなどという話も全く出てこないのです。律には「パーリ律」以外にも、先に紹介したように「四分律」、「五分律」など五本の系統が伝わっていて、どれもその骨格は同じなので、起源は皆一緒です。それら合計六本の律のどれもが「パーリ律」と同じく、第二結集のことしか言わず、それがきっかけで仏教が分裂し、テーラワーダが本筋を守ったなどという記述はないのです。この事実を見れば、「島史」が語る部派分裂事件をそのまま信じるというのがいかに危ういことかわかるでしょう。「パーリ律」という、テーラワーダに属する聖典自体がその怪しさを裏付けているのです。しかし藤本氏はその事実を言いません。テーラワーダの中に異なる伝承があるという事実は、藤本氏の論述の土台を崩してしまうからです。

宮崎　たしかに「島史」は貴重な文献ですが、それだけがテーラワーダの唯一正統な歴史ではありませんね。

佐々木　もっと深刻な例もあります。今回の私への批判の一番のベースとなった問題です。「島史」の中に第三結集という、テーラワーダにしか伝わっていない事件があるのですが、その記事を藤本氏は無条件に正しい歴史であると認定し、それをもとに私の学説を否定しようとします。簡単な概略を示すとこういうことです。

アショーカ王碑文や、あるいは漢文に翻訳された律の資料の中に、仏教がある時期大きく変容し、律の規則そのものが変更されたのではないかと推測させる情報が見つかりました。私はその情報を、その他の様々な仏教文献と照らし合わせることで、律規則の変更が歴史的事実であると論証しました。仏教世界は、紀元前の大昔、律の規則を変更することでサンガの運営形態を大きく変えたということが明らかになったのです（大乗仏教が起こったのもそれが原因です）。そしてその事件をテーラワーダが自分たちなりに解釈し、自分たちの権威が守られるような形に変形して書いたのが「島史」の第三結集記事だということも論証したのです。[49]

宮崎　なるほど、藤本氏はそれが気に入らないのですね。

佐々木　そうです。そこで「佐々木先生の説は大間違いだ。なぜなら『島史』の第三結集の記事を真実と認めて、それをもとに歴史を見ていけば、佐々木先生が証拠としてあげてくるアショーカ王碑文や漢文の律の記述がうまく説明できるではないか。だから『島史』の記事がおおもとにあって、それがゆがめられて漢文の律などにねじ曲がった情報が含まれるようになったのだ」と主張するのです。

ここには重大な「情報の隠蔽」があります。藤本氏は一切言及しませんが、「島史」という本の中には、互いに内容が矛盾する、第三結集の記事が二本並んで入っているのです。このことはすでに百年以上前の研究で分かっていたことで、「『島史』はいくつかの違った伝承を無造作に集めてつなぎ合わせた歴史書だ」ということは周知の事実です。そして藤本氏はその二本の第三結集記事のうち、自分の主張に都合のよい方だけを使い、もう一本は隠してしまうのです。

宮崎　うーん。私にはその領域の専門的知見はないので確言は控えますが、佐々木さんの仰る通りなら、確かに、困ったものですね。

佐々木　『島史』の記述（もちろん二本のうちの一本だけですが）をベースにすれば、佐々木先生が証拠としてあげてくるアショーカ王碑文や、漢文の律の記述に全部説明がつく、だから『島史』は正しい」と藤本氏は言いますが、これは不合理です。なぜなら全く逆に、「アショーカ王碑文や漢訳律の記述をベースにすれば、『島史』の記述に全部説明がつく」とも言い得るからです。両者に関連がある、という主張だけで「島史」の歴史的正当性は主張できません。そして私は、「アショーカ王碑文や漢訳律の記述と、『島史』の記述と、どちらが先なのか」という問いを立て、それを細かい証拠集めと論理作業によって論証したのですが、こういった基本構造を藤本氏は見ぬ振りして語りません。

私はこの論証を著書の中で百五十ページを使って示しました。その論証の中では、テーラワーダに伝わるパーリ語の資料も数多く用いています。しかしここに藤本氏は一切立ち入ってきません。この部分こそが私の研究の一番肝心なところであって、ここを批判しなければ私の学説を批判したことにはならないのですが、それに対しては「漢文資料などのあてにならない情報源を使った研究なので評価できない」というような言葉でごまかします。私が、パーリ語の資料を多量に使っていることも隠します。

このように藤本氏の論述は、都合のよい情報だけをつなぎ合わせているため、一見とても筋が

49　佐々木閑『インド仏教変移論―なぜ仏教は多様化したのか』大蔵出版、二〇〇〇年。

通っているように見えますし、やさしく分かりやすく解説しているように見えますが、その奥にはテーラワーダ歴史原理主義をなんとしてでも正当化しようという執念と、そのためには「情報の隠蔽」も正当化されるという姿勢が見えます。

宮崎　よくわかりました。無責任ないい様ですが、今後の議論が非常に楽しみです。知的刺激に満ちた、格調ある対論になることを願っています

佐々木　ありがとうございます。私もそれを望んでいますが、なかなかに難しいでしょう。私は今回の議論には二つの意義があると考えています。

ひとつは、仏教学、特にインド仏教学を志す研究者の方たちに現状を正しく認識してもらいたいということ。藤本氏のような偏向した歴史観でもの言う人の存在は、仏教学の世界に大きなストレスを与えます。地道に文献的証拠を集めてきて客観的な立場で歴史仮説を提示しようとしても、そこに「テーラワーダの語る歴史に合致しないから間違いだ。歴史は『島史』の語るとおりでいいのだ」と言われるとうんざりし、場合によってはやる気をなくしてしまうかもしれません。だからこそ私は藤本氏の思考の根本をここで明示して、それを批判しているのです。こういった立場の人から批判された場合は、「論理の基盤が客観的事実の探究ではなく、自己正当化にあるのだから、批判として意味をなさない」という態度を貫いてそれ以上は深入りせず、あとは自分の学説を磨いていくという研究者本来の姿勢を貫くべきでしょう。若い研究者たちには、高楠順次郎、中村元といった大先達がせっかく築いて下さった日本仏教学の王道を歩んでいってもらいたいのです。

もう一つの意義は、現在日本でテーラワーダ仏教の信者になっておられる方々およびテーラワーダに興味を惹かれている方たちへの助言です。私自身、釈迦の絶対的信者ですから、テーラワーダ仏教に非常な親近感を持つ人間です。しかしそのテーラワーダが、藤本氏のような強固なテーラワーダ歴史原理主義の方向に傾きかけている状況をとても心配しています。藤本氏の説に納得するか、それとも疑問を抱くかは、その当の本人のその後の生き方にきわめて大きな影響を与えるということに留意して欲しいのです。

宮崎　繰り返し申しますが、スマナサーラ長老がそのような硬直的な立場を採ることはないと思います。もっとも私は、佐々木さんからも、藤本さんからも一笑に付される「初期仏教―中観仏教一貫論者」なので、日本のテーラワーダに対して何かいう資格があるとも思えないわけですが（笑）。

仏教と仏教学、仏教者と仏教学者

宮崎　こうやって対話をしてきて、佐々木さんと私の仏教をめぐる立場の共通点、そして相違点がかなりはっきりとしてきました。もとより私は仏教学者ではなく、一仏教者、仏教の信徒の一人に過ぎません。日々の糧を摂るように、空気を吸い、水を飲むように、毎日仏教を心身に入れる。生きるためにそれを必要としている者です。仏教は私にとって知的営為ではなく、まして知的遊戯などではなく、まさに死なないでいる理由そのものなのです。そして仏典や論書に学び、仏道を実践し、仏教について考えを巡らしている時間が最も楽しい時間だと断言できる者でもあります。

佐々木　じつは私もまったく同じ立場です。釈迦の教えに支えられ、釈迦の教えを杖にして、人生を歩んでいます。肩書は仏教学者ですが、本質は仏教者です。そういう意味では、今回の宮崎さんとの対話は、同じ道を行く人との道連れ話という観もあって、じつに楽しいものでした。

宮崎　私も本当に楽しゅうございました。長時間お付き合いくださってありがとうございます。

最後に一つだけ伺いたいことがあります。かつて、瑜伽行《ゆがぎょう》中観派研究の世界的権威、一郷正道《いちごうまさみち》[50]先生にも公開の場で伺ったことのある問いです。

それが他でもない、仏教と仏教学の関係です。仏教学は、仏教を研究対象とする、仏教からはあくまで独立した「学問」なのでしょうか。それともキリスト教における神学のように、広い意味での信仰の内側にある、教理研鑽の核なのでしょうか。

もし仏教学が前者ならば、仏教学者は自己の生き方、あり方が問われることはない。倫理学者が個人の生き方において倫理的でなくても構わないように、仏教学者が仏教を生の糧にしている必要はない。極端にいえば、仏教学者がプライヴェートでは他の宗教の信者であっても構わないはずです。

然るに僧侶は違う。僧侶は常に自らの生き方、在り方が質される。生き方と死に様とが質される。それを質すのはまず自分自身です。僧侶というものは、比丘、比丘尼というものは、そういう存在でなければならない。

さて、翻って仏教学者とは一体何なのか。これは、仏教学者の成果に多くを学び、仏教学の恩恵に浴しながら、いつも私の脳裏から離れない問いなのです。

佐々木　仏教学は仏教の信仰の世界とは独立したまったく別個の学問の世界です。そこは精密な情報と合理的な思考と、そしてあくまでニュートラルな立場で仏教を見るという姿勢が要求されるドライでクールな研究の世界です。当然ながら仏教信者でない仏教学者というものもあり得ます。

しかしその一方で、その仏教学によって解明される仏教という宗教の真の姿を心の支えとし、生きる糧としている仏教学者というのも十分あり得ます。私はその一人として誇りをもって生きております。当然ながら、仏教学者であって仏教者でない人、仏教者ではあるが仏教学者ではない人もいるわけです。それらすべてが互いを排除することなく共存していく、そういう状況を私は心から望んでおります。

50　大谷大学教授（一九四一－）。

おわりに——佐々木 閑

以前、ちょっとした因縁で科学者の会議に紛れ込んだことがあります。数学者や物理学者、大脳生理学者に進化論学者。各方面から集った一流の科学者が、それぞれの領域について自説を述べ、それを皆で討議するという企画ですが、そのあまりの白熱ぶりに肝をつぶしました。会議中に質疑応答が続くのは当然として、休憩時間の喫茶室でも、会議終了後の懇親会でも、そしてお酒が入ったあとの二次会でも延々と議論は続き、「私はこう思うがどうだ」「いや、それは私の見解から見るとそうではない。事実はこうだ」といったやりとりが果てしなく続くのです。

私が本領とする仏教学もれっきとした学問の一分野なのですが、ここまで皆が、ひとかたまりで議論に没入するといった光景は見たことがなかったのですっかり驚嘆し、そしてその中の知人に「誰も彼もが熱血少年になって議論しているけれど、分野の全く違う人たちが延々議論して、その効果はあるのか」と尋ねました。すると知人曰く、「効果？　そりゃあるさ。自分にはない新たな思考方法や研究成果に触れることはすごい刺激になるし、それよりもなによりも、分野が違うと思い込んでいたところに共通項が見つかる時こそ、大発見のきざしなんだ。それぞれが自分の領分を守ってコツコツ知見を積み上げてきて、ある時それが、思いもしなかった別の分野の成果と結びつく。その時そこに、時代を変える新たな世界が忽然と現れる。ここにいる彼らは皆そのことが分かっているから、なんとかその糸口をつかみたくて、胸をドキドキさせながら議論しているんだ」

「なるほどね。やっぱり科学の世界は迫力があってかっこいいわ」と、普段から科学を敬愛している私は、すっかり気を呑まれて戻って来たわけですが、だからといってそんな状況を自分のいる仏教学の世界で再現できるなどとも思わず、相も変わらず個人営業のコツコツ仕事で学問を続けるばかりでした。

そんな時に、宮崎哲弥さんとの対談本の話がきたのです。宮崎さんとのご縁は、二〇〇六年に私が書いた『犀の角たち』（大蔵出版）という本に宮崎さんが大変好意的な書評を書いて下さった時が始まりで、それからこれといって個人的なやりとりはなかったものの、互いになんとなく存在を意識しながら遠くから注目しているという状況でした。経済、文化、あらゆる事に博学で深い知見を持つ人が、実は仏教者であり、同時に、仏教を客観的に解明しようという仏教学者としての顔も合わせ持つというのは、恐るべき魅力です。仏教を心の糧にしているという一点では繋がっていても、立場も世界観も日常活動の形態も全く私とは違っている、そんな宮崎さんと対談しませんか、という話をいただき、すぐに承諾しました。普段の仏教学会で出会う学者たちとはまるで異なる立場にいる人と、仏教について徹底的に議論するというこの状況は、まさに白熱の科学者会議を彷彿とさせ、おそらく生涯有数の想い出になるに違いないと期待したのです。

最初の対談から四年もかかりましたが、その最終結果である本書には、思った以上に意義深い成果が現れていて感無量です。読者諸氏がどれほど汲み取って下さるかは分かりませんが、私は数回にわたる対談と、そしてそれを整理して文章化する作業におけるやりとりの中で、宮崎さん独自の世界観から大いに影響され、さまざまに思考世界を伸展させることができました。この本の中の私の発言には、そういった自己発展の痕跡がいくつも現れています。このような素敵な企画の縁をとりもってくださった上に、対談の設定から本書の編集・校正まで万端を仕切ってくださった新潮社の三辺直太さんに心より御礼申し上げます。

対談にあたっては、ともかく仏教の本義を一から真っ正直に語り合っていこうという方針を立て、仏教の定義である仏・法・僧をこの順で見ていくことにしました。仏教とはどういう宗教なのか、という根本的問いかけに対して、一つ一つの教義をごまかすことなく、できるだけ正しい答を提示したいというのが二人の共通した思いとなり、次第に議論は熱くなり、全力投球の時間が何時間も続く。そんな対談を数回繰り返した結果を文章化し、さらに両者が念入りにチェックして、この『ごまかさない仏教』という本になったのです。

釈迦の教えを杖として生きる者が、仏教学という学問を生涯の生業とし、時としてこのようなすぐれた同朋と意見を交わし、その成果を多くの方々に読んでいただける。ありがたい人生だと、ご縁の力に心より感謝しています。仏教が正しい姿で世に広まり、多くの苦悩する人々に救いを与え続けることを願っております。

図版作成　小林惑名

新潮選書

ごまかさない仏教《ぶっきょう》　仏《ぶつ》・法《ほう》・僧《そう》から問《と》い直《なお》す

著　者………………佐々木《ささき》閑《しずか》　宮崎《みやざき》哲弥《てつや》

発　行………………2017年11月25日
4　刷………………2018年 1 月20日

発行者………………佐藤隆信
発行所………………株式会社新潮社
〒162-8711 東京都新宿区矢来町71
電話　編集部 03-3266-5411
　　　読者係 03-3266-5111
http://www.shinchosha.co.jp
印刷所………………錦明印刷株式会社
製本所………………株式会社大進堂

乱丁・落丁本は、ご面倒ですが小社読者係宛お送り下さい。送料小社負担にてお取替えいたします。
価格はカバーに表示してあります。

ISBN978-4-10-603818-1　C0315